Jürgen Flimm
*Mit Herz und
Mund und Tat
und Leben*

Jürgen Flimm
*Mit Herz und
Mund und Tat
und Leben*

Erinnerungen

Kiepenheuer
& Witsch

Für Susi

Jürgen Flimm 1979

Vorwort
Sven Eric Bechtolf

Lieber Jürgen,
nun ist Dein Buch, an dem Du bis zuletzt gearbeitet hast, endlich herausgekommen – aber Du bist nicht mehr da.

Vor wenigen Wochen haben wir Dich bei Regen und Sturm zu Grabe getragen.

Es war ein Wetter, als hättest Du es, als gewiefter Wirkungsmechaniker, bei der himmlischen Technik bestellt. »Hop heisa, bei Regen und Wind!«, sang Shakespeares Narr tanzend zwischen den Gräbern. Du hättest geweint und gelacht vor Glück, das weiß ich, denn ich kenne Dich gut.

1982 sind wir uns zum ersten Mal begegnet. Du solltest Minna von Barnhelm am Schauspielhaus in Zürich inszenieren, und Gerd Heinz, der Intendant des Hauses, hatte mich zu Dir in die Staatsoper Hamburg geschickt, wo Du gerade gearbeitet hast. Ich habe Dir dort vorgesprochen, und Du hast mich als Tellheim abgelehnt. Hätte ich auch gemacht. Dummer Junge.

Stattdessen spielte ich den Mercutio in »Romeo und Julia«. Bei der Premierenfeier kamst Du auf mich zu und meintest: »Den Mist könntest Du bei mir nicht machen.«

Ich: »War doch ein Erfolg!« Du: »Das kannste aber besser.«

So ging das los, und so ging es weiter.

Etwas später wechselte ich nach Bochum ans Theater. Du: »Wat willste denn da? Wenn's Dir zu staubig wird, meld' Dich bei mir.«

Zwei Jahre später habe ich Dir telegrafiert: »Bochum ist staubig.« Und Du hast zurückgekabelt: »Dann komm her!«

Und so kam ich nach Hamburg. Ans Thalia Theater. In Dein Reich!

Die Pforten öffneten sich und verschlangen mich für 10 Jahre. 10 Jahre, in denen es von morgens bis abends ausschließlich ums Theater ging. Streitend, feiernd, liebend, spinnend und viel arbeitend wurden wir zu einem echten Ensemble. Zu einer Familie. Der Vater UND die Mutter dieser Familie warst Du. Zugegeben: die Familie soff und rauchte, machte die Nächte durch, betrieb Raubbau bis zum Morgengrauen und verkürzte ihre statistische Lebenserwartung dramatisch. Aufs Ensemble hochgerechnet haben wir mindestens 568 Lebensjahre verballert. Aber es hat sich gelohnt. Und wir, die wir uns erinnern, wissen es vielleicht erst jetzt.

Du schon vorher. Dein Lieblingssatz aus Brechts »Im Dickicht der Städte« war nicht von ungefähr: »Das Chaos ist aufgebraucht, es war die beste Zeit!«

Man hört, dass heute viele Theaterschauspieler die steilen Hierarchien des Betriebes ablehnen, Regisseure entbehrlich finden und die Intendanz in die Hände eines Kollektivs legen wollen. Die würden in Schockstarre verfallen, wenn sie Dich in Deiner besten Zeit hätten erleben können. Du warst ein Feudalherr von legendärer Launenhaftigkeit. Jähzornig, autoritär, ungerecht, unverschämt: und – fantastisch! Der beste Intendant, der sich denken lässt!

Denn Du warst zugleich hilfsbereit, großzügig, angefasst, beteiligt, kraftvoll, neugierig, fähig, konstruktiv, anerkennend, erfinderisch, ruhelos, umtriebig, humorvoll und bei alledem künstlerisch eine echte Instanz.

Du hattest neben den erwachsenen Kollegen – allen voran Will Quadflieg, H.C. Rudolph, Christoph Bantzer, Elisabeth Schwarz, Fritz Lichtenhahn, Hildegard Schmahl, Wolf Dietrich Sprenger, Gerd Kunath, Traugott Buhre, Anne Marie Kuster und Hans Kremer – ein vielversprechendes Jugendensemble versammelt, die meisten in ihren Zwanzigern. Um nur einige zu nennen: Anette Paulmann, Stefan Kurt, Jan-Josef Liefers, Sandra Flubacher, Justus von Dohnanyi, Victoria Trauttmannsdorff, Klaus Schreiber, Michi Maertens. Und alle wurden wir gefördert und gefordert.

Du gehörtest zu den Direktoren, die andere große Regisseure um sich nicht nur aushielten, sondern anlockten, und wir Jungen konnten auch mit z.B. Jürgen Gosch und Robert Wilson, Alexander Lang, Ruth Berghaus und Axel Manthey arbeiten. Eine bessere Ausbildung hätten wir alle uns nicht wünschen können.

Nun herrschte wahrlich nicht immer eitel Sonnenschein! Es gab viele Theaterkräche, und wir zwei haben es besonders krachen lassen. Unvergesslich der Aschenbecher, den Du im »Paquebot« nach mir geworfen hast und der mich nur knapp verfehlte und eine hübsche Delle in der Wand hinterließ. Allerdings hatte ich Dir vorher kühn entgegengeschmettert: »Die Opas an die Oper!« Was für ein Quatsch!

Noch in unserer letzten Produktion »Gefährliche Liebschaften«, die in Hamburg bei Ulli Waller am St. Pauli Theater hätte Premiere haben sollen, aber coronabedingt vor den Endproben eingestellt werden musste, haben wir uns beflegelt, als hätten wir noch vierzig Jahre Zeit, uns zu versöhnen.

Trotzdem glaube ich, sagen zu dürfen, dass wir uns sehr tief verbunden waren.

Ich habe Dir viel zu verdanken. Du hast mich erstmalig inszenieren lassen, hast mich als Direktions-Azubi ausgebildet. Hast mich als Regisseur an die Ruhrtriennale nach Berlin geholt. In Salzburg durfte ich spielen – und da warst Du richtig stolz auf mich. Und das wollte ich natürlich immer: dass Du stolz auf mich bist – so stolz wie ich auf Dich!

Du warst aber nicht nur ein Intendant, sondern zuallererst und eigentlich ein Regisseur. Und zwar ein sehr, sehr guter! Dein Interesse galt, es klingt selbstverständlich, ist es aber schon lange nicht mehr: den darzustellenden Figuren, den Menschen auf der Bühne. Konzeptionelle Erwägungen kamen später. Du warst von allen Regisseuren, mit denen ich arbeiten durfte, der mit dem unbestechlichsten Sinn für die prosaische Wahrheit einer Figur. Wenn man als Schauspieler etwas vorhatte und sich mit Verve in die Ausdruckskurve lehnen wollte, bekam man etwa den Ratschlag: »Sei jetzt mal janz, janz müde. Da haste jar nich mehr die Kraft dazu.«

Du konntest unerhört gut zuschauen und eine Rolle aus der Falle der scheinbaren Folgerichtigkeit befreien. Wenn man Dich fragte, was das für einer sei, den man da zu spielen habe, konnte es geschehen, dass Du zurückgabst: »Das weiß ich doch nicht!« Aber Du wusstest. Natürlich. Du warst ein Menschenkenner von nachsichtiger, aber illusionsloser Diesseitigkeit; wenn schon nicht mit allen, so doch mit vielen Wassern gewaschen, aber zugleich warst Du auch in den hoffnungsvollen Gefilden, wo die Musik wohnt, die Schönheit, die Leichtigkeit und die Anmut, zu Hause. Und da Du Dich nicht allzu ernst nahmst, hattest Du überdies noch sehr viel Witz und Humor.

Ich erinnere mich an die fast schwebende, tänzerische Komik Deiner »Was ihr wollt«-Inszenierung. Wo Stüfi (Stefan Kurt) es schaffte, sehr glaubhaft, seinen scheinbar verloren gegangenen Fuß zu suchen, und Hans Kremer, bei seinem ersten Auftritt als Sir Toby, den Kopf aus dem Bühnenboden streckte und rief »Toby or not Toby« ...

Überhaupt: Komiker hatten es gut bei Dir. Wenn man sehr großen Blödsinn veranstaltete, der Dich zum Lachen brachte, bereitete es Dir fast körperliche Schmerzen, die Kapriolen – aus Gründen der Seriosität – zu unterbinden.

Als Jani (Jan-Josef Liefers) zu uns kam, hast Du mich nach seinen ersten Proben gefragt: »Und, wie is er?« Ich sagte: »Schmierant!« Darauf Du: »Sehr jut!«

Die Proben mit Dir begannen immer mit Gequatsche. Das wurde geradezu verlangt. Da standen Keksschalen herum und Kaffee, und dann wurde getratscht und geratscht, und irgendwann, unmerklich, ergab es sich, dass man Text machte und auf der Bühne landete und wildes Zeugs trieb und sich nach vier Stunden bei den Keksen wiederfand.

Irgendwann – spät! – wurde geordnet, gestrichen, behalten, ausgesiebt, zusammengefügt, und auf völlig unerklärliche Weise spielten dann 20 Leute nach 6 Wochen Proben eine so meisterliche Aufführung von z.B. »Platonow«, als hätten sie sich das ganze Stück in diesem Moment selbst ausgedacht.

»Zwischen die Schauspieler und das Publikum darf sich nichts dazwischenschieben«, hast Du mal gesagt, »vor allem nicht der Regisseur. Der Schauspieler ist das Medium des Theaters.«

So impulsiv Du selber warst: Dein Büro war seltsamerweise immer aufgeräumt – geradezu penibel. Hie und da liebevoll aufgestellte Objekte Deiner Sammellust: Autos aus Blech, kleine Figuren, Theaterchen aus Papier, Kasperlepuppen, Zeichnungen, etc. Ein Ausdruck der Verspieltheit, die ein sehr eigenes Element Deiner Begabung darstellte.

In Deiner Generation gab es ein paar echte Zampanos. Der eine war ein Provokateur, der andere ein Liebling der Götter, einer war der Intellektuellste, wieder ein anderer der Chef-Ideologe, und einer war ein ganz seltener Zauberer. Du warst der Regisseur des »Menschlich-allzu-Menschlichen«. Kommt mir vor. Und zugleich hattest Du eine lebendige Vorstellung des barocken Theaters in Deine revolutionär aufgeladene Zeit hinübergerettet: Himmel, Erde und Hölle. Und tief in Dir tönte, mit Tusch und Trommelwirbel, noch eine Pawlatschenbude, ein Varieté, eine Kirmes und ein Wanderzirkus. Mit Geigen! Und silbernem Glockenspiel!

Wenn Du in eine Probe kamst, dann war das was. Man wollte dringend wissen, was Du gesehen hattest – auch wenn man sich vor Deinem Urteil fürchtete: Du hattest eine fast unheimliche Fähigkeit, messerscharf zu erkennen, welche Schwächen und Stärken die Veranstaltung hatte. Und Dein Lieblingsrat war natürlich: »Kill your darlings!« Hörte man nicht auf Dich, warst Du zu cholerischen Verzweiflungsbrüllereien fähig, etwa: »Fragt mich doch – ich weiß es doch!« Oder: »Kinder, dat könnt ihr doch mit mir nicht machen!!!!«

Da flogen dann gelegentlich nicht nur Aschenbecher, sondern ganze, noch verkabelte Regiepulte durch die Gegend.

Du hast einmal gesagt, die Eignung fürs Theater verdanke sich einer Mischbegabung. Das stimmt.

Du konntest zeichnen, schreiben, spielen, becircen, verkaufen, singen, denken, spinnen, organisieren, träumen, rechnen, lieben, dichten. Eine Wahnsinnsmischbegabung, wenn Du mich fragst.

Als ich Dich letztes Jahr im Krankenhaus besuchte, da sagtest Du mir, dass Du dort nicht lesen könntest. Du würdest dir aber Geschichten ausdenken. Und hast mir gleich drei tolle, verrückte Drehbücher erzählt. Sie spielten alle in Italien. Und während Du schmal und krank dalagst, hast Du mit kleinen Gesten Deine Fantasien in die Luft gemalt, und ich dachte: was für ein begabter, genial begabter Kerl. Der sich mit sich selbst unterhalten kann. Mit 81 Jahren. In diesem Moment seines Lebens. Überhaupt war ich so überrascht von Deiner Demut, Deiner Fähigkeit zum Erdulden all der Zumutungen, die Deine Krankheiten Dir auferlegten.

Du hattest eine Zuversicht und Kraft, die mir aus Deiner – ich habe kein besseres Wort, verzeih – Frömmigkeit, Deinem niemals verkopften, selbstverständlichen, gegen alle intellektuellen Einwände gefeiten Glauben zu kommen schien. Bach, Matthias Claudius und Bonhoeffer waren Deine steten Berater – und nicht die Vertreter des dialektischen Materialismus. Die kamen nur zu Besuch.

Nach dem Thalia Theater hattest Du Sorge, dass nun alles vorbei sein könnte – und dann fing alles eigentlich erst an. Du wurdest Intendant der Ruhrtriennale. Intendant der Salzburger Festspiele, Intendant der Berliner Staatsoper und hast auf der ganzen Welt Opern inszeniert. Von New York über London, Bayreuth, Zürich, Salzburg, Wien bis nach Mailand.

Ruhelos, neugierig, hyperbegabt und streitbar wie eh und je.

Du wurdest vielfach ausgezeichnet, mit dem kleinen

und großen Verdienstkreuz der Bundesrepublik, mit dem Verdienstorden des Landes Nordrhein-Westfalen, mit der Medaille für Kunst und Wissenschaft der Hansestadt Hamburg. Mit dem Ehrendoktor der Universität Hildesheim, und, und, und.

Nicht zu vergessen – Hochschulprofessor warst Du auch. Hast an der Harvard University unterrichtet, in New York und in Hamburg. Und Bücher hast Du natürlich auch noch geschrieben! Ist das zu fassen? Eine Karriere, die eigentlich unmöglich ist, weil man von Rechts wegen drei Leben dafür bräuchte.

In den letzten zehn Jahren hast Du viele gesundheitliche Schläge hinnehmen müssen.

Wie immer, seit 43 Jahren, war Susanne an Deiner Seite. Bis zum Ende. Ohne ihre Liebe und ihre Kraft hättest Du all das – und alles andere vorher Genannte gewiss auch nicht – so überstanden. Und das wusstest Du auch. Susi war Dein großes Glück.

Wir beiden haben einmal über den Grund, das Motiv für unsere ja nicht ganz alltägliche, in unseren Familien eher ungewöhnliche Berufswahl gesprochen oder gerätselt, und beide waren wir der Meinung, dass es ein Defizit sei, das einen ans Theater bringt. Ein kindlich-verzweifeltes: »Schau mich an!« Das Theater sollte uns kurieren. Aber wer oder was sollte uns sehen und verstehen? Die Eltern, der liebe Gott, die ganze Welt? Wem wollten wir uns so radikal zumuten? Und trotzdem geliebt sein? Unbedingt geliebt sein.

Ein riesiger, fast nicht zu überschauender Berg von Arbeit liegt hinter Dir. Das Ergebnis einer unglaublichen, eigentlich herzzerreißenden, berserkerhaften Energieleistung. Du hast so viel bewegt, Du hast so viel erlebt.
Weißt Du wohl jetzt, warum? Und für wen?

Peer Gynt war 1985 Dein Einstand am Thalia Theater. Am Ende, als der alte Peer nach all seinen Abenteuern, Eroberungen, Sünden und Abwegen endlich heimkehrt, fällt Schnee, und Peer liegt im Schoß seiner Solveig. Sie singt für ihn:

Schlaf denn, teuerster Junge mein!
Ich wiege Dich und ich wache. –

Auf meinem Schoß hat mein Junge gescherzt,
Hat ihn seine Mutter sein Lebtag geherzt.

An Mutters Brust hat mein Junge geruht,
Sein Lebtag. Gott segne Dich, mein einzigstes Gut!

An meinem Herzen zunächst war sein Platz,
Sein Lebtag. Jetzt ist er so müd, mein Schatz.

Schlaf denn, teuerster Junge mein!
Ich wiege Dich und ich wache!

Des Knopfgießers Stimme *(hinter dem Hause):*
Wir sehn uns am letzten Kreuzweg, Peer;
Und dann wird sich zeigen, – ich sage nicht mehr.

Solveig *(singt lauter im Tagesglanz):*
Ich wiege Dich und ich wache; –
Schlaf und träum, lieber Junge mein!

März 2023

Inhalt

Vorwort   ... 9
Sven Eric Bechtolf

Die beste Großmutter und der kleine Junge   ... 23
Prolog

Lehrjahre, verwirrend   ... 36

Münchner G'schichten   ... 73
1968–1972

S'ischt guet gsi in Züri'   ... 105

Mannheimer Unglück   ... 131
1972/73

Rote Räte am Resi   ... 137
1976

Hamburgs gute Stube am Raboisen   ... 149
1973–1975

If You Make It There   ... 163

Köln, ein Abenteuerspielplatz   ... 187
1979–1985

Wieder im Thalia! ... 231
1985–2000

Duck oder Dog ... 277
1988

Ein Minister muss her! ... 282
1988

*Ein kleiner Ausflug ins liebliche Frankenland
zu Zwergen und Riesen* ... 285
2000–2005

Schöne Wochen an der Salzach ... 292
2002–2004

Ou est la Rühr? ... 298
2005–2008

Ein Fehler? Ein Fehler an der Salzach ... 306
2006–2010

Dann doch, Bismarckstraße! ... 318
2010–2018

Epilog ... 342
Benjamin

Finis ... 347

Und Noch Etwas ... 348

Die beste Großmutter und der kleine Junge
Prolog

Lauf, sagte sie. Den langen Stock hatte er noch rasch hinter die grüne Eisentür gelehnt und war schleunigst noch einmal fortgesprungen, unten am Wasser hatte der Heinz eine grüne Schlange gesehen. Er eilte klopfenden Herzens, eine Schlange! Wie die sich wohl anfühlte, grün und glitschig, kalt und warm, ob sie beißen würde? Eine Weile stand er da und schaute. Bald aber langweilte er sich, diese doofen Fische, der blöde Heinz!

Heinz hockte auf einem runden Stein mitten im Bach, schaute in das Wasser, sah kurz auf, legte seinen schmutzigen Zeigefinger vor den Mund und griff plötzlich nach den flinken Fischen, die ihm aber entwischten. Und die Schlange?, rief er hinüber. Heinz schüttelte ärgerlich den Kopf, also machte er kehrt, trödelte eine kleine Weile die Straße entlang, wich einem Zug blöder Kühe aus, kletterte behände und gekonnt den steinigen Hang zur Jugendherberge hoch und hüpfte rechts auf den Weg. Da sah er sie.

Sie standen gebückt vor der grünen Tür und schauten, ein großer Haufen großer Menschen. Dann richteten sich alle auf und schauten auf ihn. Ihm wurde mulmig, er begann zu laufen und keuchte den kleinen Weg hoch. Da hast du ja was Schönes angerichtet, rief man ihm entgegen.

Elsbeth, seine liebe Oma, lag mit geschlossenen Augen auf dem Boden, in ihrem leichten grauen Sommerkleid mit der matten Silberbrosche. Sie blinzelte ihm zu, das Bein, sagte sie, das Bein hat was abgekriegt. Er kniete sich zu ihr und schaute hoch zu den vielen großen Leuten. Ob das sein Stock sei, fragte jemand streng. Er nickte fassungslos. Ja, der schöne, biegsame, lange, helle, den der Herr Lehner, der von nebenan, der von der Baracke, der mit der alten Soldatenmütze, geschnitten und geschält und geschnitzt hatte, mit seinem alten Brotmesser. Ja, der mit den Kringeln drin und seinem Namen, sonst ohne Rinde, und so glatt und so weiß. Ja, sein Stock, und er wagte nicht, Luft zu holen.

Na, was er da wieder einmal angerichtet habe! Seine Mutter käme auch aus der Stadt, gerade habe man sie angerufen, dann könne er ja was erleben! Er blickte zu dem Elschen, das lächelnd am Boden lag. Es tut nicht weh, du kannst nichts dafür, weine nicht. Natürlich, sagte wieder jemand von oben herab, hätte er den Stock nicht so dumm hingestellt, wäre der ja nicht gekippt und Sie wären auch nicht drüber gestolpert, Frau Professor! Seine eigene Großmutter! Ich bin doch nicht dumm, dachte er. Elschen lachte. Er ist doch nicht dumm, sagte sie, er wollte doch nur schnell zum Bach hinunter wegen der Schlange, sie seufzte und machte eine kleine Bewegung. Tut es weh?, fragte oben jemand. I wo, sagte sie. Er hielt ihre Hand. Ich wollte doch nur noch runter zum Bach, Heinz hatte doch die Schlange gesehen, die war aber schon weg, und der Heinz saß mitten im Bach und griff nach den Fischen. Weißt du, da bin ich doch gleich zurück. *Du* hast doch auch gesagt, es dauert noch was mit dem Abendessen, ich habe mich doch auch beeilt, wie du es mir gesagt hast. Ihm liefen die Tränen runter, er plapperte, redete und beim Plappern und Reden verließ ihn die Angst. Sie lächelte und blinzelte und hielt seine kleine schmutzige Hand. Ja, mein Kleiner. Bleiben Sie ruhig liegen, Frau Professor, sagte jemand. Wir schauen, wo das Auto bleibt. Die großen Menschen eilten fort, er stand auf und trottete ihnen nach. Dann, plötzlich, durchfuhr es ihn, er stürzte zurück, welches Auto? Ich muss ja ins Krankenhaus, sagte Elschen, wegen des Beins, ich kann ja nicht für alle Ewigkeit hier liegen bleiben. Steh doch auf, wagte er zu sagen, ich helfe dir, ich kann das, du wirst schon sehen. Nein, das schaffen wir beide nicht, da müssen wir schon ein bisschen warten. Er hockte sich nieder, den Kopf auf den Knien, und sah sie an. Eine siedend heiße Welle. Schreckliche Angst stieg in ihm hoch. Ganz kaputt, flüsterte er, als ständen die großen Menschen noch böse um ihn herum. Sie seufzte wieder, der Wagen kommt ja bald.

Der weiße Wagen kam den steilen Weg hochgewackelt. Die großen Menschen wiesen wichtig den Weg, hier lang. Neben der hohen Buche hielt er, weiße Männer sprangen heraus. Aua, aua, rief Elschen, als sie sie hochhoben und auf die Trage legten.

Tut's weh?, stammelte er. Geht schon, lächelte sie ihm zu und verschwand im langen Auto. Winkte noch mal mit beiden Händen, auf denen die blauen Adern hervortraten. Er blieb hocken, den Kopf wieder zwischen seinen Knien versteckt, sah und hörte nichts mehr.

Die Männer schlossen die Tür des weißen Autos, da

stand er schnell auf, stellte sich auf die Zehenspitzen, durchs Milchglas hindurch sah er undeutliche Schatten. Das sei sicher der Oberschenkelhals, bei alten Leuten nicht mal so ungefährlich, sagte jemand über ihm. Wie sollte er das denn verstehen, Hals am Bein. Der weiße Wagen ruckelte langsam rückwärts den steinigen Weg hinunter. Er riss sich los, rannte und kletterte in Windeseile die dicke Buche hoch.

Unten auf der heißen Straße sah er das weiße Auto, wie es kleiner wurde, auf die Biegung zufuhr, langsam um die nächste Ecke ruckelte, wie es immer länger wurde und sich fast auseinanderzog, nun schien es fast stehen zu bleiben, das rote Kreuz auf den milchigen Schreiben zitterte ihm laut entgegen.

Schwupp, verschwand es hinter der Kurve. Er wollte es festhalten, er schrie ganz laut, hieb mit seinen schmutzigen Fäusten auf das alte Brett des Baumhauses, die Tränen liefen ihm die Backen hinunter. Sie kommt ja zurück, rief irgendeiner zu ihm hoch, jetzt hör doch auf mit dem blöden Geflenne.

Er kletterte immer höher in die alte Buche, schließlich saß er oben in einer schwingenden Gabel und wiegte sich sanft. Da saß er bis zum milden Abend und dachte sich um die vermaledeite Ecke, schwang sich über diese ferne gewundene Linie der Berge hoch in die weißen weichen Wolkengebirge und wartete, dass sie wiederkäme, dass der wackelige weiße Wagen sich wieder zeigte, hinter den Bergen, geradewegs rückwärts wieder erschiene, dort an dieser Biegung, an der scharfen Ecke, hinter der nichts als eine böse schwarze Nacht war. Er saß da und wiegte sich leicht, und der Abend war gekommen, und er wusste sich nicht zu lassen. Unten rief irgendeiner – Johannes! –, und er wollte nicht antworten, so war er auf einmal einfach gar nicht da. Ihr Lied fiel ihm ein, das er immer mit ihr gesungen hatte, und er summte vor sich hin, erst leise, und dann rief er es immer lauter, er rüttelte an den Ästen, dass die braunen Bucheneckern hinuntersausten: Kasperle Kartöffelchen, kann ich in der Schule was? Ja oder nein, er schüttelte mit dem Kopfe, oh mir armen Tropfe.

Langsam stieg er von der hohen Buche hinunter. Das Türchen vom Hasenstall stand offen, in der Ecke lag noch frisches Gras. Der kommt auch nicht wieder, schluchzte er. Ich kauf dir doch einen neuen, hatte sie am Morgen noch gesagt, als er fassungslos vor der leeren kleinen Kiste stand, da war er auf das nächste Feld gezogen und hatte schon einmal Gras abgezupft und grünen Klee. Vielleicht hat er ja Hunger, hatte er schlau gedacht, dann kommt er doch wieder zurückgehoppelt. Nun schloss er das Drahttürchen, steckte das kleine Hölzchen in die Schlaufe. Warum sollte der auch wiederkommen? Vielleicht hatte ihn schon längst jemand gegessen, die da von der Baracke, denen Elsbeth auch manchmal eine Suppe brachte. Er nahm den Stock in die Hand, er zerbrach ihn, hieb mit den Resten nach dem verschwundenen Hasen, prügelte auf das Moos und blieb erschöpft sitzen.

Es gab Essen, er flegelte sich an den Tisch, seine Mutter sprach mit ihm kein Wort, stumme Vorwürfe, Stille, Schweigen. Wenn du auf die Schule kommst, sagte seine

Mutter, dann werden dir die Flausen vergehen. Und so kam es, dass sein kleines Leben in einen großen Tornister gepresst wurde.

Mein Onkel Kurt war ein feiner und lustiger Mann. Er hatte sich schon in jungen Jahren der Musik verschrieben und promovierte über Hugo Wolf und wurde Musikkritiker. Nach dem Krieg schrieb er für die »Mainzer Allgemeine Zeitung« und verliebte sich rasch in die Orgel des Mainzer Doms. Der Organist Heino Schneider wurde sein Freund und der Onkel sein gelehriger Schüler. Max Reger war sein Prophet.

Ich saß still auf einer Ecke der Orgelbank und hörte gebannt und ehrfürchtig zu, wie es brummte, pfiff, stöhnte und tirilierte, sah, wie seine Hände auf den Manualen herumsausten, die Finger die Tasten in Windeseile rauf- und runterdrückten, die Beine die Pedale traten und wie er in den kurzen Atempausen die Register zog und schob. Sein Körper wippte im Takt, und seine Augen waren nach innen gekehrt, er sah mich nicht mehr. War dieses himmlische Getöse dann irgendwann verhallt, drückte er mich fest und lachte: Ja, das ist die Königin der Musik, die Orgel. Das war einfach ganz großartig.

Onkel Kurt, der Journalist und Organist, wurde von seiner Zeitung befördert und leitete bald als »Chef vom Dienst« den »ganzen Laden«, wie er lachte. Nun konnte er nicht mehr so viel reisen, seine Besuche nahmen leider ab, und wir vermissten ihn.

Aber der gute Kurt ließ uns nicht im Stich: Er schickte uns, wenn er nun öfter durch das Redaktionsabschlussgewühl verhindert war, seine Pressekarten zu. Der Kölner Konzertveranstalter forderte freilich regelmäßig Belege der Rezensionen. Da können wir nicht helfen, meinte die Großmutter Elsbeth fröhlich, aber wir werden fleißig klatschen!

Es war jedes Mal ein langer Weg vom rechtsrheinischen Vorort Dellbrück zum Applaus in die Albertus-Magnus-Universität, die vom Oberbürgermeister Adenauer 1919 im feinen Lindenthal gegründet worden war. Köln war im Weltkrieg flachgebombt worden, das alte Konzerthaus, der schmucke Gürzenich, war lichterloh niedergebrannt. Die Universität auf den Wiesen des Grüngürtels war aber vom alliierten Feuerzorn verschont geblieben, so auch die große Aula der Alma Mater. Und so zogen heimatlose Künstler in die Aula der Universität, dort wurde nun musiziert, gesungen und gespielt.

Ein langer Weg nach Lindenthal: Meine Großmutter setzte sich mit mir frühzeitig in die Linie G, wir fuhren bis zum Neumarkt und stiegen im Schatten von St. Gereon um. Waren wir nach gut einer Stunde angekommen, blieb uns noch Zeit. Elsbeth, die beste Großmutter der westlichen Welt, betrat nun mit ihrem kleinen Enkel an der Hand das Universitätscafé. Die Bedienung kannte das rührende Pärchen schon: Wie immer, Frau Professor? Und der Herr Professor? Und wie geht's denn dem Herrn Sohn? Bald schlabberte ich süßen Kakao, und auf dem runden Marmortisch vor mir glänzte ein Schokokopf: größter anzunehmender Luxus. Braune Schokoglasur über gelben Biskuitteig gegossen, und immer, geheimnisvoll verborgen, ruhte in der süßen Kugel ein heller Kern von goldenem Pudding. Herrlich! Nie mehr habe ich – bis heute – eine solche Köstlichkeit gegessen.

Für mich, aufgeregt wie ein Zeisig, wiederholte sich jedes Mal das Wunder des Beginns, und so geschah es mir mein Leben lang, immer, wenn es anfing: Viele Herren in Fräcken und Damen in langen schwarzen Gewändern betraten die Bühne, ihre Instrumente unter den Arm geklemmt, Geigen, Klarinetten, Fagotte, Oboen, und die blitzende Blechmusik marschierte hintendrein – ein Fest sollte es heute geben! Alle kamen ja nur für mich zusammen! Nun der Chor und die vielen Kinder, dann stolzierten die Soli auf die Bühne, gesetzte Herren und gewichtige Damen! Und endlich, mit raschem Schritt, den Stab schon in der Hand, eilte der Dirigent, der Herr Wand, mit gesenktem Kopf zu seinem Podest. Jetzt ging es los! Mein kleines Herz schlug bis zum Hals, meine gute Großmutter drückte fest meine Hand.

Der Evangelist begann nun mit seinem Bericht, wie ein Radioreporter. Er sei der Herr Matthäus, nach dem das Konzert benannt sei, meinte die beste Großmutter. Er sang hoch und eifrig, Jesus beeindruckte mich freilich mehr, seine Stimme tönte wohl. Immer, wenn er sprach, umgaben ihn schmeichelnde Geigentöne, wie ein heller Heiligenschein.

Ich wurde bald süchtig nach diesen Chorälen, in der Matthäus-Passion gibt es sie zahlreich. In »Wenn ich einmal soll scheiden« ist wohl die ganze harmonische Meisterschaft des Thomaskantors schon enthalten. Eine Predigt in Tönen ist das, sagte Onkel Kurt, die nicht nur den kleinen Jungen, der auf der Stuhlkante neben seiner

Großmutter kauerte, zu Tränen rührte: »Ich will hier bei dir stehen ... alsdann will ich dich fassen, in meinen Arm und Schoß!«

Oft genug war ich über das Singen des Chores betrübt wie ein heimwehkrankes Kind. Und dann kamen die Häscher mit Stangen und Schwertern und Judas mit ihnen, und der Chor rief aufgeregt, laut und knapp: »Lasst ihn! Haltet! Bindet nicht!« – ich hätte wieder laut mitrufen wollen und fühlte eine unbändige Wut. Und ich hielt mir stets die Ohren zu, wenn dieser Petrus, der felsenfeste Stein, auf den Jesus seine Kirche bauen wollte, den Heiland vor den törichten Mägden drei Mal verleugnete – also so gut wie immer, von damals bis heute –, und der Herr Matthäus sang auch so trefflich, wie der Hahn krähähähte, dass ein helles Kikeriki aufstieg wie auf dem Mist. Das machte mir rote Backen. Und jedes Mal, wenn Kaiphas, der üble Hohepriester, seine Kleidung zerriss und die Schriftgelehrten und Ältesten fragte und die lauthals riefen, kurz und gemein: »Er ist des Todes schuldig!«, wollte ich sogleich aufspringen und rufen: Nein! Er ist doch das Licht in der Finsternis!

Aber ich habe es damals gar nicht verstanden, wie solch verzückende Klänge von dem bescheidenen Herrn Bach, der so arm wie seine Kirchenmäuse war und so viele Kinder hatte – zwanzig! –, eine solch traurige Geschichte erzählen konnte. Warum sich so viele Musiker allabendlich zusammenfinden konnten für so viel Trauer.

Einem modernen Autor gleich verknüpfte Bach, dessen musikalisches Genie Beethoven mit dem weiten, unendlichen Meer verglich, sehr verschiedene Teile miteinander: die fast pietistischen Zeilen und Gedichte des Postcomissarius Christian Friedrich Henrici, der sich Poet Picander nannte, mit den großen Chorälen wie jenen von Paul Gerhardt und anderen wie Paul Fleming und Johann Heermann und Adam Reusner.

Nach den ersten kindlichen Erlebnissen mit Günter Wand und dem Gürzenich-Orchester, die sich oftmals wiederholten, wurde später Karl Richter mein Passionsheld mit seinen Aufnahmen bei der Deutschen Grammophon von 1958. Dann aber hörte ich viel später Harnoncourts erste Aufnahme von 1971. Da war alles anders, die tiefe Stimmung der historischen Instrumente, Knaben sangen die biblischen Frauen, die Gesänge waren ungestümer, rauer und so gegenwärtig, andersartig als bislang. Seine Sänger wie Kurt Equiluz, Paul Esswood, Karl Ridderbusch waren mit der Barockzeit eindringlich verbunden. Das war für mich bis heute die schönste Passion.

Und als die Häscher kamen mit Schwertern und Stangen, um Jesus zu fangen und festzusetzen, kam es zum Scharmützel, und einer hieb einem anderen das Ohr ab. Man solle das Schwert stecken lassen, rief Jesus da, denn man könne auch selber durch dasselbe umkommen! Da drückte die beste Großmutter wieder meine Hand. Nach dem scheußlichen Hitler-Krieg war das damals ein aktueller Satz. Welch grandiose Worte dann, die die ganze barocke Wut Bachs und seines Liberattisten Picander heftig ausspucken: »Eröffne den feurigen Abgrund, o Hölle, zertrümmre, verderbe, verschlinge, zerschelle mit plötzlicher Wut den fatalen Verräter, das mörderische

Blut!« Armer Verräter, armer Judas, er hat doch bloß geholfen, die Prophezeiungen des Jesaja zu erfüllen, damit der Frieden kein Ende nehme: Denn der Messias heißt Ewiger Vater, Friedensfürst, Wunder-Rat, Gott-Held. Und der Chor sang wieder sein schmerzliches Lied: »O Mensch, bewein dein Sünde groß«.

Dann schlugen sie Jesus mit Fäusten, auch ins Gesicht! Und der Chor fragte: »Wer hat dich so geschlagen?«, als eben der Hahn dreimal krähte. Und der knorrige Petrus weinte, und die Geige weinte dazu und der Alto auch, und dann weinte auch der Junge und lehnte sich an die Schulter der besten Großmutter: Das sei doch nur eine Arie, flüsterte sie ihm tröstend ins Ohr. Ihrem Journalistensohn schrieb sie später, wie sehr der Kleine sich aufgeregt habe. Bei der Arie »Erbarme dich, mein Gott«, schrieb Kurt zurück, regen wir uns Gott sei Dank alle auf, das ist eben Bach. Denn nur »aus einer stillen Ergriffenheit heraus«, schrieb er in einem Artikel zum Todestag des Organisten und Kantors Bach 1950, »aus letzter Versunkenheit ist Bach zu spielen«.

Da hörst du es, flüsterte die beste Großmutter in mein Ohr, als der Chor »Befiehl du deine Wege« anhub. Hör, was sie singen: »Der Wolken, Luft und Winden gibt Wege, Lauf und Bahn, der wird auch Wege finden, wo dein Fuß gehen kann.« Nun sind sie nicht mehr betrübt, da ist doch Trost, alles geht gut aus, warte es ab. Dann aber riefen sie so laut und kräftig und schrecklich kurz angebunden wie ein grausamer Schlag: »Barrabbam!« Den wollten sie freigeben, Pilatus! Riefen sehr aufgeregt durcheinander, dass sie Jesum kreuzigen sollten.

Was können die Menschen mit Menschen machen, sagte auf dem Heimweg die beste Großmutter. Erschlagen, vergiften, erschießen, vergasen, vergewaltigen, alles ist möglich, sagte sie, alles geht, aber einige sind ganz anders, lächelte sie.

Als der Tod am Kreuz eintrat, schrie er noch einmal laut auf und verschied. Da rebellierte die Welt, der Evangelist weiß es genau; und Bach, die alte Perücke, wie sein Sohn Johann Christian spottete, schreibt aufregend tönende Bilder eines furiosen Finales. Warum hat der fromme Mann, dieser große Propagandist Gottes, bloß keine Oper geschrieben? Die Natur protestiert: »Sind Blitze, sind Donner in Wolken verschwunden« und »Der Vorhang im Tempel zerriss« – da laufen die Geigentöne hoch und runter wie Sturzbäche – »in zwei Stücke, von oben an bis unten aus«.

»Und die Erde erbebte, und die Felsen zerrissen, und die Gräber tun sich auf.« Ein höchst spannendes Drama rollt da ab, mit großer Rasanz und Tonmalerei. Da erschraken der Hauptmann, die Häscher, und auf der Flucht vor diesem göttlichen Schauspiel der Natur hielten sie atemlos inne und staunten: »Wahrlich, dieses ist Gottes Sohn gewesen.« Man sieht den Staub von ihrem Rennen und Hasten, ein Lauf in Windeseile. Also, sagte die beste Großmutter, nun haben es auch die bittersten Feinde gemerkt, und reichte mir das Taschentuch. Deine Nase läuft.

Als wir mit der Elektrischen nach Hause fuhren, war es schon spät in der Nacht. Was das aber auch für Geschichten waren! Ich war bald eingeschlafen. Die beste Großmutter entwarf bereits im Kopf den Brief an den Sohn: Lieber Kurt, und vergiss nicht, uns nächstes Jahr wieder Karten für die Passion zu besorgen. Herr Wand hat es schön dirigiert und Herr Fischer-Dieskau schön gesungen. Der Kleine liebt die Passion sehr und besonders die Dramatik. Du bereitest ihm eine große Freude, er will dir auch eine Karte schreiben.

Und so gingen wir ein über das andere Mal karfreitags in die Passion.

Mein lieber Onkel Kurt starb an einem Pfingstsonntag im Mai 1955.

Ich war dreizehn und noch ein Kind und kannte den Tod nicht, nicht die bleiche Leere, die lange bleibt, wenn einer geht: »Wenn mir am allerbängsten wird um das Herze sein, so reiß mich aus den Ängsten, kraft deiner Angst und Pein«, singt am Ende der Matthäus-Passion der Bach'sche Chor.

Zu Kurts Gedenken spielte sein Freund, der Mainzer Domorganist, die Fantasie und Fuge über B.A.C.H. von Max Reger. Das war wie das Brausen zu Pfingsten, als vom Himmel ein gewaltiger Wind das Haus der Jünger erfüllte, in dem sie zusammensaßen. Es sei eine besondere Gnade, an einem solchen Festtage zu sterben, hatte Monsignore Heino Schneider zu Tante Milchen, der Schwester der Großmutter, und zu uns gesagt, bevor er auf die Empore stieg. Und ich hatte für immer meinen Platz auf der Kante der Orgelbank verloren.

Später kam noch einmal ein Brief mit Karten für ein städtisches Konzert. Meine Großmutter hat sie freilich mit besten Grüßen und herzlichem Dank an Herrn Wand für alle seine schönen Konzerte postwendend zurückgesandt.

Lehrjahre, verwirrend

Mein alter Herr Dr. Flimm, der Herr Doktor, verstand die Welt nicht mehr, die Demokratie galt ihm als ein fremdes Übel. Mein Onkel Dr. Fritz Flimm und der Vater Dr. Werner übertrafen sich in brieflicher Jammerei über diese schrecklichen Zeiten und diese neuen Zustände ... Thomas Mann, ha!, der hatte gut reden in Hollywood. Während uns die Bomben auf den Kopf fielen, saßen die da und tranken ihren Cognac.

Wenn sie sich trafen, saßen sie auf ihren Balkonen oder in Kneipen und sangen, bis zum Rand abgefüllt mit deutscher Pfirsichkullerbowle, »Kein schöner Land in dieser Zeit«. Das war gerade nach dem Krieg. Ein Adolf marschierte im Rosenmontagszug. Da marschierte er, unser Führer, drehte sich wie eine aufgezogene Puppe, riss den Arm zum Hitlergruß hoch und das Volk schrie: »Da kütt dä Adolf!«, und sangen, sie seien keine Menschenfresser, doch küssen könnten sie viel besser ... Auf den Familienfeiern und Freundschaftstreffen, zu denen auch wir Kinder geschleppt wurden, fanden unerträgliche Debatten statt, über Demokratie (schlapp!) und den Krieg (nur Verrat am Führer!).

Auf den Geburtstagsfeiern der Onkel lagen die einschlägigen Bücher der Unverbesserlichen wie das von Speer, ein Machwerk aus dreister und frecher Weißwäscherei, ein erfolgreiches Vorbild für alle Gestrigen, und natürlich der »Fragebogen« von Salomon, dem Chef aller Verdränger, dem ehemaligen Freischärler. Er war am Rathenau-Mord beteiligt gewesen. Sein Bestseller endet mit einem sehr bekannten Ausruf: »Es lebe Deutschland«.

Alles war vergessen, nichts wurde erinnert, geschwiegen wurde über die Bombennächte, Lebensmittelmarken, Tiefflieger, Feuersbrünste. Die tausendfach brummenden Bomber, unser brennendes Haus in Köln-Mülheim? Die Reichskleiderkarten? Die jüdischen Nachbarn, die verschwanden und meiner Großmutter kleine Zettelchen als letzte Spur hinterließen: Gießen Sie bitte unsere Blumen, Frau Professor.

Diese Generation, unsere Väter und Mütter, versteckte sich hinter diesem elenden Nichtwissen. »Wir haben Sport getrieben«, meinte meine Mutter zu unseren Vorwürfen. Antisemiten waren sie sowieso, das war tief verborgen in der DNA. Alles das und anderes, Vergangenheit, Gegenwart oder gar Zukunft waren Themen, die an grauen Mauern der gymnasialen Zwingburg abprallten, keine Rede von der Zeit zwischen den beiden großen Kriegen, keine Rede von den restaurativen Tendenzen der rheinischen Republik nach dem Krieg, von den schrecklichen Nazi-Juristen, den opportunistischen Künstlern wie Karajan, Furtwängler, Minetti, Gründgens, Hoppe, Dr. Böhm, Arno Breker, Ernst Nolde, Veit Harlan, und so viele, zu viele andere ... Der bittere Brief von Feuchtwanger an die Schauspieler von »Jud Süß«, nach der schändlichen Verfilmung seines Romans durch Veit Harlan, zeigt diesen Sumpf der Nazigewinner! Der aus der Emigration heimgekehrte jüdische Schauspieler und Regisseur Fritz Kortner konnte seinen ätzenden Sarkasmus über diese Zustände kaum zeigen. Im »Düsseldorfer Manifest« von Gustaf Gründgens spukte immer noch der böse Geist der Reaktion und des Faschismus. Solche Äußerungen wie die vom wieder umschwärmten Gustaf Gründgens waren lehrreich: Auf seinem Intendanten-Schreibtisch in seinem Berliner Büro stand – im Silberrahmen eingefasst – ein Bild von Reichsmarschall Göring mit persönlicher Widmung. Der in der NS-Zeit zum Staatsrat beförderte Gustaf Gründgens leitete damals das Schauspielhaus am Gendarmenmarkt und stand unter der Aufsicht des Parteigenossen Göring. Vergleicht man sein »Düsseldorfer Manifest« mit einem Bericht des »Völkischen Beobachters«, der Nazi-Gazelle vom 19.10.1939, ist die Entfernung nicht groß. Eine vergleichende Analyse beider Texte würde einiges im Kopf dieses windigen Opportunisten klären.

In seinem neuen Leben nach der russischen Internierung 1945 kam kein Wort des Bedauerns. Er muss sie doch gesehen haben, die, die gehen mussten, und die, wie das Schauspielehepaar Gottschalk, sich umbrachten, die, die deportiert wurden. Nichts gesehen? Nichts gehört? Nichts gesagt.

Andere dachten anders, die Emigranten, die über die ganze Welt verstreut waren, zu wenige kamen zurück. Die Zäsur, die die Nazis in die fortschrittliche Theaterarbeit geschnitten hatten, war tief. Viele haben willig mitgemacht und ließen auch nach dem Desaster nicht von ihren Stühlen ab. Der Reichskanzleistil, wie der knurrige Regisseur Kortner schimpfte, feierte fröhliche Urstände. Der odiose Begriff der »Werktreue« bestimmte immer wieder die Debatte um Sinn und Form. Das Theater der 50er-Jahre stand so auf der Stelle, denkfaul und luftleer döste es vor sich hin, und die Zuschauer dösten mit, in feierlicher Festtagskleidung, »keine Experimente!«, alter saurer Wein in neuen Schläuchen. Unter der hehren Wohlanständigkeit zeigten sich aber bald Haarrisse, fein und frisch unter der brüchigen Tünche. Stücke wie »Andorra« von Max Frisch, »Eiche und Angora« von Walser und schon früh »Draußen vor der Tür« von Wolfgang Borchert und vor allem der spätere Nobelpreisträger Samuel Beckett mit seinem »Endspiel«, einem der ganz großen Theaterdichtungen der Fünfzigerjahre. Der arrogante Gründgens mokierte sich über das Stück, er würde seine Verwandten nicht in Mülltonnen stecken. Gustaf Gründgens wusste nicht, dass auf einer alten Illustration von Gregorio Lambrousis von 1716 Abfallkörbe zu sehen sind, in denen zwei Personen stecken. Ein ziemlich alter Topos also.

Ende der 50er zeigte der aus Polen geflüchtete Produzent Artur Brauner seinen Film »Morituri«. Die Reaktionen waren erschreckend deutlich: Nach dem Start bei den Filmfestspielen in Venedig fand dieser Film über das entmenschlichte System der Nazizeit nur mit Mühe in die Kinos. Atze Brauer berichtet: »Es kam zu Tumulten … Vitrinen zerstört, Scheiben wurden beschmiert …« Erst 1991 konnte der Film im ZDF wieder gezeigt werden.

Die Gruppe 47 erstand und vereinigte wohl damals die klügsten Köpfe wie Günter Grass, Martin Walser, Alfred Andersch und Peter Weiss, sie schoben sich in die gesellschaftlichen Debatten und mischten sich ein! Und der unermüdliche, begabte Tankred Dorst meldete sich zu Wort wie viele andere: Celan, Sartre, Ionesco, Genet, Claudel, Brecht, Pinter, Osborne, Albee, Pörtner, Borchert, Böll, Schallück, Jürgen Becker, Dürrenmatt, Arrabal!

Alfred Anderschs 1960 erschienener Roman »Die Rote« las ich wie ein Menetekel: Die junge Franziska entflieht ihrer Ehe – hochschwanger – und erreicht schließlich die alte, verwitterte Stadt Venedig und sucht nach einem Sinn – welchen, scheint sie nicht einmal zu ahnen. Sie trifft einen Musiker, Fabio, vom Teatro Fenice, der sie aufnimmt. Nun verwandelt sich Anderschs Erzählung in einen verdeckten Schlüsselroman. Franziska trifft den Iren Patrick, der hier nach seinem Peiniger aus dem KZ der Nazis fahndet. Er findet ihn, der sich in den Gassen Venedigs verkrochen hat. Schließlich bringt Patrick den ehemaligen Naziknecht um. Franziska, die Zeugin wurde, bleibt in Venedig.

Ich verstand diese Geschichte als eine Parabel auf meine Gegenwart, ein Beispiel für die dreckigen Lügen, der Unfähigkeit, sich der üblen Vergangenheit zu stellen. Und als Beispiel für die Zukunft, Franziska wird ihr Kind bekommen, und sie findet Arbeit in Mestre, im deutschen Sehnsuchtsland Italia, nahe des historischen Zentrums von Venedig.

Solche Existenzen wie den Folterknecht Krämer gab es zahlreiche in der prosperierenden jungen Bundesrepublik. Erst spät wurde der Nachkriegsstar der Kunstszene, der Papst und Mitbegründer der Kasseler Documenta, Werner Haftmann, enttarnt, erst post mortem wurde aufgedeckt, dass der Kunsthistoriker Partisanenjäger in der Toscana gewesen war. Dieser Freund der belle arti war zugleich ein Mitglied der NSDAP. Liest man den mittlerweile bekannt gewordenen Lebenslauf von Haftmann, wird einem noch heute vor Abscheu speiübel.

An die großartige Theaterzeit der 20er konnte man nach der Zerstörungswut der Nazis, nach der Vertreibung, den Verboten, der Ermordung von Autoren kaum noch anknüpfen!
Über diese intellektuellen Verwicklungen der Nachkriegszeit, von den vielen verbannten und verbrannten Dichtern, deren Bücher auf dem heutigen Bebelplatz ins Feuer geworfen wurden, von solch modernem Autodafé haben wir damals nichts gehört und gesehen, kein Thema im Gymnasium.
Walter Hasenclever, der sich im Süden Frankreichs, im idyllischen Aix-en-Provence, mit Veronal vergiftet hatte, schrieb hellsichtig schon im Jahr 1917, am Ende des Ersten Weltkrieges: »... die Fliegerbomben töten Menschen und Tier/ Darüber ist kein Wort zu verlieren/ Die Mörder sitzen im Rosenkavalier«. Die knöchernen gymnasialen Hierarchien wurden streng gewahrt, das Obrigkeitsdenken geisterte durch die Schulstunden, immer noch.

Aber neue junge Lehrer stiegen vom Podium herunter, die einen anderen Blick auf dieses Land hatten. Der Deutsch- und Musiklehrer Wilhelm Ziskoven nahm sich unserer an, las Brecht und Celan mit uns. Neue Musik wurde ein Thema in seinem Unterricht. Er war der Lehrer, auf den wir gewartet hatten.

Die schändliche Vergangenheit arbeitete der Geschichtslehrer Konrad Schilling auf, er gründete nach den antisemitischen Schmierereien an der Kölner Synagoge 1959 eine Gruppe jüdischer und christlicher Jugendlicher und schlug so den Zirkel in die Gegenwart.

Unsere Klasse vorher auf der evangelischen Volksschule war groß und zahlreich, der Lehrer Herr Rompeltien ist mir in guter Erinnerung. Ein erster schöner Moment leuchtet noch heute auf. Der Herr Lehrer öffnete eines Tages nach dem Unterricht seinen Schrank und griff nach einem hölzernen Instrument. Dieses klemmte er sich unter sein Kinn, strich mit einem anderen Holz darauf, und siehe da, entlockte dem Gerät auf mir unerklärliche Weise einen zauberischen Ton. Ich war erstaunt, so was hatte ich noch nie gehört. Mir wurde ganz wohl zumute, und ich blieb und lauschte verzückt.
   Und immer wieder kam ich zu spät. Es war das Fußballspielen im nahen Wald. Wir spielten Fußball, bis die Sonne unterging, und paddelten in aufgeschnittenen Bombenhülsen über den bunten Bach mit gelbem Schaum. Das kam von den Abwässern der Papierfabrik im Bergischen. Dem Nachbarsjungen Michael waren

einige Finger wegexplodiert. Er hatte mit einem Stein auf einer Granate herumgeklopft. »Scheißkrieg«, sagt meine Mutter, »diese Belgier!« Die waren unsere Besatzer. Der schnelle Weg zu meiner Großmutter ging durch die Wiesen. Dann aber hieß es laufen. In der neu gebauten belgischen Siedlung mit Schwimmbad und Kino warteten schon die kleinen flämischen Jungen, um uns zu puffen und zu hauen; also nichts wie weg! Und Steine flogen!

Meine liebste Freundin in der evangelischen Volksschule auf der Dellbrücker Hauptstraße war die bildschöne Roswith. Sie wohnte um die Ecke, eine Straße weiter, und so gingen und hüpften wir nach dem Schultag gemeinsam nach Hause. Vor ihrer Nummer 130 saßen wir oft auf dem roten Ziegelmäuerchen und schwatzten über Papis und Mamis, über Brüder und Schwestern. Sie war blond mit einem Bubikopf, trug manchmal rote Lackschühchen mit weißen Strümpfchen und war überhaupt ganz entzückend, meinte sogar meine Mutter. Die erste Liebe, unbedingte Hingabe, ohne Zweifel. Wo sie war, Roswith, schien mir die Sonne! Viel später war ich auf einem Karnevalsfest in einer Tanzschule, als ein Mädchen sich neben mir auf die Seitenlehne des Sessels setzte, sich zu mir beugte, eine Strähne ihres blonden Schopfes kitzelte meine Wange. Kennst du mich noch?, flüsterte sie. Roswith! Den Rest des Abends tanzten und schmusten wir, bis die Party am verkaterten kalten Morgen zu Ende war. Wir haben uns nie mehr gesehen.

Irgendwann ist Roswith am frühen Krebs jäh gestorben. Das habe ich freilich erst viel später erfahren. Ach

Roswith, du schönes, fröhliches Mädchen, zauberhafte Kinderliebe.

Am Schaufenster des Fahrradladens Prumbaum drückten wir uns damals die Nase platt, welcher Geruch nach Gummi und Öl, welche Verheißung: Eines Tages wirst auch du ein solches Stahlross reiten! Der Tag kam, der 10. Geburtstag, und das war ein Anblick!

Hüttchen im Bruch, unter der Erde hockten wir und schmökten Pfeife mit nassen vergilbten Blättern und bauten wackelige Drachen. Bunt und schmutzig stakten wir ins Leben. Der Teer schmolz auf den heißen Straßen, die Füße waren rabenschwarz. Hausaufgaben war das böse Wort und eine ekelhafte Barriere, die uns von dem schönen Teil der Welt trennte. Ach, welche schöne Proben dagegen der Laienspielschar im Gemeindehaus! Dann aber die unregelmäßigen Verben, meine Mutter klatschte mir das hässliche braune »Fundamentum Latinum« auf den Tisch. Warum ich gerade diese Konjugationen, Deklinationen so sinnlos herunterleiern sollte, wurde mir nie klar. Dieses alberne Silbengeklingel.

Ich verstand die Schule nicht, wusste Jahre nicht, verzweifelt, was ich da sollte. Die geraden Linien und die eckigen Kästchen waren meine Sache gar nicht. Ich war nie genau, und die Zeit, die mir eingeräumt wurde, war stets zu bemessen für das, was ich wollte. Und wonach ich mich sehnte, wusste ich nicht, alles war mir fremd, und so blieb es.

Erst spät begannen wir zu übersetzen, da machte es endlich Vergnügen, die deutschen Wörter wie an einem anderen Ufer zu suchen. Horaz, Ovid, Sallust, Catull wurden gute Freunde, fast zu spät. »Die Dichtkunst machte stets die Freude meines Lebens ...«, schrieb Ovid.

Im späten Abitur erhielt ich bloß eine Drei – ich hatte zu frei übersetzt, aber welche Genugtuung für die schöne alte Sprache, die meine überlange Schulzeit lang von mir malträtiert wurde.

So waren die letzten Jahre auch mit Englisch und Französisch schöne Jahre – gar die Musik und die Kunst!

Als das Abitur endlich hinter uns lag, betranken wir uns am Kölsch, ich zitterte nach Hause, brach meinen Schlüssel im Schloss ab, kletterte auf der nachbarlichen Obstleiter auf unseren Balkon, schlich auf Zehenspitzen durch das Zimmer meiner lieben Großmutter und fiel vornüber auf das Bett und in einen schönen Schlaf.

Meine beste Oma hatte kurz zuvor noch den Kopf gehoben und geraunt, mein Gott, was führst du für ein merkwürdiges Leben.

Endlich war ich aber eben dort angekommen, im Leben, vivat! Glück auf! Vorwärts! Avanti! Nie mehr wollte ich tun, was ich nicht tun wollte, schwor ich mir.

Das Alphabet in der Sexta hatte mich in eine Bank mit einem dunkelhaarigen Knaben zusammengewürfelt: Flimm und Fritsch saßen da beieinander, Jürgen und Johannes. Johannes, dieser sanfte, hübsche Knabe wurde ein halbes Leben lang der beste Freund, den man sich denken konnte. Johannes strich die Geige. Er nahm später die Viola unter sein Kinn. Er war sehr begabt und gebildet. Eine lange Zeit gingen wir einen Weg gemeinsam. Die Kunst, was das auch immer umgreifen mochte, war unser Ziel; und es war viel Glück dabei und Neugier, Umtriebigkeit, viele Wege sind wir gegangen in die Museen, die Kunstkinos, die Galerien, die Konzerte, mannigfache Entdeckungsreisen in gänzlich unbekannte Gefilde. Alles war neu und unbekannt, aber bald waren wir es gewohnt. Schritt für Schritt öffneten sich die neuen Türen. Dieter, mein höchst begabter und kluger Bruder, war mir schon in vielem voraus und äußerst musikalisch.

Er bekam aber kein neues Klavier, vielleicht wäre er Dirigent geworden. Stattdessen kaufte mein Vater ihm ein riesiges Akkordeon – da musste er bei Familienfeiern alte Studentenlieder herausquetschen. Der schmächtige Dieter verschwand fast hinter diesem schier riesigen Blasebalg und schwitzte. In einem Anfall von Selbstachtung verkaufte er eines Tages diese Ziehharmonika und legte sich, warum habe ich nie ergründen können, eine bumbum-große Trommel zu, ein Becken, eine High-Hat-Maschine und eine Sneardrum, und er wurde ein großartiger Jazzdrummer und trommelte sich in die höheren Ebenen der deutschen Jazzmusik mit Schlippenbach, Schoof, Dudek und dem überragenden Saxofonisten Klaus Doldinger. Die Mädchen liebten ihn, den schweißtriefenden Irrwisch, zu meinem eifersüchtigen Ärger.

Ich hatte so was noch nie erlebt, natürlich nicht! Wann auch und wo auch? Wir waren schon einiges gewohnt, seit geraumer Zeit gingen wir, Johannes, Nele – eine gemeinsame Freundin – und ich, in den WDR und hörten dort die »Musik der Zeit«, eine sehr zeitgenössische Konzertreihe nur mit »Neuer Musik«: Nono, Ligeti, Rihm, Zimmermann, Kagel, Stockhausen, Maderna, die ganze Bande von Neutönern war im Sendesaal des WDR zu hören.

Aber eben so etwas wie das hatten wir noch nie gesehen oder gehört in einem Theater, in einer Oper! Oftmals bin ich als aufgeregter Knabe mit meinem Vater, der auch als Theaterarzt im Einsatz war, im Theater gesessen, in den Kammerspielen am Ubierring, wo gleich nach dem Krieg in einem Vortragssaal des völkerkundlichen Museums ein Theaterchen mit kleinem Bühnchen siedelte. Dort spielten sie vieles, was da so irgendwie hineinpasste, ob Hauptmann – unvergesslich Kaspar Brüninghaus als Fuhrmann Henschel – oder sogar Beckett: Hauptsache spielen! Becketts »Glückliche Tage« mit der großartigen Grete Moisheim kündigte der Generalintendant Schuh persönlich mit einer kurzen Unterweisung an. Die ahnungslosen Kölner murrten: »Wat is dat denn? Ne Frau im Sand? Und der Gatte krabbelt auf dem Haufen herum wie'n Käfer?« So fragte auch mein Vater und holte sich rasch sein Abendgeld ab.

Was aber bitte schön war da nun los im Kölner Opernhaus? Dieser Lärm am bitteren Ende von Zimmermanns »Soldaten«, elektronische Cluster, hoch wie Wolkenkratzer, chaotisch wie die Großstadt, ein Gewirr wie großstädtische Kreuzungen in zukünftigen Städten metropolischer Art, ein Inferno, so musste es im Kopf des Komponisten geklungen haben, tobende Unordnung. So klang es mir.

Keine Hoffnung auf Erlösung, ein Albtraum der Apokalypse now. Dann senkte sich zum Schluss quälend langsam eine komplette Beleuchtungsbrücke bedrohlich langsam nieder, wie eine außerirdische bedrohliche Maschinerie. Endlich angekommen, flammten plötzlich alle Apparate auf und blendeten grell ins Auditorium, gleißende Helle, ein Atomblitz? Und dann schreiende Frauenstimmen zu musique concrète aus den Lautsprechern von Bändern. Ecce homo! Atemloses Theater! An diesen musikalischen Türmen hatte mein Freund Johannes, mittlerweile Zimmermann-Schüler, mitgearbeitet.

Welches grandiose Spiel; alles rennet, rettet, flüchtet, taghell ist die Nacht gelichtet. So endete diese Oper, »Die Soldaten« von Bernd Alois Zimmermann, die künftig in einem Atemzug mit »Wozzeck«, »Moses und Aaron«, »Prometeo« genannt wurde. Und er als Komponist mit Berg, Schönberg, Stockhausen, Nono und Ligeti, Penderecki. Das war die neue Zeit!

Das geschah 1965, es war ein langer Weg bis zu dieser Uraufführung. Zimmermann hatte 1958 von den Städtischen Bühnen einen Auftrag für eine Oper erhalten, und er arbeitete lange an diesem vielschichtigen Werk. Nach Besichtigung der Partitur erklärten der Chef des Gürzenich-Orchesters, Günter Wand, der viel später, in seinem Greisenalter, zu einem Bruckner-Heiligen ernannt wurde, sein stockkonservativer Opernkollege Sawallisch und sogar der scheidende Generalintendant des Theaters Oscar Fritz Schuh dieses Werk für unspielbar.

In einem Tagebucheintrag schildert Zimmermann die wachsende Abwehr, »das Orchester will offensichtlich die ganze Angelegenheit boykottieren«, und spricht in diesem Zusammenhang von einer »harten Schlacht« und von »groben Klippen«. Das Orchester war eine ziemlich freche Beamtenbande, sie steckten sich Wattebäusche in die Ohren und riefen während der Proben »Scheiße«.

Aus ihren Reihen kam zuvor auch das Argument, man brauche zur Einstudierung locker 20 Proben – sie seien solche Art Partitur nicht gewohnt. Dabei war klar: bei so vielen Proben wäre die Oper lahmgelegt.

Dann kam jemand, ein guter Geist, auf die Idee, ein anderes Orchester das normale Repertoire spielen zu lassen. Und siehe da, in Marl in Westfalen war eine Gruppe ungarischer Musiker ansässig geworden, die alle nach dem ungarischen Aufstand 1956 nach Deutschland geflohen waren und die Philharmonia Hungarica gegründet hatten. Dieses Orchester hatte ab und zu auch in der Kölner Oper gastiert. So kam das Städtische Gürzenich-Orchester zu ausreichenden Proben, die raffinierte Taktik war also ein Schlag ins Wasser!

Nach schwersten Proben unter dem geduldigen Michael Gielen gab es schließlich die Premiere. Und es wurde ein Triumph für Bernd Alois Zimmermann und die zeitgenössische Musik.

Bernd Alois Zimmermann war ein berühmter Lehrer an der Kölner Hochschule, mein Johannes lernte bei ihm das Komponieren. Johannes war mir also vorausgeeilt, ich blieb erst einmal sitzen, das war ja keine Schande, es war bequem und leistete meinem entspannten Desinteresse an der Schule einen fröhlichen Vorschub. So stöberte ich und trödelte weiter, und es ging mir gut. Johannes blieb an meiner Seite. Wir gingen zum Filmclub in die »Brücke«, unser Blick ging über die damaligen Heidefilme und Wörthersee-Romanzen hinaus nach England, nach Italien zu Visconti, Fellini, de Sica und nach Frankreich zu Truffaut, Godard und Konsorten der neuen Welle. Ja, »Außer Atem!«, Jean Seberg! Belmondo! Nach dem Unterricht in Deutz galoppierte ich über die Hohenzollernbrücke in die Hohe Straße, und wir setzten uns sogleich ins »Campi«, die Eisdiele dem Kunstkino Lux gegenüber, tranken bitteren Espresso und hielten Ausschau nach den Kölner Zelebritäten, die vom nahen Funkhaus kommend bei einem italienischen Getränk, einem italienischen Eis und süßen Törtchen pausierten.

Hier ist Leben!, singt Florestan in »Fidelio«, und so dachten auch wir. Kluge Männer flanierten hinein und hinaus mit Zeitungen und Büchern, Paul Schallück, Dieter Wellershoff, Jürgen Becker, alles Kölner Größen, mit ihren schönen Frauen, es eilten weißgeschürzte Kellner. War das da nicht Böll? Und Nono? Und Zimmermann? Helms? Das dort Stockhausen! Und die Jazzmusiker, da schau: Doldinger, Dudeck, Schoof – und Edelhagen! Noch einen Espresso, prägoh, ein bitteres Zeug, aber, bitte, gehörte dazu, wie auch wir. Wie heißt die Hübsche, da neben Edelhagen, oh, Valente, Caterina? Wenn ich später schon morgens in diesen italienischen Bars saß, die noch morgendlichen Tage vor den Opernproben begrüßend, den Geruch von Cappuccino in der Nase, das goldene Hörnchen auf dem Teller, fühlte ich mich immerzu ein bisschen wie damals im Campi.

Als ich 1962 nach der Eröffnung des Kölner Schauspielhauses ratlos vor Langeweile das Gerede des Premierenpublikums hören musste, wurde mir angst und bange über solcher Art hochfahrender Besserwisserei. Sollte diese schnatternde Menge von Wichtigtuern der Maßstab für ästhetische Urteile sein? Ebendiese Menge, die einige Jahre später bei Zimmermanns »Soldaten« und Nonos »Intoleranza« in der Riesenhalle des neuen Kölner Opernhauses krakeelten, drohten und Türen schmissen? Hatten die nicht gewusst, dass Neugier und Entdeckungen ein ganz eigenes Vergnügen sind? Mich schauderte es regelrecht, als nach Nonos »Intoleranza«-Generalprobe weiße Taschentücher gewedelt wurden! »Gnade für den Stier!«, schrien meine Kommilitonen im Takt. Wen meinten sie bloß? Chargesheimer, den Bühnenbildner und ingeniösen Kölner Fotografen, den Dirigenten Maderna, den Regisseur Lietzau, gar Luigi Nono, den überragenden italienischen Tonsetzer?

Johannes und mir wurde bald klar, dass die Hauptstraße, wie sie breit und fett da vor uns lag, nicht die Richtung unserer Lebensentwürfe beschreiben konnte, und so begannen wir beide mit einigen Konsorten früh und mit tapsigen Schritten unsere eigenen Wege auszumessen.

Ich hatte schon als Schüler Gleichgesinnte um mich gesammelt und eine kleine Theatergruppe gegründet. Wir probierten in Köln-Kalk in der Kantine einer Lackfabrik. Wir spielten hier und da Stücke von Grass, von Weiss, von Mrozek.

Irgendwann 1963 hatte ich dann auch mit Hängen und Würgen und mit tatkräftiger Hilfe meines Freundes Bernd Holzhauer und dem rührenden Wohlwollen einiger Lehrer mein Abitur gemacht.

Sehr neugierig ging ich dann als Student mit Johannes zu seinem Seminar bei Herrn Zimmermann. Einmal fuhren sie alle nach Paris, ich durfte mitreisen und kam mit Zimmermann in einen Plausch, was mich so beschäftige? Lenz, sagte ich, ich bin in einem Mittelseminar bei dem Kölner Germanisten Walter Hinck, der »Sturm und Drang« sei das Thema, und nun gerade war Lenz an der Reihe, ein großer Dichter und außerordentlicher Mensch. Auf seine Frage, was mich bei dem armen Kerl zuvörderst beschäftige, sagte ich, das seien natürlich seine Theaterstücke wie der »Hofmeister« und die »Soldaten«. Vom »Hofmeister« gäbe es eine Fassung von Brecht, die »Soldaten« freilich sei wohl sein Hauptwerk. Er merkte auf, er schreibe gerade eine Oper nach den »Soldaten«. Nun begeisterten wir uns gemeinsam an diesem epochalen Text dieses armen Poeten, der keinen Platz im Leben für sich fand und in die Irre ging. Das damalige herrschende ästhetische Regime der Weimarer Heroen und Denkmäler Goethe,

Herder und Schiller, auch Lavater in Zürich, schloss den unordentlichen Flegel aus. Der »Tasso« sei eine Abrechnung des Geheimrates Goethe mit dem Außenseiter, der Anschluss begehrte, heißt es. Er starb 1792 fern vom Weimarer klassischen Marmor in den sumpfigen Straßen Moskaus, verwirrt, erfroren und fast verhungert. Er hatte Theologie studiert, auch in Königsberg bei dem wunderlichen Herrn Professor Kant, der mit dem Imperativ. Der Darmstädter Georg Büchner, ein entfernter Verwandter im Geiste, schrieb in noch jungen Jahren eine schöne Geschichte über den wirren Lenz nach Protokollen des Pastors Oberlin, der ihn aufgenommen und betreut hatte. Dieser Text gehört zu den Perlen der deutschen Literatur: »Lenz«. Büchners Woyzeck, der von den Herrschenden gehetzte Schmerzensmann im gleichnamigen Theaterstück, ist ein naher Verwandter des Tuchhändlers Stolzius, der in den »Soldaten« von Zimmermann nach den Klängen des Bach'schen Chorals »... in allen meinen Taten« jämmerlich an Gift krepiert. So wie Soldatenliebchen Marie im »Woyzeck« von Franz erstochen wird.

Zimmermann freute sich über meine Begeisterung. Ich, kesser Jüngling, bewarb mich sogleich – als profunder Kenner des Werkes wäre ich wohl der richtige Regisseur, deutete ich scherzhaft an ... Er lachte, diese Oper sei wohl kaum für die traditionelle Architektur von Opernhäusern geeignet, die sich im Prinzip seit den alten Amphitheatern nicht geändert hätten. Er wolle einen anderen Ort, ein anderes Gebäude, das groß und weit sei, mit genug Platz für das über hundertköpfige

Orchester, Platz für die Gruppe der Schlagwerke, Trommeln, Becken, Marimbas und andere vielfältige Percussioninstrumente … Der Klang müsse überall im Raum sein. Der Zuschauer muss die Musik wie in einer Kugel hören. Er sprach auch von der Kugelgestalt der Zeit, was ich nicht verstand. Meinte er die Gleichzeitigkeit der drei Zeitebenen – Gestern, Heute, Morgen?

40 Jahre später stand ich, gerade wohlbestellter Intendant der Ruhrtriennale, in der imposanten Jahrhunderthalle in Bochum. Hier muss man unbedingt von Neuem »Die Soldaten« von Zimmermann aufführen, schoss es mir durch den Kopf, in Erinnerung unserer Konversation in Paris und die Kölner Aufführung. Diese Halle ist 150 Meter lang, eine riesige Entfernung bis zu den hintersten großflächigen Fenstern, die fast die ganze Rückwand ausfüllen. Auf dem Kölner Flughafen hatte ich zusammen mit dem Dramaturgen Thomas Wördehoff den englischen Regisseur David Pountney getroffen, damals Intendant der Bregenzer Festspiele, ein kenntnisreicher Kollege. Wir erzählten ihm von unserem Plan und dass wir den absolut adäquaten Raum gefunden hätten. Ob er sich dafür interessieren könnte? David besuchte uns bald und war beeindruckt von der gewaltigen Architektur. Mit seinem Bühnenbildner Robert Innes Hopkins entwarf er eine stupende Szenerie: ein langer Steg teilte die Halle auf. Auf den Seiten saß das Orchester der Bochumer Symphoniker unter Leitung ihres Chefs Steven Sloane – und gegenüber auf der rechten Seite die enorme Schlagzeuggruppe. Es würde lange und

intensiv probiert. Auf dem Steg spielten die Sänger in historischen Kostümen, die an allen Ecken und Kanten vom Dirigenten auf zahlreichen Monitoren angeleitet wurden. Über und neben dem Steg war eine Zuschauertribüne gebaut. Wenn die Musik begann, fing diese Tribüne an, sich mit einer kaum spürbaren sehr langsamen Fahrt durch die gesamte Halle zu bewegen und über den Steg zu schweben. Das war ein ganz ungewöhnliches Erlebnis, die Langsamkeit der Fahrt durch einen großen musikalischen Raum, der sich wie ein Musiktunnel über die Spectatores wölbte, und überall war der sich stetig verändernde Klang – eine ganz eigene, unerlebte Empfindung, als schwebe alles. Als Zimmermanns Witwe Sabine von Schablowsky, diese unermüdliche, verständnisinnige Mitarbeiterin des genialen Komponisten, unsere Aufführung besuchte, war sie voller Lob: So hätte sich das Bernd Alois vorgestellt, so muss es sein! Dass diese Aufführung ein singuläres Ereignis wurde, zeigten viele nachfolgenden Aufführungen, die in traditionellen Theaterräumen stattfanden. Die großartige Felsenreitschule der Salzburger Festspiele wäre eine Möglichkeit gewesen – endlich kam das Stück auch in Salzburg auf den Spielplan –, aber hier scheiterte die Inszenierung am völligen Unverständnis des Regisseurs, der für das Stück ein ganz deplatziertes Bühnenbild mit Pferden hinter Glas verwendete.

Wie haben wir das Riesenwerk finanziert? Hilfe kam aus Berlin. Im Aufsichtsrat der Ruhrtriennale saß der blitzgescheite Abgeordnete Norbert Lammert aus Bochum, besonders bewandert in allen kulturellen Gefilden.

Er riet uns, ein Gesuch an Hortensia Völckers, der Chefin der Bundeskulturstiftung, zu richten. Und wir hatten mit unserer Bitte Erfolg, auch weil Norbert Lammert aus Bochum, später langjähriger Präsident unseres Parlamentes in Berlin, hinter den Kulissen kräftig gewirbelt hatte. Dann kam eine Anfrage aus New York – vom Lincoln Center Festival! Dort gab es in der Park-Avenue die ehemalige Exerzierhalle der New Yorker Garnison, in die wir einzogen. Das Land Nordrhein-Westfalen, sein Ministerpräsident Jürgen Rüttgers und dessen Staatssekretär Hans-Heinrich Grosse-Brockhoff unterstützten dieses Abenteuer mit erheblichen Mitteln.

It was talk of the town, die Theaterwelt der Theaterweltstadt New York, die schon so vieles gesehen hatte, was overwhelmed. Ein Triumph. Diese große Theaterstadt hatte diesen deutschen Komponisten nie zur Kenntnis genommen.

Mein Weggefährte Johannes lebte nicht mehr, aber seine noch mit dem Komponisten erarbeitete Fassung des Schlusses wurde nun in Bochum und auch in New York zu Gehör gebracht, diese großartig aufgetürmte Klangpyramide, die in panischen Schreien gepeinigter Frauen gipfelte.

Der andere Heroe der Kölner-Musik war Karl-Heinz Stockhausen, der dort schon früh mit dem sogenannten »Studio für elektronische Musik« verbunden war. Ein erstes sensationelles Ergebnis war der »Gesang der Jünglinge«: eine Knabenstimme wurde durch technische Manipulation in einen mehrstimmigen Gesang verwandelt. Im Buch Daniel im Alten Testament wird im dritten Kapitel die Geschichte erzählt, wie Nebukadnezar ein goldenes Standbild errichten ließ, wie dann Trompeten, Pfeifen, Zithern, Harfen und Psaltern, der Dudelsack erklingen, zum Zeichen, dieses Bild anzubeten. Andernfalls, sagt das Buch Daniel, werde, wer dies nicht so täte, zur selben Stunde in einen brennenden Ofen geworfen. Dann wird erzählt, wie drei Juden aus Babel, die sich eben nicht unterworfen hatten, gefunden und in den Feuerofen geworfen wurden.

Aber in namenlosem Gottvertrauen sangen die drei Jünglinge wie aus einem Munde und priesen und rühmten ihren Gott: »Gepriesen bist Du, Herr, der Gott unserer Väter.« Ein Preislied, das den ganzen Erdkreis umfasst, die Engel lobt und das Dunkel und das Licht. Eine enthusiastische Hymne, mitten in lodernder Flammenglut.

Das komponierte und notierte der Jüngling Stockhausen 1955 oder 1956, die kullernden Erbsentöne aus der Tiefe des Raumes nah und fern zugleich, die Intervalle, die immer wiederkehrenden Texte der Lobpreisungen. Ein Ereignis, das mich entgeistert zurückließ, mit roten Ohren.

Johannes zog damals mit Stockhausen um die halbe Welt. Dieser hatte sein Komponieren durch eine ganze Reihe wichtiger Ingredienzien bereichert: mit denen der Freiwilligkeit und des Zufalls. Das war ein Rückgriff auf alte, lange Traditionen des Musizierens: die Renaissancemusiker bestimmten lange Reihen ihres tönenden Reviers in eigener Verantwortung, alles freilich im Rahmen melodischer Verabredungen. Das waren unsere Fragen: Warum wird der Klang so simpel nur in eine orthogonale Richtung gesandt? Wieso sitzen wir alle wie die Hühner auf der Stange hintereinander und klappen die Löffel nach vorne? Warum richten die gelehrten Akustiker von heute alle Töne in Reih und Glied aus; wie die Zinnsoldaten? Jeder Raum, das wussten die alten Meister, hat seinen eigenen und eigentümlichen Klang, nichts war wie das andere! Der perfekte Sound ist eine CD-Illusion!

So saßen wir immer wieder in den Konzerten des Karl-Heinz Merkwürden und anderer Konsorten, die sich im großen Sendesaal des WDR einfanden: Musik der Zeit.

Das war eine unvergleichliche Schau auf diese neue Musik und ihre Errungenschaften. Ich saß mit Johannes in diesen Neutönen und sagte mir: Hör einfach, hör doch, wie sie die Musik neu suchen, hör auf die Stille und den Lärm, den Chor, hör auf die Stimmen und die Geräusche. Alles ist Musik und noch mehr, von Menschen gefügt. Absichtlich oder zufällig – warum spielt das eine Rolle? Man hört es doch!

Unsere Besuche in diesen Konzerten waren ein Muss: Debussy und das »Martyrium des heiligen Sebastian«, Nonos »Sul ponte di Hiroshima« nach Texten von Günther Anders und Cesare Pavese, Earle Brown und ein Urahne der Neuen Musik, Anton Weber, wurde von Bruno Maderna dirigiert: auch er ein Komponist wie Kagel!

Nonos »Intolleranza« wurde in Köln und in Venedig zur Aufführung gebracht und war trotz höhnischer Proteste eine bislang beispiellose Formalisierung linksradikaler politischer Ansichten, die die schläfrige deutsche Linke nicht verstand – wie so vieles nicht: kaum die moderne Kunst, nicht die neue Musik, kaum die neue Literatur.

»Fabula rasa« hieß das Stück für vier Lautsprechergruppen, eine Uraufführung im Auftrag des WDR von Johannes G. Fritsch.

Meine erste Freundin Astrid und ich hielten uns an den feuchten Händen und fieberten mit: Am Schluss riefen wir Bravo. Der Abend dieses Konzertes am 11. Juni 1965 begann mit der »Mikrophonie II« von Stockhausen und endete mit der »Mikrophonie I«, in beiden spielte Johannes mit. Er war endlich da angekommen, wo er immer sein wollte: im Mittelpunkt der Neuen Musik und der Stockhaus'schen Gruppe. Seine Reise in die Avantgardewelt hatte nun begonnen. Dann kamen auch bald Freibeuter, Freigeister, seltsame Gangs aus New York Downtown dazu. Sie brachten die Wut, das Zerreißen, Übermalen, Übergießen, Verbrennen und andere Arten des künstlerischen Verhüllens und des Auseinandernehmens, was man damals schon Dekonstruktion nannte, mit: die Fluxus-Gang. Sie war sehr willkommen!

Die Gang aus Downtown um den Labyrinther John Cage, ein berühmter Komponist und Klavierzupfer, Dick Higgins, George Maciunas betraten die Szene. Sie kamen und trafen auf Kollegen aus Köln, Düsseldorf und Wuppertal: die Herren Caspari, Beuys, Nam Yune Paik, Schmit, Vostell und Stockhausen mit seinem Gespons Mary Bauermeister und ihren Happenings!

So traf sich dieses Kunstregime aus Amerika mit europäischer Avantgarde: Was war da bloß in den Kinos in Köln, in den kleinen Theatern wie dem Kölner Theater am Dom und den Kammerspielen in der Akademiestadt Düsseldorf auf einmal geschehen?

Johannes, Astrid, Nele und ich liefen da überall hin, zumal wir einige Akteure mittlerweile gut kannten. Fluxus und die Dada-Bewegung vor dem Krieg waren – so entdeckten wir – enge Verwandte. Erik Satie und Alfred Jarry, ein Herr Picasso in Paris wie in Zürich Tristan Tsara, Hugo Ball, Kurt Schwitters, Hans Arp im Club Voltaire im Odeon am Bellevue in Zürich waren unsere Großväter. Die Fluxus-Jünger, die Herren Vostell, Stockhausen, Tomas Schmit, June Paik, George Maciunas, Caspari, der Regisseur, der Romancier Hans G. Helms und der Buchstabenkünstler Kriwet, Josef Beuys vom Niederrhein, schon mit Filzhut und Anglerweste, Jürgen Becker aus Köln-Dellbrück waren die Enkel. Sie zogen mit ihren Kunststücken auf die Marktplätze und Galerien in Köln, Düsseldorf und in Wuppertal. Dort hatten sie Einfluss auf die junge Pina Bausch.

Unter diese Herren und wenige Damen einer durchaus lebendigen grenzenlosen Kunstwelt mischten wir uns – Johannes und ich –, wurden aufgenommen von schrägen Vögeln und ernsten Performern wie Schmit, die vor einem oft amüsierten Publikum die Welt verdrehten. Köln, die Stadt Stefan Lochners, wurde zum Zentrum dieser aufgeregten Gang. Auch Christo verstopfte mit seinen Ölfässern die Altstadt. Johannes trat mit den Fluxus-Künstlern auf und gab ein Bratschenstück zum Besten. Und im Atelier von Mary Bauermeister, Stockhausens Freundin und später seine Frau, hockten wir und staunten.

Das Kölner Theater am Dom veranstaltete berühmte Abende mit Stockhausen und Freunden. Ich war hochinfiziert. War das, fragte ich mich, endlich die Befreiung der Musik, des Spielens, des Gesangs und der Bewegung von den engstirnigen Regeln, dieser Weg in die absichtslose, augenblickliche Form, in die Zufallsfeier? Ich fühlte mich hier sehr gut aufgehoben, im Schutz vor der festgezurrten Sprache – in einem freien, weiten Bezirk jenseits der traditionellen Regeln. Dabei war ja auch das eine Tradition, ebenjene von Dada, ebenjene von den Pataphysikern und von den Surrealisten. Begann sie hier nun wieder, die Kraft des Veränderns, der Verweigerung, der Zerstörung, die Kraft des leeren Tisches?

Am 16.6.1962 gab es einen Abend in den Düsseldorfer Kammerspielen, »Neo Dada in der Musik«, Johannes und ich fanden uns auf der Bühne wieder, im fröhlichen Verein mit Vostell, Stockhausen, Paik, Caspari. Ich bekam einen hektografierten, rosa Zettel vom Zeremoniemeister Stockhausen in die Hand gedrückt. Da stand auf dem Titelblatt: »Four dangers, a structure and a symphony by Dick Higgins. Copyright 1961 by Richard C. Higgins New York 13, NY.« Unter 1 las ich: »Danger music Number Two Hat. Rags. Paper. Heave. Share.« Da mache dir einen Reim draus: einen Hut, einen Fetzen, Papier, eine Hebung, Faser? Was meint der Dick bloß?

Was mache ich jetzt, Karl-Heinz?, fragte ich nach rascher Lektüre. Stockhausen sah auf das rosa Blättchen, zuckte mit den Schultern: Jürgen, sagte er in schnellem Singsang seiner bergischen Heimat, et Beste wär, du machst, wat de willst! Und so kams, ich klopfte auf meiner Handtrommel, ich wickelte mir Papier um den Laib, ich blies durch Strohhalme, ich las die Komposition Danger music vom Häuptling Higgins vor und langsam zurück, ließ Luftballons flattern, grüßte mit dem Hut, immer wieder, und warf ihn endlich. Und dazu stand da noch als Danger Music No. 3: »Verteile ein großes Paket von Weihrauch unter den Anwesenden in einem nahezu leeren, weiten Raum. Fordere jeden Anwesenden auf, alle die Weihrauchstäbchen rasch anzuzünden. Und mache das Licht aus (Juli 1961).« Unter »Symphonie Nummer vier« stand ganz lakonisch: »Etwas Großes und etwas Kleines (Oktober 1961).«

Wir kamen uns damals wichtig und bedeutend vor, wir waren in der Avantgarde angekommen, 21 Jahre alt. Stockhausen und Paik waren unsere Freunde, unser Tun war nicht bestimmt von dem klassischen abendländischen Kunst-Kodex, sie war bestimmt von den großen Surrealisten Duchamps, Picabia und Apollinaire.

Vielleicht aber war das gar keine Kunst, wie George Maciunas später ziemlich deprimiert feststellte. Maciunas, einst der selbst ernannte Chairman der vielen Fluxianer, formulierte plötzlich eine Kapitulation vor dem bürgerlichen Dünkel, wir aber waren begeistert und voller Enthusiasmus. Wir hatten das Gefühl, auf dem richtigen Weg zu sein.

Der Fall war endlich klar, die Aufregung groß, der Jürgen wollte zum Theater! Der Vater barmte, er solle doch Medizin studieren, und pries seine Studentenverbindungen an. Die Mutter jammerte. Warum er denn, bitte schön, nicht Pastor werde, wo er doch so schön aus der Bibel lesen konnte. Lies und rede auf der Kanzel, wo ist denn da letztlich der Unterschied? Der Bruder riet zu, er begriff schnell. War er doch selbst in seinem Architekturstudium ziemlich unwirsch. Immer nur Treppenhäuser zeichnen, murrte er später und schmiss alles hin und trommelte. Später wurde er Bühnenbildner, sein Meisterstück war der Showbahnhof, wo der Dr. Biolek seine sehr erfolgreiche TV-Talkshow betrieb.

Wie kommt man aber zum Theater? Wird man Schauspieler? Das fragte ich den verehrten Kölner Schauspieler Brüninghaus, den Vater meiner lieben Nele. »Jürgen, studier«, knarzte er mit seiner kernigen Stimme. Keine Frage, ich wollte Regisseur werden, was das auch immer war. Wie aber lernt man das? Und wo? Also erst mal studieren. Ich suchte mir Themen aus, von denen ich glaubte, dass diese mir bei meinem späteren Beruf von Nutzen sein könnten: Theaterliteratur bei den Germanisten, Büchner, Kleist, die Stürmer und Dränger zum Exempel, bei den Soziologen Massenkommunikationsphänomene wie den Film und letztlich Theatergeschichte und praktizierte Dramaturgie-Übungen bei den Theaterwissenschaftlern. In deren Hörsaal 7 gab es nun die Chance, kleine Einstudierungen von Texten von Kommilitonen auf dieses Nudelbrett zu bringen. Ich freute mich. Wie ging das los? Wann?

Eines schönen Weihnachtsabends 1950 stand in Lamettaglitter und Kerzenschimmer ein rotes Häuschen mit blauen Fensterchen und einem blauen Vorhang davor: ein Puppentheater. Onkel Bernd, der langjährige Liebhaber meiner Mutter, hatte es in seinem Betrieb bauen lassen. Die Kulissen sollte ich mir selbst malen, lachte meine Großmutter Elsbeth und schrieb mir kleine Theaterstücke. Ich kann kaum beschreiben, welches Glück durch mich hindurchrieselte! Ein eigenes kleines Theater, bald kamen neue Puppen dazu und später dann als Superstar des zahlreichen holzköpfigen Ensembles ein echter »Hohenstein«-Kasper mit einem ungeheuren Zinken als Nase, einer blauen Zipfelmütze mit roter Bommelspitze, feinen weißen Strümpfen, schwarzen Schühchen mit einer roten Perle. Ein blaurot kariertes Wams war eine kleine Erinnerung an alle seine weitverzweigten Ahnen aus Rom und Bergamo, Venedig und Paris. Er wurde mein allerbester Freund, alle Jahre bis zum heutigen Tag. Er sitzt zurzeit ein wenig ramponiert, mit zerrissenen Waden, sonst aber sehr wohlbehalten, im Bücherbrett, zurzeit hat er es sich bei Goethe bequem gemacht. Sieht er mich, schnaubt er ein bisschen durch seine enorme Nase und jammert dazu, dass das Leben als Pensionär arg fad sei, aber man solle ihn nicht falsch verstehen, er sei durchaus zufrieden, habe es warm und trocken, und um ihn herum so viel Bildung! Aber er wolle wieder hervortreten. Und Literatur hatte ich über ihn, ganze Serien, wie die Kasperle-Bücher von Josephine Siebe mit unvergesslichen Zeichnungen von Ernst Kutzer. Dieser kleine Kobold war ein liebenswerter, unnützer Hallodri, frech und flott. Zum Verlieben überhaupt. Sein Vetter, das kölsche Hänneschen, begeisterte die Kölner Kinder schon seit Jahrhunderten: Die ältesten Puppenspieler am Rhein, die Millowitschs, kamen aus Kroatien und spielten in Deutz auf der rechten Rheinseite – schäl Sick genannt –, um den Wartenden die Zeit zu vertreiben, bis sie endlich von Deutz nach Köln übersetzen konnten.

»Kasperletheater Jürgen« klebte an der Tür vor der steilen Treppe auf dem Dachboden in ungelenkter Kinderschrift. Dort oben war mein kleines Theaterreich, die Menschen kamen zu Familienfeiern, Geburtstagen, Kaffeekränzchen die Stiege hochgestolpert, setzten sich auf alte Koffer, Körbe und Kisten und zahlten ganze 10 Pfennig Eintritt. Diese Einnahmen wurden dann in neue Puppen investiert, und das Ensemble wuchs, eine alte Liste führt sie auf: 1954 gab es 29 Mitglieder meiner kleinen Jürgen-Bühne. Darunter waren ein König, Tünnes und Schäl, ein Zauberer, sogar der Tod mit Gewand aus einem alten Taschentuch, ein Löwe, Krokodil, Polizist, Gretel, Affe. Ein Hit im Spielplan war »Der Löwe hat Zahnweh«. Mein eigenes Stück »Jeder seines Glückes Schmied«, gelobt von meinem Deutschlehrer Knauf, war die einsame literarische Spitze! »Seid ihr alle da? Tri tra tralala« waren die Eröffnungsworte, wenn Kasperle mit einem Monolog begann. Der Monolog, geschrieben von meiner Großmutter, war vier Seiten lang und sehr seriös. Das Lama ist weggelaufen, und die Wilderer kommen mit dem Schießgewehr und jagen Hasen.

Kasper, der immer mit den Kindern konferiert, hat sich versteckt. Kasperle verprügelt die Räuber und steckt sie in den Sack und schleift sie zu dem Ziegenstall der Großmutter. Nun kommt der Förster ... und so geht das munter weiter, der letzte Satz: »Am Ende klatschen alle in die Hände.« Ein Riesenhit auf dem Dachboden!

Auf dem Fahrrad festgezurrt, schob ich meine kleine Puppenbude durch die Dellbrücker Straßen zu den Kindergeburtstagen, z.B. auf die Veranda meines Busenfreundes Jochen Schreiber im Laubweg, und spielte vor. Und bekam Jubel und Applaus. Das Ensemble aus dem alten Koffer unter Anleitung des Herrn Kasperle war sehr zufrieden – wie ich und meine Quartanercrew Erich Kirspel, Heinz Joachum Kluxen, der Apothekersohn von der Hauptstraße, Jochen Schreiber und Johannes aus Dünnwald.

Jahrzehnte später stand ich in einer kalten regenfeuchten Nacht im schönen Paris nach einer Vorstellung von Offenbachs »Orpheus aux enfers« vor dem »Odeon« und wartete auf einen Schauspieler, einen frappierenden Darsteller aus dem »Les enfants du paradis«-Film von Marcel Carné, den ich im »Lux am Dom« mehrere Male gesehen hatte. Diese Welt der Komödianten, der komischen Figuren, ihr Leben hinter den Kulissen hatten den kleinen Theaterdirektor stets berührt: und dann Jean-Louis Barrault! Ich verehrte ihn, ein ganz großer, grandioser Theater-Mensch. Er gab den Vater aller Pantomimen, den weißrockigen Jean-Gaspard Deburau, der ein würdiger Spross der »comédie italienne« war, ein enger Verwandter aller Arlecchinos, Pantalones,

Colombines, Pulcinellas. Die schwarze lederne Maske des Truffaldino war dem schneeweißen Clowns-Gesicht des melancholischen Deburau gewichen, alles Freunde meiner Puppe, meines Kasperles.

Dann endlich kam er, klein und zierlich, ich hielt ihm mein Programmheft hin, und er schrieb in Schönschrift: J. L. Barrault! Der Einzigartige! Ich fühlte mich erhoben und glücklich, nun von allen guten Theatergeistern umweht. Dieser alte Freund! Barrault!

Die Puppen kamen sehr viel später noch ein letztes Mal aus ihrem kleinen schwarzen Koffer geklettert: Auf einer beschwerlichen Reise 1961 in ein noch junges Israel nahm ich sie mit in unseren Kibbuz Magal, wo wir, eine Jugendgruppe der christlich-jüdischen Gesellschaft in Köln, auf den Zwiebelfeldern gearbeitet hatten. Was für eine Reise: Wir fuhren mit dem Zug nach Brindisi im heißen Süden Italiens, dann ging es auf eine Fähre nach Griechenland, von dort mit einem klapprigen Militärtransportflieger nach Tel Aviv. Dann fuhren wir durch das kleine Land, lernten viel über die Hagana und ihre Untergrundarbeit vor der Gründung Israels, über den Krieg gegen die Engländer und die Araber.

An einem sanften Abend saßen wir auf einem Mäuerchen am Meer in Tel Aviv, damals noch ein kleines Nest, als ein offensichtlich erboster älterer Herr auf uns zukam und uns die auf seinem Arm tätowierte Nummer zeigte. Unsere Plapperei verstummte sogleich.

Abi, mein jüdischer Freund, beruhigte den grauhaarigen Herrn, wir seien ja junge Freunde aus einem anderen Deutschland. Der ältere Herr schaute uns unverwandt an, schüttelte den Kopf und ging weg. Wir saßen noch lange stumm.

An einem anderen Tag fragte eine Dame auf Deutsch, ob jemand aus Köln sei. »Das sind wir alle«, antwortete Abi grinsend. Sei auch jemand aus Mülheim? Ja, sagte ich, da haben wir gewohnt, bis die Bomben fielen. Das tut mir leid, sagte sie, herzlich willkommen!

Ich will nicht nur studieren, dachte ich, ich muss auch spielen lernen, und so bewarb ich mich an einer Schauspielschule im Kölner Kellertheater. Man musste eine winklige, düstere Treppe hinabsteigen. Es roch abgestanden, die gestrige Vorstellung hatte ihre Spuren hinterlassen. Die flachen Stühle, kunstlederne, waren beiseitegeschoben – über der winzigen Bühne des Kellers brannten funzelige Scheinwerfer. Es war Unterrichtszeit – die Chefin des kleinen Kellertheaters setzte sich auf einen der Sessel, ein Piccolöchen unterm Arm und einen mächtigen Wecker in der Hand. Sie gab Unterricht im Atmen, Sprechen, im Gebrauch der Hauptwerkzeuge der Schauspielkunst.

Es war mühsam, weil ein gehöriges Maß an Überheblichkeit ihre Anweisungen dekorierte. Es waren wie ich einige Studenten der Kölner Theaterwissenschaftler und Germanisten dabei, die neben dem öden, stets gleichen einschläferndem Gemurmel der Theaterwissenschaftsprofessoren einen kleinen Zipfel vom realen Theaterglück in der Kellertheaterschule zu erhaschen hofften. Ensemble- und Dramaturgieunterricht, Fechtunterricht,

Tanzunterricht und Rollenstudium gab es bei dem anderen Patron dieser kleinen, rührenden Klitsche am Rhein, bei Heinz Opfinger, Opf genannt. Ich lernte den Riccaut de la Marlinière aus Lessings Meisterkomödie »Minna von Barnhelm«, den armen Spielerteufel mit seinem sehr skurrilen Deutschgebrabbel: »Corriger la fortune, das nenn die Deutsch betrügen? O, was ist die deutsche Sprak für eine arme Sprak, für eine plumpe Sprak!« In einer Aufführung der Schüler spielte ich den Marquis mit wachsendem Vergnügen und Erfolg. Zu meinem Repertoire gesellte sich noch der böse St. Just aus Büchners »Danton«, der Valerio aus »Leonce und Lena«. Ich inszenierte die »Goldtopfkomödie« von Plautus, die das Vorbild zu Molieres »Geizigen« war. Das war ein großes Vergnügen, mit all den Freundinnen und den Freunden, so lustig und laut: mit Marlies Spohr, Doro Hopp, Petra Sager, mit Eberhard Feik, Jürgen Rohe, Rosie Hees, Karlheinz Lummerich und Uli von Medem. Wir träumten uns ganz nach oben mit Stücken von Grass, Mrozek und Peter Weiss. Durch Vermittlung meiner lieben Kommilitonin Christa Jussenhoven bekam ich dann ein Angebot vom Theater am Dom. Dort hatte ich zum ersten Mal eine Inszenierung von Peter Zadek gesehen, ein mir völlig rätselhaftes Stück von Ionesco, »Die kahle Sängerin«.

Mittlerweile war dieses Theater, wo die Fluxus-Jünger gastiert hatten, in das Boulevard-Lager übergelaufen. Ich bekam einen Monatsvertrag als Regisseur, Dramaturg und Schauspieler mit einer unglaublichen Gage von 400 DM, jeden Monat! Mein erstes wirkliches Gehalt, ich war stolz wie ein Schneekönig – nun gehörte ich dazu, zur unüberschaubaren Menge der richtigen Theaterkünstler, so dachte ich!

Ich studierte freilich weiter, fand bald in Professor Walter Hinck einen Germanisten, der Theater als wesentlichen Teil seiner Seminare und Vorlesungen betrieb, und lernte das Lesen und Interpretieren.

Schon seit langer Zeit hatte ich über das deutsche Exiltheater gelesen und dieses zum Thema einer künftigen Doktorarbeit gewählt. Hinck lud mich so in sein Doktorandenseminar ein. Alfons Silbermann von den Kölner Soziologen versprach, meine Arbeit mitzubetreuen, allein, es wurde nichts daraus, die Lebenslinie verlief anders, verirrte sich, grundlegende Änderungen standen an.

So hatte ich mich nämlich entschieden, möglichst bald Köln zu verlassen, um in der schönen Stadt Wien weiterzukommen, weit weg vom Kölner Geklüngel. Ich wollte einfach weg von Dellbrück und der zerstrittenen Ehe meiner Eltern, wollte ganz von vorne beginnen. Und promovieren kann man ja auch in Wien. Ja, mach nur einen Plan ...

Dazwischen kam: die bildhübsche blonde Inge hing mir um den Hals und flüsterte mir zu, ich solle doch nicht nach Wien gehen. Hier sei es doch viel schöner. Sie meinte: bei ihr. Meine neue Freundin Inge fuhr mit ihrem 2CV ein kleines blondes Mädchen spazieren, ihre niedliche Tochter Susanne. Aber es ging noch weiter: Susanne hatte zwei Schwestern und zwei Brüder! Es waren fünf! Schier unglaublich: Monika, Susanne, Dorothee, Robert und Matthias.

Ich hatte Inge im Unterricht im Kellertheater kennengelernt. Meine Freundin Astrid hatte mich leider verlassen, sie hatte von mir und meinem Gewackel und meiner Umtriebigkeit die Nase voll und ließ mich im Regen stehen. Ich habe gelitten, aber »Maybe it was to learn how to love, maybe it was to learn how to leave«, singt die kluge K.D. Lang.

Als ich Jahre später wieder nach Köln zurückkehrte, leitete Astrid mein Büro, stand mir mit Herz und Tat beiseite.

Doch dann kam es wieder anders. In einer Kölner Kneipe stand beim trauten Kölsch ein ehemaliger Kommilitone und führte das große Wort. Zu unserer Bewunderung wollte er gerade von den Kammerspielen in München als Assistent an das Hamburger Schauspielhaus von Egon Monk wechseln. »Und wer nimmt deine Position in München wahr?« – »Die haben noch niemanden.« Am selben Abend setzte ich mich an die Schreibmaschine und bewarb mich beim Intendanten Everding um diese Position des Assistenten. Er antwortete postwendend und sagte ab.

Eine der mannigfachen Glücksfälle in meinem ziemlich kurvenreichen Leben war aber gerade zuvor die Begegnung mit dem ehrwürdigen Hans Schweikart, Regisseur und Vorgänger von August Everding als Intendant an den Münchner Kammerspielen, gewesen. Dieser drehte gerade für den WDR in Düsseldorf »Das Duell« nach Tschechov. Ich hatte mich als Aufnahmeleiter engagieren lassen, und der berühmte Herr kam mit mir ins Gespräch. Ich erzählte ihm von mir und vom Kellertheater, vom Studium und dem Wunsch, Regisseur zu werden. In der Uni hatte ich gerade ein vom Kommilitonen Kranke geschriebenes Stück inszeniert. Ob er sich das nicht anschauen solle? Offensichtlich waren ihm die Abende im Hotel ziemlich fad. Ich holte ihn also im dicken Auto meines Vaters ab und hatte das Herz in der Hose – Hans Schweikart, eine Legende, er hatte noch bei Brecht gespielt! Unsere Petitesse im Hörsaal Nr. 7 verlief dann aber ganz ordentlich, trotz des hohen Besuches. Dieser beäugte mich mit leicht zurückgelehntem Vogelkopf durch seine stark gebogenen Gläser und lobte mich knapp. Wenn er etwas für mich tun könne, sagte er, sollte ich mich getrost an ihn wenden, ich sei begabt.

Als ich Everdings Absage erhielt, schrieb ich also Schweikart sogleich noch einmal, und prompt kam wieder Post aus München – von Everding. Er habe mit Hans Schweikart gesprochen. Ob ich wohl Zeit hätte, schon im April nach München zu kommen, um diesem bei der Inszenierung von »Der Preis« von Arthur Müller zu assistieren. Aber ja hatte ich Zeit. Das war im Frühjahr 1968.

Und die Kölner Zeit war vorbei: Nach 27 Jahren verließ ich die Stadt. Auf geht's beim Schichtl, geköpft wird, heißt es in München auf dem Oktoberfest.

Münchner G'schichten
1968–1972

München empfing mich nicht sehr freundlich. Der Himmel war sehr blau, wie blank geputzt, und die fernen Berge zum Greifen nah. Das ist der Föhn, sagten die Kollegen, deshalb bist du stets so matt. Mich hatte tatsächlich eine ungewohnte Müdigkeit am Wickel, es brauchte einige Zeit, bis ich mich gewöhnte. Es brauchte Zeit, bis ich überhaupt eine Orientierung fand in diesem geschäftigen Betrieb. Ich ging in Vorstellungen, sah »Tango« von Mrozek mit einer allerliebsten, reizenden Hannelore Elsner. Sah »Rosenkranz und Güldenstern«, ein Stück über die beiden Gangster aus »Hamlet«, und noch viel mehr: »Gerettet« von Bond, etwas brav inszeniert vom Dramaturgie-Mitarbeiter Peter Stein. Ich sah auch sein »Dickicht der Städte«, das mir besonders gefiel, weil ich es nicht verstand. Als ich dem jungen Meister ein Kompliment machte, wischte er meine wohlerzogenen Worte unwillig weg, als wollte er lästige Jugendsünden ausradieren. So hart ging er mit sich um, ich war beeindruckt.

»Vietnam Diskurs« von Peter Weiß hatte er nach Strich und Faden mit Agitprop und Kabarett eingerichtet, es wurde so zu einem großen Skandal: Nach der Vorstellung bat das Ensemble beim Publikum um eine Kollekte für Waffen für den Vietkong. Und ich gestehe, auch ich ging mit dem Hut herum. Die törichte Sammelei wurde untersagt, Capitano Stein ritt nun auf den Schultern seiner Schauspieler auf die Hildegardstraße und rief schallende Parolen durch das Megafon. Aber die Kammerspiele reagierten rigoros, Stein flog achtkantig raus.

Die Proben von Hanns Schweikart waren ruhig, fast sanft, in gelassenem Ton bewegte er sich auf einer gemeinschaftlichen Ebene mit den Schauspielern, alle Meister ihrer Fächer, Peter Pasetti, René Deltgen, Hans Korte und die zarte Maria Niklisch. Er inszenierte »Der Preis«, ein neues Stück von Arthur Miller, ein Stück über zwei Brüder, die den Hausstand ihres Vaters auflösen sollen und darüber in eine bislang verdrängte, heftige Auseinandersetzung geraten.

Schweikart stellte Fragen, schlug vor, gab bei Einwänden der Spieler nach, entwickelte sogleich die kritischen Einwürfe weiter und erfand so etwas Neues. Einen solchen Dialog zwischen Schauspielern und Regisseur kannte ich nicht. Pingpong nannte es Schweikart – die gemeinsame Annäherung an das Objekt, an das Kunststück der Vergegenwärtigung von Wörtern, Sätzen. Ein steiniger Weg schien mir das, der mit Geduld und Freundlichkeit gemeinsam erkundet wurde, mit Lächeln und Nachsicht. War das die Antwort auf meine grundsätzliche Frage – was das ist: »Regie«? Darauf hatte mir weder die Universität noch die Schauspielschule eine Antwort gegeben. Aber Schweikart, behutsam? Bei ihm hatten viele in den Kammerspielen gelernt. Er war wohl der Antagonist des alten Wüterichs Kortner, dem genialen Regie-Tyrannen, an dessen Seite ich später saß, eine lebendige Legende.

Kortner wusste viel über den Ort Theater, er wusste so viel über die Schauspieler, viel über Texte und viel vom Leben. Er war Schauspieler gewesen, hatte in der Weimarer Zeit eine große Karriere gemacht und mit allen großen Regisseuren der 20er gearbeitet. Als die Nazis die Theater von unliebsamen Geistern säuberten, emigrierte er mit seiner Frau Hanna an die amerikanische Westküste, wo sich sehr viele Emigranten versammelt hatten. Eine illustre Gesellschaft war da zusammengekommen, viele Schauspieler, Komponisten, Regisseure, Autoren, die besten Namen.

Fritz Kortner war nach dem Krieg nach anfänglichem Zögern zurückgekommen. Und er hatte es wie viele seiner Leidensgenossen wahrlich nicht leicht, einen Platz im deutschen Stadttheater zu finden. Ich wurde in seine Produktion von »Zerbrochener Krug« beordert, er hatte schon mehrere Assistenten aufgefressen und war bei unsereinem gefürchtet. Die Empathie und Zuneigung zu den Schauspielern, die ich von Schweikart gewohnt war, gab es bei ihm nicht. Selbst ein Komma vor einem Nebensatz konnte ihm Anlass zu szenischen Erfindungen und sogleich zu unbedingten und unveränderbaren Anweisungen für seine Spieler sein. Als ich also auf Everdings Geheiß neben ihm Platz nahm, beäugte er den neuen Assistenten misstrauisch. Ich grinste ihn an und dachte, wird schon, Alter. Charles Lewinsky, der andere Assistent, saß neben der Souffleuse und begrüßte mich fröhlich.

Und die alte Echse Friedrich lauerte auf meine Fehler: Er hatte schon ganz andere zur Strecke gebracht! Es gab im Stück diese Schranke, die die angeklagte Eva von den Zeugen trennen soll. Nun sollte diese Schranke, so wollte es der alte Fritz, wie eine Feder hochklappen, um dann sofort ohne Einwirkung einer menschlichen Kraft wieder aufs Haupt der Ein- und Austretenden niederzustürzen. Das fand er komisch. Er fühlte sich zu gerne in der Nachfolge des Königs des Slapsticks, von Charlie Chaplin. So aber, hätte er wissen müssen, kam man dem unglückseligen Preußen Kleist nicht bei. Hinzu kam, der Mechanismus der vermaledeiten Schranke klappte nicht. Ich habe mit dem technischen Direktor getüftelt, das schwere Bühnengewicht hin und her – nichts funktionierte im Kampf mit der Physik.

Er war voller Zorn und pfiff mich an; ich habe tausend Mal gesagt, dass es nicht klappt, verteidigte ich mich mit dünner Stimme. Ja, erwiderte er, nicht sagen, singen! Auf das gewöhnliche Sagen hört heutzutage niemand mehr – er machte eine Pause –, Sie übrigens auch nicht!

Wenn dann der Meister sein kleines Regiebuch auspackte und in den Versen herumschnitt und raspelte und schmirgelte und die Lücken und Unebenheiten mit einer Flut von Einfällen zuklebte und übermalte, dann hieß es für die Assistenten Obacht, jetzt galt es größte Aufmerksamkeit, die Stifte gespitzt, um den Schnellschreibmodus einzuschalten.

Wir schrieben beidhändig: mit links den Rollennamen und den Text, der von des Meisters Einfällen verpulvert und mit Einfällen bestäubt wurde. Das war kein leichter Job, präzise Aufzeichnungen waren freilich überlebensnotwendig: Die Schauspieler, allesamt erfahrene und kluge Künstler, mussten nicht nur die kleistschen Texte, dieses großartige Gedicht in den fabelhaften Blankversen, studieren, sondern sich dazu – gleichsam wie Sänger die Notenwerte – alle kortnerschen Zurichtungen einprägen! So schrieben wir Assistenten am Nachmittag oder nach Abendproben noch in der Nacht auf der Schreibmaschine den Ablauf der Szenen mit Text und Aktionen, wie in einem ausführlichen Drehbuch. Dieser Text wurde auf Matrize gezogen, vervielfältigt und den Schauspielern beim Pförtner hinterlegt, damit sie ihn studierten und lernten!

Kortners System war zum Verzweifeln. Wenn er die Probe begann, lief er zumeist zu ganz großer Form auf. Er, der geniale Schauspieler, vermochte sich wie ein Chamäleon flugs in die verschiedenen Rollen, von unbändiger Fantasie befeuert, zu versetzen, sozusagen im ständigen Wechsel mit sich selbst als Regisseur, den er auch ziemlich klasse fand. Nach einer gewissen Zeit – die Arbeit war sehr anstrengend – machte der Meister eine Pause und haste-was-kannste sausten die Schauspieler in die Kantine, tranken ein Käffchen oder gar ein Weißbier. Der Alte bekam sein Getränk auf einem Stövchen von der rührenden Inspizientin Katja Nigg serviert, das er nicht anrührte. Er saß an seinem Platz und kaute auf seiner Zigarre und dachte wohl über die vergangenen Proben nach und examinierte die Assistenten, die flüsternd an seiner Seite verharrten. Dann kamen knurrige Fragen mit nasaler Melodie: Eine der Bedienerinnen des trügerischen Adam wurde von der ganz besonderen Miriam Goldschmidt gegeben. Sie war besonders, weil sie aus einem afrikanischen Land kam und dunkelhäutig war. Da in dem Stück die holländische Kolonie von Batavia eine wichtige Rolle spielt – Rupprecht, Eves Verlobter, der als vermutlicher Zerstörer des »Kruges« gilt, soll dorthin verhökert werden, als Soldat, der Ärmste. Der alte Knurrhahn ätzte, ob wir Assistenten jemals darüber nachgedacht hätten, dass Miriam ja so nicht bleiben könnte, sie müsste ja wohl aussehen wie eine echte Holländerin! Nanu? Ich stiefelte also zu Miriam in die Kantine und berichtete von des alten Meisters Begehr. Sie lachte von einem Ohr zum anderen, verzog ihren schönen Mund und fragte, ob er wohl verrückt sei. Ich bat den Maskenchef Rudolf Ziegler, er zog die Nase kraus und die Augenbrauen hoch, das sei ein Schmarren, murmelte er. In der Maske wurde nun die reizende Schwarze Miriam mit Weiß malträtiert und sah aus wie ein Indianer auf Kriegspfad, grünlich oder bläulich, je nach Intensität. Wir stülpten ihr noch eine friesische blonde Perücke aufs Haupt. Bei ihrem Anblick fiel dem Maestro fast die kalte Zigarre aus dem Mund, er knurrte unverständliches Zeug und schimpfte über uns Assistenten. Wir hatten gesiegt und gute Laune.

Miriam blieb also, so wie sie war, und das war wohltuend. Sie spielte später an der Schaubühne und bei dem großen Meister aller Klassen Peter Brook im Bouffes du Nord in Paris. Da sah ich sie später einmal, und wir grinsten immer noch über den Fritz. War die Pause beendet, schlug die Stunde der Assistenten: Kortner begann von vorne, erinnerte sich kaum noch an die hohen Wellen seiner Einfälle und war von unseren Notizen total abhängig. Und so veränderte er seine Ideen vom Vormittag wieder, radierte Einfälle aus, das Lachen verging ihm, der Ärger über die eigene Zerstörungssucht führte zu rüden Beschimpfungen der Schauspieler und nichts kam vom Fleck!

Die Marthe Rull gab auf Wunsch des Regisseurs Milena von Eckardt, weder Therese Giehse noch Maria Singer waren dem Alten genehm. Frau von Eckardt hatte schon mit ihm gearbeitet und war wohlgemut. Er aber traktierte sie mit unerfüllbaren, oft sehr barschen Ansagen, sodass sie endlich in Tränen ausbrach und von der Bühne stürzte. Ich eilte ihr nach und überredete sie, zurückzukommen, sie kenne ihn doch!

Als ich stolz wieder neben Kortner Platz nahm und einen wohlwollenden Blick erwartete, kam lediglich schlechte Laune. Wieder versuchte er, an Frau von Eckardt sein Mütchen zu kühlen, und trieb sie zu einem erneuten Abgang. Ich sprang wieder auf, er hielt mich am Arm fest und zischte leise: Holen Sie Everding! Als dieser ihn aufgeregt fragte, was geschehen sei, antwortete ihm Kortner, dass Frau von Eckardt die Probe verlassen habe, er könne ihr nun fristlos kündigen. Deshalb sollte Everding nun Frau Raky, die Frau des Schauspielers und Kortner-Verehrers Karl Paryla, anrufen. Sie sei frei und wisse Bescheid. Ach ja, seufzte Everding und ging in die Damengarderobe. Wir sannen auf Rache, rafften Kopien unserer Aufzeichnungen zusammen und legten einen unordentlichen Stapel für Frau Raky zum

Pförtner. Frau Raky sagte am nächsten Morgen ab – nun musste der Intendant Everding die Schauspielerin Luise Ullrich anrufen. Sie hatte Zeit, wollte aber wissen, was Herr Kortner mit dem Stück mache ... und Kortner wollte ihr dies gerne zeigen. Da am Abend kein Raum frei war, bauten die Techniker das komplizierte Bild in der Schreinerei des Theaters auf.

Der herausgeputzte Kortner saß neben der herausgeputzten Ullrich und erfreute sich an seinen Einfällen. Immer wieder schaute er fröhlich zu Luise und lachte laut. Hatte er nicht gewusst, dass Luise Ullrich eine Freundin des Dr. Goebbels gewesen war, wie Florian Illies jüngst in seinem erhellenden Buch »Liebe in Zeiten des Hasses« berichtet. Mein lieber Kollege Charles Lewinsky spielte Luise Ullrich brillant die Marthe Rull vor, wusste nicht nur den Text auswendig, sondern auch die szenischen Abläufe. Großartig!

Da nicht alle Schauspieler ihre Rollen so parat hatten, lehnte ich mich hinter den Rücken des Großmeisters und dirigierte diese Zögerlinge mit beiden Händen, links, rechts, aufstehen, setzen, drehen. Irgendwann unterbrach er und sagte zu mir: Holen Sie Everding. Das tat ich. Er befand sich gerade in den Proben zu einem Gastspiel – »Die Publikumsbeschimpfung« von Peter Handke in der Regie des Jungregisseurs Claus Peymann. Everding gab mir gleich noch einen Auftrag und eilte vom Werkraum in die Schreinerei. Als ich ewige Momente später erschien, hörte ich den alten Fritz über mich Beschwerde führen. Ich sei kein Assistent, sondern ein Agent der Intendanz. Herr Everding, sagte ich daraufhin, Herr Kortner hält alles, was ich tue, für böse Absicht. Der Alte sah mich finster an – wenn es das noch wäre, war sein unvergesslicher Schuldspruch. Ich packte meine Griffel ein und verließ die Probe, zum bleichen Entsetzen von Charles und der Souffleuse. Am nächsten Morgen erschien ich beim Intendanten, um um meine Kündigung zu bitten, lieber ginge ich zurück nach Köln und studiere Medizin, als solchen Unsinn weiterhin auszuhalten. Das ginge wohl nicht, war die Antwort, Herr Kortner bestehe auf meine Rückkehr.

Ich hatte auf Anregung des Schauspielers von Gerichtsrat Walter ausgerechnet, wie viel Seiten der Regisseur am Tage erarbeiten müsste, um den Premierentermin zu halten. Der Darsteller des Adams, Paul Verhoeven, hatte nur begrenzt Zeit, ein Drehbeginn markierte die rote Linie im Kalender. Ich kam auf zwei Seiten des kleinen gelben Reclam-Heftchen bis zur Premiere.

Ach ja, kümmer' dich darum, Flimm!, stöhnte der Intendant, nachdem er dem Großmeister von dem Rechenergebnis erzählt hatte. Wie viel muss ich noch?, fragte der Alte dann und wann. Auf meine Bitte um Beschleunigung hieß es: langsam, langsam, wir haben keine Zeit … Er wurde merkwürdig müde, sein Regiefuror ermattete, der Kalender hatte ihm seine immense Begabung ausgetrocknet. Die Aufführung kam nicht mehr heraus. Sie wurde abgesagt, bei allem Zwist war das ein tieftrauriger Moment. Unvergessen seine großen Aufführungen wie »Othello«, »Die Räuber«, »Kabale und Liebe«, »Emilia Galotti« und, und, und. Wir haben trotzdem alle sehr viel von ihm gelernt.

Große Aufregung in den Kammerspielen! Der Intendant August Everding verließ das Haus und zog in den hohen Norden nach Hamburg, an die Staatsoper nahe der Moorweide. Wer sollte ihm nun in Deutschlands schönstem Theater mit einem überragenden Ensemble nachfolgen? Die Kandidaten marschierten auf, als da waren: Hans-Reinhard Müller, urbayerischer Intendant aus Freiburg – nun Leiter der Falckenberg-Schauspielschule, Ivan Nagel, ehemaliger, noch von Hans Schweikart engagierter Chefdramaturg der Kammerspiele, Dieter Giesing, Oberspielleiter der Kammerspiele, Heiner Kipphardt, Chefdramaturg der Kammerspiele und bekannter Bühnenautor. Überraschend hüpfte kurz vor Toresschluss auch noch Peter Stein auf die illustre Liste.

Zum Jubel der bayerischen Künstler gewann Hanns Reinhard Müller den Wettbewerb und wurde Nachfolger von August Everding. Müller hatte dann sehr große Probleme mit dem klugen Haus und kam nicht voran, alles stockte, und viele biederten sich an. Schließlich holte er aus Berlin den Regisseur Dieter Dorn als Oberspielleiter und Ernst Wendt als Chefdramaturgen in die Maximilianstraße, und es begann eine sehr erfolgreiche Zeit, die lange andauerte.

Die Kammerspiele waren zuvor allerdings von einem heftigen Beben erschüttert worden. Heinar Kipphardt war Chefdramaturg geworden, ein berühmter Autor, der aus der DDR gekommen war. Everding hatte eines der erfolgreichen Stücke dieses Doktors der Psychiatrie, die Uraufführung von »Der Hund des Generals«, inszeniert.

Man kannte sich also. Kipphardt war zuvor in den 50ern Dramaturg an Wolfgang Langhoffs Deutschem Theater gewesen und hatte wegen des unaufhörlichen Drangsalierens der SED-Kulturspießer, die in seinen Stücken den wahren Glauben an den Geist des Sozialismus vermissten, gelitten. Er wurde strengen Verhören bei der Kulturkomission beim Politbüro des Zentralkomitees der SED unterzogen. Die Genossen Kurella, Bredel und Ulbricht taten sich besonders hervor. Er ging daraufhin in den Westen, arbeitete in Düsseldorf – und schrieb. Das gefiel den spitzen Betonköpfen in Berlin-Ost nicht, er wurde zur Persona non grata erklärt.

In München an den Kammerspielen suchte Kipphardt sogleich nach jungen Autoren. Er wusste, dass ohne deren Förderung das Stadttheater in Agonie fallen würde. So gab es im kleinen Haus der Kammerspiele, dem Werkraum, im April 1971 bald zwei Einakter von dem unbekannten Autor Franz Xaver Kroetz: »Heimarbeit« und »Hartnäckig«. Eine große Entdeckung und ein ebenso großer Skandal. In derselben Spielzeit brachte Herr Dr. Kipphardt einen jungen, äußerst dreisten Autor ins Spiel: Wolf Biermann, der rote Barde aus dem Berliner Ensemble, hatte nach einem alten Stoff ein neues Stück geschrieben: »Der Dra-Dra. Die große Drachentöterschau«. Inszeniert hat es der hervorragende Chef des Kölner Schauspiels, Hansgünther Heyme. Er nahm sich dieses Stück vor und schob es in das Publikum, ohne Kompromisse, er ließ keine kulinarische Gnade gelten. Chaotische Proteste waren die Reaktionen des gereizten Publikums, also ein Theaterskandal der üblichen Sorte, beleidigte Zuschauer wollten ihr Geld zurück. Das Ganze war uns allerdings sehr recht. Für uns war der Drachen das Übel, wie alle anmaßenden Autoritäten und tönernde Hierarchien, also bravo Biermann, bravo Heyme, bravo Kipphardt – es war Enthusiasmus in the air.

Doch die kalte Dusche wurde schleunigst aufgedreht. Und das kam so: Die Dramaturgen der Produktion hatten sich etwas ausgedacht, diese linken Vögel. Und Kipphardt kam vom Ost-Regen in die West-Traufe. Sie hatten in der Mitte des Programmheftes eine Doppelseite mit »möglichen Drachen« veröffentlichen wollen. Da konnte man dann 24 mannigfache Monster sehen: der Oberbürgermeister von München, Vogel, der Kanzler Schmidt, Industriemagnaten ... alles, was so in den Kapitalismus-Klippschulen gelehrt wurde. Kipphardt, der verantwortliche Chefdramaturg, eilte sogleich zum Intendanten. Everding roch sofort die Gefahr, es kokelte dort eine Lunte. Kipphardt trat sie aus und verhinderte einen Skandal – dachte er. Auf irgendwelche Weise flatterten nun diese beiden schon gedruckten, aber nicht veröffentlichten Seiten auf den Schreibtisch des jungen Oberbürgermeisters Vogel. Wer sie dahin hat fliegen lassen, weiß bis heute niemand. Everding geriet in Verdacht, aber warum sollte er Kipphardt so in den Rücken fallen. Er hatte doch zwei Stücke von ihm in den Kammerspielen inszeniert, sogar die Uraufführung von »Joel Brand« 1965. War es der Verwaltungsdirektor, ein stramm rechter SPD-Genosse? War diesem der Sozialist Kipphardt mit seinen linken Ansichten zuwider? Abwegig war das nicht in diesen aufgeregten Jahren der Notstandsgesetze, dieser Stein'schen Vietnamkollekte. Die ganze Affäre war sehr verwickelt. Ich hielt mit meinem Hitzkopf diese gedruckte Liste sogar für angebracht und dachte keine Sekunde darüber nach, ob diese Paraphrase zum Mord an diesen Symbolen aufrief …

Nun betritt ein anderer Praeceptor Germaniae die Szene, der wortmächtige Günter Grass, kein Freund Kipphardts. Er war gerade von einer Wahlkampfreise mit Oberbürgermeister Vogel zurückgekehrt. Dieser zeigte ihm sogleich die beiden ausgedruckten, zurückgezogenen Seiten. Im Programmheft hatten die beiden Dramaturgie-Lehrlinge trotzdem noch einen Text des Bedauerns eingerückt, das war dann der Brandbeschleuniger. Und die Wellen gingen hoch: Grass zwickte Kipphardt in der »Süddeutschen Zeitung«, und dieser ätzte zurück.

Dr. Kipphardt lag sowieso mit den Kammerspielen im Streit. Er hatte bislang seinen neuen Vertrag, der verlängert werden sollte, noch nicht unterschrieben. Nach diesen ganzen Querelen lag also der Vertrag noch im Rathaus, sozusagen auf dem Schreibtisch des Oberbürgermeisters neben den Druckseiten mit den 24 Drachen.

Nun war es einfacher als zuvor gedacht. Kipphardts Vertrag wurde abgelehnt, die scheinbare Verletzung seiner Amtspflicht zum Anlass genommen, ihn nicht zu verlängern, und raus war der Doktor. Wie sich die Fälle im zweigeteilten Vaterland ähnelten, war schon frappierend. Ein Orkan der Empörung brauste durchs Land. Danach zeitigte der Protest gegen den üblen politischen Rausschmiss von Kipphardt ungeahnte Wirkung. Von den Herren Dramaturgen ist nichts mehr zu berichten, sie waren wie vom Erdboden verschluckt, laute Stille.

Gute Regisseure wie Hans Hollmann, Giesing, Stein, Schauspieler wie Vadim Glowna verließen das Haus, Kollegen des Geschassten wie Martin Walser meldeten sich hellsichtig zu Wort.

Die drei Ensemblevertreter, der kluge E. O. Fuhrmann, der soignierte Peter Lühr und der Hitzkopf J. F., wurden beim obersten Dienstherrn Vogel vorstellig. Kipphardt habe doch gerade die Veröffentlichung verhindert, war unser eigentlich unschlagbares Argument.

Der junge Oberbürgermeister blieb prinzipiell, er könne niemanden, der zum politischen Mord aufgerufen habe, weiterhin als Bediensteten der Stadt München dulden. Aus die Maus, Ende Gelände. Lühr zitierte am Ende, als letztes Wort, den leidenschaftlichen Posa aus dem Schiller'schen »Don Karlos«: »Sir, geben Sie Gedankenfreiheit …« So etwas gab es zurzeit nicht im Angebot des Einser-Juristen. Kipphardt zog sich in seine Mühle bei Angelsbruck zurück. Das erstaunliche Ensemble wurde in alle Theaterwinde zerstreut, Everding werkelte weiter, wurde 1972 mit Albees »Alles vorbei« zum Theatertreffen eingeladen. Alles hatte wieder seine alte Ordnung.

Kipphardt schrieb fleißig und inspizierte seine Fischteiche.

Als ich im Zug der öffentlichen Diskussionen in einem Ensemblegespräch den Münchner Kulturreferenten fragte, ob ich als aktiver Jungsozialist auch Konsequenzen für meinen Vertrag fürchten müsste, antwortete dieser mir frank und frei, nein, mein Vertrag liefe weiter.

Aber: »Wenn Sie Ihre politische Meinung so dezidiert auf den Tisch legen wie jetzt, wird man nach Ablauf Ihres Vertrages allerdings nicht um Ihre künstlerischen Qualifikationen, sondern auch Ihre politischen Aktivitäten bei den Gesprächen über eine Verlängerung mit einbeziehen.« Da war es heraus, die ganze Sache war mehr als fischig. Es war ein Vorgriff auf den »Radikalenerlass«, schamlose Bürokratie. Wir hatten alle verloren.

Jahrzehnte später, ich war mittlerweile Intendant des Hamburger Thalia Theaters, holte mich diese Kipphardt-Geschichte noch einmal ein. Helmut Schmidt hatte hohen Geburtstag, den 80. Tout le monde kam 1998 in das Thalia, Henry Kissinger, Giscard d'Estaing, Mr. Callaghan, Schröder, Lafontaine und so viele andere.

Nach den wohltönenden Ansprachen von Präsident Herzog, dem neuen Kanzler Schröder und Helmut Schmidt ging es zu Fuß ins prächtige Hamburger Rathaus zu einem Senatsessen mit all dieser Prominenz. Ich wurde an einen Tisch mit Manfred Stolpe und Hans-Jochen Vogel gebeten. Vogel war ein sehr selbstsicherer Gesprächspartner, er redete ohne Unterlass. Stolpe hörte zu und zog sich nickend zurück. Irgendwann zwischen Hauptgang und roter Grütze sprach mich Vogel an und erzählte mir von diesen schrulligen Theaterleuten, die oft so weit entfernt von der gesellschaftlichen Realität lebten. Auf meine unverblümte Frage, wie er auf solche etwas merkwürdigen Gedanken kommen könnte, holte er aus und erzählte die Geschichte von den Kammerspielen und dem Dramaturgen, der zum Mord aufgerufen habe und sich dann gewundert hätte, dass er aus dem Amt flog. Ich war platt, meine Frau Susi kniff mich ins Bein, weil sie ein Erdbeben befürchtete. Ich fragte mit besonderer Höflichkeit, ob er sich an die drei Mitglieder der Kammerspiele erinnere, die in seinem großen Büro für den Dramaturgen vorstellig geworden waren, als er hinter seinem Oberbürgermeister-Schreibtisch saß. Er schaute mich starr an, natürlich würde er sich erinnern. Stolpe wurde unruhig, weil er nicht verstand, was jetzt ablief. Susi legte ihre Hand auf meinen Arm. »Eine dieser drei Personen war ich, Herr Vogel«, sagte ich freundlich lächelnd. »Und Sie hatten unrecht. Das ist belegbar. Sie haben sich ganz fatal geirrt, einen großen Fehler gemacht, der besonders einem besonderen Sozialdemokraten wie Ihnen nie hätte passieren dürfen.« Vogel bekam rote Backen. »Vielleicht sollten Sie sich bei der Familie Kipphardt entschuldigen.« Ich stand auf, verabschiedete mich bei dem Jubilar und seiner entzückenden Frau Loki, bei Bürgermeister Runde und Manfred Lahnstein, mit dem zusammen ich diese Feier organisiert hatte, und verließ mit meiner Susi an der Hand rasch das Rathaus.

Liest man nun Jahre später noch einmal Vogels Einlassungen zum Fall Kipphardt, die er 1971 im Juni abgab, kann einem schwindelig werden. Alles waren manipulative Unterstellungen.

Wenn wir damals nach diesem Skandal in Angelsbruck bei Kipphardts Fischteichen mit ihm spazieren gegangen sind, kam alles wieder zur Sprache. Kipphardt war tief verletzt über diese zweimalige deutsche Enttäuschung durch die Politspießer hüben wie drüben. Jahre später, als ich am Hamburger Thalia Theater bei Gobert arbeitete, führte ich Kipphardts Bearbeitung der »Soldaten« von Lenz auf. Es wurde zu einem großen Erfolg für ihn, für das Thalia und für mich.

Intendant in Köln geworden, hatte ich vor, Kipphardts »Bruder Eichmann« aufführen zu lassen. Kipphardt war kurz nach Fertigstellung dieses Werkes an einer Hirnblutung gestorben. Wir hatten ihn im kalten November 1982 auf einem kleinen Friedhof nahe Angelsbruck, der Mühle und den Störchen auf dem Dach beerdigt. »Bruder Eichmann« war ein vertrackter Text, zwischen einzelnen seiner Abschnitte ließ der Autor antisemitische Witze erzählen. Das befremdete mich sehr, ich sah damals den Sinn nicht ein und hatte Angst vor den Reaktionen des Publikums. Ich bat den Theaterverlag, diese Einwürfe streichen zu dürfen, aber die Witwe Pia verschloss sich energisch meinem Wunsch. So sagte ich die Aufführung schließlich ab. Es war das bittere Ende einer wertvollen Freundschaft.

Paul Verhoeven war ein Theatermensch der alten Schule, gehörte der Generation der Kortners und Schweikarts an, die wie er zu Beginn ihres künstlerischen Lebens allesamt Schauspieler gewesen waren. Ich habe mehrere Male bei ihm assistieren können, er war ein wenig betulich und bieder, aber den Schauspielern besonders zugeneigt und fast väterlich. Unseren jungen Schauspielern war er zu umständlich, zu zögerlich, nicht entschieden genug. Bei »Wir bombardieren Regensburg«, einer Fassung von »Catch 22« von Joseph Heller, kam es zu einer Revolte.

Die Schauspieler schrieben einen zornigen Brief an den Chef Everding und forderten die Ablösung von Verhoeven. Aber ich mochte ihn und er mich. In all dem aufgeregten Gewese dieses Theaters mit hoher Intriganten-Temperatur fühlte ich mich oft nicht wohl.

Die Schauspieler, angeführt vom radikalen, liebenswerten Räuberhauptmann Dieter Laser, übergaben mir den Protestbrief, den ich als Postbote zu Everding tragen sollte. Aber das tat ich nicht, ich ließ ihn einfach in meinem Regiebuch verschwinden. Diese Herabwürdigung hatte Verhoeven nicht verdient. Er war ein liebenswerter Chef, hilfreich und sehr freundlich. Als ich Inge heiratete, hatte er mir Brot und Salz auf meinen nachbarlichen Platz gelegt. Ein sehr unübliches Zeichen.

Fragte mich einer der Revoluzzer nach den Schreiben, spielte ich den Ahnungslosen, nannte August Everding einen schlampigen Intendanten, der wohl immer zu viel auf Reisen sei, statt seinen Schreibtisch aufzuräumen. Das verfing, und die Sache verlief im tiefen Theatersand.

Paul Verhoeven starb auf der Bühne der »Kammerspiele«, die seit 1921 seine Heimstatt war, bei einer Trauerfeier für die unvergleichliche Therese Giehse. Sein letzter Satz war: Auf der Suche nach Menschlichkeit ... Sein Sohn Michael, der Regisseur und Arzt, sprang auf die Bühne, aber es war zu spät.

Ich sollte nach Berlin fahren, sagte Everding und drückte mir einen Aktendeckel in die Hand, der Herr Peymann inszeniere dort den »Kirschgarten« und komme danach zur Inszenierung einer Uraufführung eines Stücks von Greiner zu uns an die Kammerspiele. Ich machte mich auf den Weg. Peymann probierte in der Volksbühne, in der freien, in der Schaperstraße in Charlottenburg.

Nach einer chaotischen Probe saß ich mit Peymann zusammen und ging die Probleme der geplanten Produktion in München durch, wie immer ging es um Disposition und Besetzung.

Peymann war ein sehr impulsiver Redner, er wusste irgendwie alles, fast alles. Er sah aus wie aus einer Apo-Illustrierten, groß und langhaarig, ein blonder Schnäuzer machte ihn besonders alternativ. Er ging viel, redete viel, machte vor. Man sah, dass ihm dieser Beruf Spaß machte, auch weil er mit Macht und Autorität, mit Leidenschaft dabei war. Sein norddeutsches Idiom färbte alles weit und breit ein, dem von bayerischer Gutturalmelodie gewöhnten Kollegen sehr fremd. Er kannte unsere Schauspieler nicht, ich erzählte ihm vom Räuberhauptmann Laser und dem guten Menschen Martin Lüttge, meinem Freund, er von Bühnenbildner Karl Ernst Herrmann und Kostümbildnerin Moidele Bickel, ich von unseren hervorragenden Requisiteuren Stoschek und dem Möbler Gattinger, von Hansi Erlacher, dem genialen Vorhangzieher, er von dem jungen Bruno Ganz, der aber keine Zeit hätte. Und Schari, wer spielt Schari?, er wurde streng. Aber das ist doch ein Komparse. Gut, den spielen Sie, Mensch! So kam ich zu einem Auftritt im Werkraumtheater.

Ich spielte schon immer gerne, im Kellertheater, im Boulevardtheater am Dom und beim Fernsehen in Tatorten und Fernsehspielen. In einer albernen Serie, »Ausgerechnet Tantchen«, musste ich mich ich als junger Spund zusammen mit meiner entzückenden Partnerin Katrin Schaake auf die Spur unserer »Tante« Edith Elsholz heften, die mit neuem Liebsten (Lukas Ammann) quer durch Italien reiste. So lernten wir immerhin nebenbei die schönsten Orte dieses Wunderlandes kennen. In Venedig konnte ich mich nicht lassen und ging immer noch über eine weitere Brücke, bis ich mich schließlich umnebelt von Rotwein mitten auf den Platz legte und in die Sterne schaute. So muss es immer sein, dachte ich.

Als wir nach Assisi in Rom eine Drehpause hatten, ruhte ich mich ein wenig auf der Spanischen Treppe aus und aß ein Tramezzino, als plötzlich eine zierliche Dame mit Kopftuch die Treppe hinunterlief. Sie war es! »Sabrina«, »Holly Golightly«, »Kronprinzessin Anne«, »Funny Face« …: Audrey Hepburn. Ich lief hinter ihr her, wollte ihr zu Füßen fallen und ihr meine Liebe erklären, aber da war sie schon verschwunden im Treiben an der Fontana di Trevi. Oh, moon river!

Die ultimative Herausforderung als Darsteller kam für mich später: Harnoncourt plante einen »Zigeunerbaron« vom Meister Strauss mit seinen vielen unsterblichen Melodien, ich sollte die Dialoge begutachten. Dann könnte ich ja auch gleich den »Conte Carnero« singen, sagte er. Du hast doch eine niedliche Tenorstimme, entgegnete er meinen Einwänden, das kannst du! Ich bereitete mich mit Fleiß vor. Engagierte einen Korrepetitor, mein Walkman war stets am Ohr. Kaum hatte ich bei den Proben in Wien den ersten Ton gekräht, zogen die Sänger neben mir die Augenbrauen hoch: »Wie singst du denn?« Hans Jürgen Lazar aus Frankfurt kümmerte sich um mich, traf mich vor jeder Probe und arbeitete an meiner Stimme und der Art zu singen – mit Perspektive. Ich war ziemlich verstört und irritiert. Ich bat Nikolaus bei den Vorstellungen um jeden Einsatz und kam doch regelmäßig zu spät. Er würde mich anatmen, flüsterte der Helfer Lazar, und fortan schnaufte er, und ich sang. Eine ganz böse Stelle schaffte ich nie – bis auf die letzte Vorstellung. Ich war glücklich und hörte neben mir Hans-Jürgen wie eine alte Lokomotive schnaufen. Was hat er denn?, fragte ich mich. Ich hatte in meiner freudigen Genugtuung über meinen Erfolg die drei folgenden Einsätze verpasst. Nikolaus der Weise gab mir auf den Weg: Das sei dir eine Lehre! Denk nie zurück, sei nicht selbstzufrieden, schau nach vorne, der Zukunft zugewandt.

Dann kam Peymann in die Maximilianstraße. Er rannte mit revolutionärem Elan die Treppe zum Werkraum hoch und rief wie bei einer Ku'damm-Demo lauthals in das hallige Treppenhaus: »August, wir kommen«, und lachte sich scheckig. Er war mir mittlerweile sehr vertraut. Er hatte sich ein bisschen ungefragt bei uns zu Hause einquartiert. Freilich hatte ihn meine Inge, nachdem er ihr Erziehungsratschläge erteilt hatte, ausgewiesen. Fünf Kinder und obendrein noch Claus Peymann. Das war zu viel.

Aber trotzdem: im Theater gibt es besonders schöne Freundschaften, weil man so eng miteinander, füreinander arbeiten muss. Auf den anderen muss Verlass sein beim Tanz über das Schleppseil zwischen den Theaterleuten und dem Publikum.

Stets habe ich in den Häusern, wo ich gearbeitet habe, gute Freunde gefunden. In München gab es eine kleine Gruppe mit Vadim Glowna, der mich immer zart Jewgenij rief, dem robusten Uli Hass, ein verhinderter Maler und Künstler, Christian Bussmann, dem Bühnenbildassistenten, Matthias Habich, dem großmütigen Schauspieler, und Martin Lüttge mit seiner Frau Gila von Weitershausen. Wie wir denn demnächst unser Weihnachtsfest feierten, fragte Martin mich einmal. Es wird alles ein bisschen knapp, sagte ich verlegen, die fünf Kinder erwarten ja auch nicht viel, Würstchen mit Erbsensuppe, sehr frugal.

Am Abend klingelte es, und zwei befrackte Kellner mit großen, glänzenden Tabletts auf den Schultern, gehäuft voll mit dem leckersten Essen – dahinter erschienen Gila und Martin und lachten: »Frohes Fest.« Wir schmausten miteinander und spielten dann ein Märchen für die Kinder. Und Gila war die süße Prinzessin.

Kortners strenges Exerzierregiment, Schweikarts freundliches und beharrliches Situationstheater, Giesings nettes Suchen, Steins analytisches Quellenstudium, Everdings Eile, alles war Peymann total fremd. Er saß zurückgelehnt in der vorderen Reihe und forderte die

Schauspieler heraus. Er kritisierte sie und stachelte sie an, ihre Fantasie zu bemühen, ließ ihnen einfach nicht ihren Frieden, stöberte sie auf, wie ein Fuchs einen Hühnerhaufen. Hauptmann Laser wurde aufsässig, so was war das Salz in der Brühe des Claus Peymann! Der Autor wurde rasiert, der Rotstift zum Skalpell. Ein Blutbad! Bei der Premiere lief ich nach meinem kurzen, eigenen Auftritt eilends in die Beleuchterloge und sah unter mir den Scharfrichter Joachim Kaiser, Kritiker von Geblüt, in seinem Text-Exemplar hin und her blättern. Wenn ich mich richtig erinnere, hörte die Theaterwelt von Greiner danach nicht mehr viel.

»So machen die Proben Spaß, merk dir das, Flimmi! Host mi?«, sagt der mächtige Gustl Bayrhammer, ein prächtiger Bayer und Darsteller des Speers in »Kasimir und Karoline« von Ödön von Horváth, dem bedeutenden Dichter aus dem südlichen Sprachraum. Vielleicht ist dies sein schönstes Stück über die armen Leute in den armen Zeiten im München der schwierigen 20er-Jahre, in den Jahren der Krise und der heraufziehenden Nazis.

Otto Schenk, der sich schon lange um diesen damals noch unentdeckten Autor bemüht hatte, inszenierte das Stück mit einer erlesenen Besetzung. Die reizende, immer junge Gertrud Kückelmann spielte eine bittersüße Karoline, Dieter Kirchlechner den verzweifelten Kasimir, einen Angeber ohne Arbeit. Als ob die Sprache ihnen nicht gehörte, wie auswendig gelernt, tasten arme Menschen in einem Dämmerlicht an ihren dürren Wörtern entlang. Den Kommerzienrat Rauch spielte mit fahrigen Gesten Hubert von Meyerinck, den Zuschneider Schürzinger Peter Vogel, der wie ein krummer Nagel durch das Stück schlitterte. Die Erna mit schüchternem Trotz spielte die großartige Christa Berndl, eine aus dem schier unendlichen Reservoir bayerischer Volksschauspieler, Schweikart hatte sie entdeckt.

Solche Proben hatte ich bis dahin noch nicht erlebt. Nach dem Textwüterich Kortner, dem geduldigen, aber zielbewussten Schweikart, dem väterlichen Verhoeven kam nun etwas Neues in die Regieluft mit Laune, Lachen, Komik, Wortwitz. Schenk war ein begnadeter Unterhaltungskünstler, hoch musikalisch und gebildet. Er war zudem ein begnadeter Komiker und Nachmacher, der aus der klugen Wiener Schule kam. Dort lernst du, bösartige Beobachtung mit mildem Sarkasmus zu ummanteln. Wien – eine Mördergrube mit Herz, soll Kortner gelästert haben.

Dieser gnadenlose Blick, der eine lange Tradition bei Nestroy und Kollegen hat, ist stets auf der Suche nach kleinen und großen Schwächen, der vor den eigenen nicht haltmacht, sie liefern sich auch selbst aus. Man lacht über die kleinen und großen Böswilligkeiten der widersprüchlichen Charaktere. Weil dieser eingeübte Blick so selbstverständlich ist, spielen sie so gerne. Als der große Schenk in der herrlichen – schwer zu inszenierenden – »Fledermaus« den ewig mit Slibowitz abgefüllten Gefängniswärter Frosch spielte, zeigte er selbst als Darsteller einiges von den krummen Charakteren der »Kasimir und Karoline«-Posse, Kakanien at his best!

Diese genialen Schauplätze bei Horváth, die Wienergasse und die Donau, der selige Heurigen mit seinen Gesängen und das schräge Münchner Oktoberfest, eins, zwei, g'suffa, sind voller Poesie.

Karolines kleiner Monolog am Ende des Stückes, als sie Kasimir brüsk abweist, ist große Literatur. Die wundersame Kückelmann spielte das gläsern und schmetterlingsgleich verletzlich, dass es allen, die dabei waren, unvergesslich bleibt: »... man hat halt oft so eine Sehnsucht in sich – aber dann kehrt man zurück mit gebrochenen Flügeln, und das Leben geht weiter, als wäre man nie dabei gewesen ...« Dann schleppt der Schneider Schürzinger sie ab, und dann singen Erna und Kasimir das berührende leise Lied von der letzten Rose.

Einen schöneren Schluss, wenn alles verklingt und verweht, gibt es kaum noch einmal. Dieses Piano, in dem der geniale Schauspieler und große Regisseur Schenk den Horváth wie aus dem Herzen inszeniert hat, war eine Lehrstunde der Regiekunst.

Jahre später, als ich »schon inszenierte wie ein Erwachsener« – Originalton Hans Schweikart, als er mich im Thalia Theater auf einer Probe traf –, arbeitete ich in Salzburg mit dem fantastischen Schauspieler Schenk zusammen. Er spielte in Raimunds »Der Bauer als Millionär« den Fortunatus Wurzel, eben den Bauern. »Das hohe Alter« gab der unvergleichliche Karl Paryla. Wenn er die Bühne betrat, murmelte er alleweil ein »Servus Hansi«. Warum er das denn immer wieder sage, es gehöre dort gar nicht zum Text ... Er sah mich etwas verstört an: ob ich nicht wisse, dass das letzte »Hohe Alter« hier auf dieser Bühne des Landestheaters der unsterbliche Hans Moser gegeben hätte, und diesen großen Kollegen müsse er grüßen, wenn er die Szene beträte. Schenk und ich schauten etwas belämmert.

Schenk war einmal Parylas Assistent gewesen und ich der von Schenk – es werkelten also drei Generationen am Raimund herum: Paryla hatte große Probleme mit dem Text des Märchendichters und schrieb seine ganze Rolle nach Nestroy-Manier um. Ich war ratlos, wie sollte das wohl gehen?

Otto Schenk saß mit seinem unvergleichlichen Pokergesicht neben mir am Regiepult, trank Wasser und mümmelte eine Semmel. Dazu erzählte er von früher, von den Anfängen und dem Krieg, als sich viele Schauspieler und andere Theaterleute wieder versammelten, in der kommunistischen Scala. Paryla, einer der Protagonisten, damals aus der Schweizer Emigration zurückgekehrt, blickte auf. Dann feuerten sie sich gegenseitig an mit merkwürdigen Geschichten und köstlichen Anekdoten. Die Spannung wich, und unter Prusten und Lachen ging Schenk auf die Bühne: »Karli, komm, wir machen mal den Text.« Karlis Protest lächelte Otti weg, er begann mit Raimund. Und das Wunder geschah, Karli antwortete mit Raimund.

Otti drehte sich so, dass Paryla nach vorne – ad Spectators – sprechen musste. Schenk zeigte dem Publikum die ganze lange Szene seinen Rücken und hielt so »Das hohe Alter« im Fokus der Szene. So spielten die beiden Meister, und die Szene blieb, natürlich, unverändert so.

Ich spendierte sehr dankbar Otti nach dieser Probe eine Würsteleierspeise im Café Bazar.

In der Kantine der Kammerspiele mit dem kleinen Gärtchen führte ein Kollege das große Wort. Er habe, lästerte er, ein Angebot aus Wuppertal, dort den »Krug« zu inszenieren, aber mit einer schwachen Besetzung – oh, er dächte gar nicht daran.

All meine Bemühungen, endlich in München Regie zu führen, wurden nicht belohnt. Ein kleines Kinderstück im Theater der Jugend geriet zum Flop, die Verrisse waren grausam. Warum hatte ich diesen flauen, kinderfröhlichen Text bloß nicht abgelehnt, zumal ich nach einem schrecklichen Verkehrsunfall direkt vom Krankenbett an das Regiepult gewechselt war. Ich schrieb ein paar schmissige Lieder, aber auch das half dem putzigen Stück nicht auf die dünnen Beine.

Ein freundlicher Kollege, mit dem ich einige Male gedreht hatte, unterhielt ein kleines Tournee-Theater. Er lud mich ein, »Die ehrbare Dirne« von Sartre einzustudieren. Das tat ich, und dieses Stück geriet endlich. Es gab in der Süddeutschen eine sehr lobende Beurteilung von Urs Jenny. Das habe ich gebraucht. Also: auf nach Wuppertal!

Ich hatte dazu meinen Freund, den Dramaturgen Bernd Wilms, angerufen, den ich noch aus der Evangelischen Jugend kannte, und ihm von meiner Zeit neben Kortner und mit Kleist gebeichtet. Ich blätterte in meinem dicken Regieordner: bis Seite 53 kann ich es mindestens! Der Wuppertaler Intendant Wüstenhöfer staunte. Er war ein bekannt mutiger Theaterdirektor. Die wilden Herrschaften wie Zadek, Neuenfels, Löscher, Bondy, Ballhausen arbeiteten bei ihm, und für sein Ballett hatte er eine junge Dame vom Folkwang-Ballett des Großmeisters Kurt Jooss geholt, garantiert tutufrei: Pina Bausch. Das hätte ihn fast den Job gekostet, hätte ihm nicht sehr aufrecht der Wuppertaler Oberbürgermeister Johannes Rau zur Seite gestanden. Der Wuppertaler »Krug« wurde dann besser, als ich dachte, ein bisschen brav, aber ich war froh, über die letzten Seiten hinweggekommen zu sein. Die Schauspieler waren freundlich, außer die der Marthe Rull, eine alternde Provinzdiva, Ullamaus genannt. So was kannte ich aus München nicht. Egal, das Stück kam raus, und ich war tatsächlich Regisseur am Stadttheater in Wuppertal geworden. Trommelwirbel und Tusch!

Inmitten der heißen Debatten um die Nachfolge Everdings erreichte mich ein Anruf einer schönen und sonoren Stimme. Sie kenne mich nicht, ob ich ihn wohl kenne. Er sei Boy Gobert, leite das Thalia Theater in Hamburg, komme in einigen Tagen nach München, um sich in den Kammerspielen »Sunny Boys« mit Rühmann und Verhoeven anzuschauen, und ob ich Zeit fände, ihn zu treffen. Ich hatte Zeit, und nach den sonnigen Jungs kam es zu einem Treffen. Sein Thalia hatte nicht den Ruf, die Speerspitze des Fortschrittes zu sein, es galt als ein bisschen plüschig und muffig und gedankenlos. Der Schauspieler Hans Korte, der mich zweimal als Assistent erlebt hatte, hatte ihm den jungen Mann von den

Kammerspielen empfohlen – der mache zumindest gute Umbesetzungsproben. Wir trafen uns also, Gobert war sehr unterhaltsam und freundlich und machte mir tatsächlich bald ein Angebot … Ich fuhr also nach Hamburg, das mir kaum bekannt war, und saß dann im Büro von Herrn Gobert, der mir zwei Einakter von Otto Jägersberg vorschlug. Die mir freilich, trotz der tollen Besetzung mit Ingrid Andree und Helmuth Lohner, überhaupt nicht gefielen. Ich dachte an mein Münchner Kinderstück und spazierte des schlechten Gewissens voll wieder in Goberts Büro. Es täte mir ja sehr leid, aber ich müsse leider sein hochherziges Angebot ablehnen – stotterte ich. Ich hatte mir zuvor moralischen Rückhalt bei der Andree geholt, die mich bestärkte. Als ob er mit meinen dürren Worten gerechnet hätte, öffnete der Herr Intendant seine Schreibtischschublade und zog ein rotes Heft heraus, die »Bremer Freiheit« von Rainer Werner Fassbinder – den ich aus München ganz gut kannte: Lesen Sie das mal. Ich ging in ein kleines Konversationszimmer neben der Probebühne im vierten Stock und las. Ich war ganz perplex, dass Fassbinder, der sich ja in der Regel an zeitgenössischen Stoffen abarbeitete, solch eine schaurige Moritat geschrieben hatte, was mich an Peter Weiss und Grass erinnerte. Das Ganze sollte in der Nacht aufgeführt werden, »Thalia um 11:00« nannte sich diese Reihe. Es gab Auflagen, die ich zu gerne erfüllte – simples Bild, simple Kostüme, und Proben nur vom 18. Oktober 1971 bis zum 11. Dezember.

Die Premiere war ein großer Erfolg, Ingrid Andree, die mich beraten hatte, schrieb ein freches Telegramm: »Ich find's phantastisch, wer anderer Meinung ist, ist doof. Es umarmt Dich Deine Ingrid.« Sie teilte jedem, der es hören wollte, ihre Meinung mit, nachdem sie in einer Endprobe gesessen hatte. Einer, der genau zugehört hatte, war Kurt Meisel, der gerade Chef vom Münchner Residenztheater geworden war. Er hatte eine Probe besucht und rief sogleich danach an – ob er mir einen Vertrag für drei Jahre anbieten könne, jedes Jahr ein Stück. Als ich auflegte, konnte ich meine Freude nicht mehr halten, sie explodierte, ich sprang wie ein Känguru durch den kleinen Flur der Pension Helbing in der Eilenau, schrie laut nach meiner lieben Inge und konnte mich nicht zur Ruhe bringen, bis ich mir an einer niedrigen Tür den Kopf rammte.

Fassbinder und ich verbeugten uns gemeinsam und überschütteten uns mit Komplimenten, da habe er ein sehr schönes Stück geschrieben und ich eine schöne Aufführung daraus gemacht!

Auf der Feier in einer vornehmen Hamburger Galerie war tout Hamburg. Rudolf Augstein, der Chef vom »Spiegel«, gratulierte mir, Gobert war beeindruckt.

Was war geschehen? Noch vor einem Dreivierteljahr hatte ich viele Theater, wo alte und neue Freunde saßen, abgeklappert und überall nur Bedauern kassiert. Nun also ging es los.

Inzwischen hatten die Wiener Festwochen unsere Aufführung von Fassbinder eingeladen. Ich war noch am nächsten Morgen wie beschwipst von dem Wiener Jubel. Auf dem Flughafen bedankte sich das »süße Mädel«

vom Duty-free an der Kasse für den schönen Abend, kann man sich das vorstellen? Wien, nur du allein! Ob ich nicht an die Burg kommen wollte, um mit ihm die Reihe »Junge Burg« aufzubauen, fragte mich der Direktor Klingenberg. In Wien studieren, wie damals geplant, das hätte ich mich getraut, auch dort eine Doktorprüfung abzulegen. Aber an diese Burg, das hat mir Angst gemacht. Also sagte ich ihm mit einem tiefen Bückling ab. Die emsige Frau Andree hatte inzwischen ihren alten Freund Hans Lietzau, den Intendanten des Schiller Theaters in Berlin, energisch auf mich hingewiesen. Er lud mich zu einem Gespräch ein. Ich saß in der Kantine hinten rechts an einem runden Tisch in der Ecke und wartete und begann mich zu fürchten. Immer wenn ich warten muss, fürchte ich mich, mein Leben lang. Wenn der Minutenzeiger über die Verabredung hinwegtickt, überkommt mich sogleich eine müde Verzweiflung, die dann einer tiefen Niedergeschlagenheit Platz macht, der Gewissheit, dass niemand sich doch jemals für mich interessiert.

Der runde Tisch füllte sich allmählich, Schauspieler, die ich kannte, wie Martin Held, nahmen Platz mit ihren Kaffeetassen und plauderten. Auch der junge Bühnenbildner Johannes Schütz wurde an meine Seite gesetzt, und wir bekamen vom Dramaturgen Ernst Wendt Order, uns doch mal zu unterhalten. Wir sollten ja sowieso in naher Zukunft miteinander arbeiten. Als ein junger hübscher Lockenkopf kam, ich bin der Dorn, begrüßte er mich. Später wurde er ein berühmter Regisseur und dann Münchner Intendant an den Kammerspielen.

Eine junge Dame kam an den Tisch, der Chef hätte nun Zeit für mich! Ich aber sagte dem Chef ab, ich hatte einfach Angst vor dieser geballten Kompetenz da unten am Kantinenkellertisch.

Am Abend traf ich meine Freundin Nele in einer Kneipe, der »Schillerklause«, und ein geschwätziger Assistent von Herrn Lietzau gesellte sich zu uns. Er quasselte uns die Ohren voll, wie toll das alles im »Schiller Theater« sei. Es war wirklich nicht auszuhalten, und ich war froh, dass meine Zukunft dort an der Bismarckstraße nicht blühen würde. Das hatte noch viel Zeit, ziemlich genau fünfzig Jahre.

Es kamen auch noch Anfragen aus Zürich von Herrn Buckwitz, Angebote natürlich von Herrn Gobert, von Ivan Nagel – der vom Schauspielhaus, ha!, von dem tüchtigen Entdecker Peter Stoltzenberg in Heidelberg, von dem enthusiastischen Karl Heinz Stroux in Düsseldorf. Der Theaterhimmel stand offen, welch ein herrliches Gefühl, so begehrt zu sein, endlich, von allen diesen Beletagen der Stadttheater.

S'ischt guet gsi in Züri'

Ich hatte lange Jahre nichts mehr von ihm gehört. Dann rief er überraschend an, der Jörg. Ob ich nicht Lust hätte, im Theater am Neumarkt in Zürich das Stück »Fegefeuer in Ingolstadt« zu machen. Jörg Holm war eine geraume Zeit in den 60er-Jahren am Kölner Theater engagiert und ein lustiger Vogel, ein hübscher Junge mit strahlend blondem Haar und damals ein Feierbiest und großer Tänzer. Inzwischen war er mit einer Gruppe junger, fröhlicher Schauspieler unter der Leitung von Herrn Zankl, eine austriakische Berühmtheit, von Hannover nach Zürich in das »Theater am Neumarkt« gezogen und hatte dort so etwas wie eine Miniatur-Schaubühne gegründet. Ich kannte das verquere Stück, war doch die Fleißer eine berühmte bayerische Autorin und als Freundin und Kollegin Brechts und besonders Feuchtwangers bekannt. Im Residenztheater hatte ich damals »Die Pioniere von Ingolstadt« gesehen. Der Wuppertaler Dramaturg und Journalist Horst Laube hatte gerade »Fegefeuer« wiederentdeckt. Dort in Wuppertal bei dem couragierten Intendanten Wüstenhöfer war es zum ersten Mal wieder auf die Spielpläne gekommen. So flog ich von München nach Zürich und stellte mich dem Ensemble vor: Mitbestimmung! Ich hatte mich präpariert. Günther Rühle hatte sehr einleuchtende Texte über die

Fleißer geschrieben. Ich konnte die Schauspieler überzeugen.

Wie schön war auf einmal die Aussicht auf Zürich, dieses Stück und dieses Ensemble lauter junger Künstlerinnen und Künstler. Der Theaterraum ist der Saal eines ehemaligen Zunfthauses, klein und intim mit einer winzigen Bühne. Nun hatte ich drei Aufträge im Notizbuch – die beiden schon erwähnten Inszenierungen, den »Krug« in Wuppertal im März 1971 und die »Bremer Freiheit« von Fassbinder bei Gobert in Hamburg am Thalia Theater am 8.12.71 – und jetzt noch »Fegefeuer« im feinen Zürich am 23.2.1972.

Marieluise Fleißer schrieb mir einen Brief mit Strichvorschlägen. Das ist ein sehr seltenes und löbliches Verhalten der Autorin zu unserem Metier. Ambrosius Hamm war der Urschweizer Bühnenbildner. Er baute auf meinen Wunsch einen polierten Stahlkasten auf die Bühne mit künstlichem Rasen, kleinen Hügeln und einigen historischen Stühlen. Dazu kam schönes, weiches Licht durch Luken.

Die Arbeit war sehr angenehm, ruhig und neugierig. Das ZDF hatte sich für eine Aufzeichnung angesagt, was dem Konto des Familienvaters Nahrung gab. Ich war zufrieden.

Die Aufführung kam sehr gut an. Frau Fleißer freilich schrieb auf mein Textbuch: »Für Jürgen Flimm, der das ›Fegefeuer in Ingolstadt‹ hoffentlich nochmal inszenieren wird! – Marieluise Fleißer, München 12.9.72.« Das hatte ich ihr versprochen, und viele Jahre später näherte ich mich mit Studenten der New York University dem »Purgatory in Ingolstadt« erneut. Die Provinz ist überall die nämliche, ob in Bayern oder Illinois. Welch ein Stück: Was geht in den Köpfen und Seelen dieser ausgerenkten Kinder vor, sie sind heruntergepresst von Autoritäten und Repression, eingesperrt in den Kasten der Provinz. Sie stoßen sich an allen Ecken und Kanten einer verlogenen Heimat. Im Stande der Todsünde, meint der verschrobene Roelle, gibt es keine Erlösung. Die Sprache stellte sich wie ein Gitter vor das Stück, das brauchte erhebliche Dechiffrierarbeit – die Verdrehungen der kleinen Körper tauchten in den überheblichen und gedrechselten Sätzen auf, welch ein kunstvolles Labyrinth hat die Fleißer uns da errichtet!

Die Stadt Zürich nahm mich gleich gefangen, schien mir als eine Zwischenwelt, kaum noch Deutschland und noch nicht Italien, das Sonnenland. Die alten Viertel der Stadt, das Niederdorf, hatten eigentümliche Geheimnisse, jahrhundertelang gab es hier eine Tradition der Exilanten, Lenins Wohnhaus stand in der Spiegelgasse 14, Büchners Zuflucht daselbst Nr. 12. Auf seinen unsteten Wanderungen kam 1777 der umtriebige Dichter Jakob Michael Reinhold Lenz in Zürich an und wohnte ein halbes Jahr auch in der Spiegelgasse 11, bei Johann Caspar Lavater, dem Schweizer Theologen. Büchner und Lenz und Lenin – eine beeindruckende Gasse! Das Emigrantencafé Odeon, das Nest der Dadaisten um Hugo Ball, war gleich nebenan, und neben der Behausung des mürrischen Revolutionärs residierte hier auch das Café Voltaire. Verrückte Orte, voll mit verrückten Geistern aus dem Dadaland.

Vielleicht hat ein tapferer Züricher Medizinprofessor einst dem Genossen Uljanow des Kollegen Büchners Manifest vom »Hessischen Landboten« unter der Tür durchgeschoben? Ob er das Motto dieses revolutionären Textes »Friede den Hütten, Krieg den Palästen« kannte? Oder ob er Büchners epochales Theaterstück »Dantons Tod« gelesen hat? Dort berichtet Danton von Ängsten und Zweifeln an den revolutionären Umtrieben. Doch auch der Dichter ist nicht frei von diesen revolutionären Umtrieben; so schreibt er aus Straßburg an seine Eltern in Darmstadt, er müsse der Geschichte treu bleiben, auch wenn die Männer der Revolution »blutig, liederlich, energisch und zynisch ...« waren.

Dass andererseits die Revolution ihre Kinder frisst, das hat der gelehrte Dr. Büchner auch schon gewusst. Lenin noch nicht.

Sein letztes Werk, der »Woyzeck«, ist uns nur unvollständig und unvollendet erhalten, aber welch ein hellsichtiges Meisterwerk. Alban Berg hat eine kongeniale Oper daraus gemacht, die ich 1977, mit dem jungen Feuerkopf Giuseppe Sinopoli am Pult, an der Mailänder Scala inszenieren konnte. Das sonst so stockkonservative Mailänder Opernpublikum war hellauf begeistert. Das war die erste Zusammenarbeit mit Sinopoli, der mir später in Bayreuth ein bedeutender und treuer Dirigent und Freund beim »Ring« wurde.

Büchners Texte über den armen Soldaten Woyzeck, wie auch seine anderen, sind mir immer nah gewesen.

Er war das größte Genie einer neuen Zeit. »Woyzeck« habe ich im Thalia Theater und im Volkskunst Theater in Peking einstudiert. Büchners »Lenz«, seine Meister-Novelle, habe ich im kleinen Theater des Thalia, im Tik, eingerichtet. Und »Dantons Tod« am Schauspielhaus in Hamburg mit einer fulminanten Besetzung: Hans-Michael Rehberg, Herbert Mensching, Barbara Sukowa, Wolf-Dietrich Sprenger und so viele andere, Thomas Holtzmann, Will Quadflieg, der schon alte Werner Hinz, seine Frau Ehmi Bessel, Klaus Pohl, E.O. Fuhrmann. Die Bühne mit rasch wechselnden Bildern war von Erich Wonder, die Kostüme von Nina Ritter, ein beispielhaftes Zusammenwirken, und dazu die Musik von Johannes Fritsch!

Ich wusste damals am »Neumarkt« nicht, wie bedeutsam Zürich für mich werden würde.

Jahre später inszenierte ich im dortigen Schauspielhaus in einem aufmüpfigen, frechen Geist die »Minna von Barnhelm« von Lessing, als dort der rührige Freund Gerd Heinz am »Pfauen« ein sehr erfolgreicher Intendant war. Ich kannte ihn noch aus Köln. Er hatte ein sehr gutes Ensemble versammelt, es war eine Freude bei und mit ihm! Auf die »Minna« folgte noch Lessings »Emilia Galotti« mit den nämlichen Schauspielern.

Bei dieser Gelegenheit ging ich eines Sonntags auf die Suche nach Georg Büchners Grab. Ich fand es eingehegt auf dem Rigiblick. Zuvor stieg ich in einen Vorgarten einer feinen Villa und pflückte einen großen Strauß feinster Blumen von den gepflegten Rabatten und streute sie einem deutschen Genie, das so schrecklich früh gestorben war, aufs Grab.

Seine schönste Prosa ist die Novelle »Lenz« über den armen Dichter, der wie Woyzeck verrückt wurde und in einer schmutzigen Moskauer Gosse krepierte, ein unglückseliger Mensch, dessen Ende ausweglos verrinnt: »Er tat alles, was die anderen taten ... so lebte er hin ...«

Ich weiß nicht mehr, wann es war, es ist unvergesslich. Alexander Pereira, der umtriebige Direktor des Züricher Opernhauses, hatte nach Hause geladen. Gegen Ende der Vorstellung trödelte er wie so oft durch die Garderoben und fragte die Solisten, ob sie nach ihrem Abend noch Lust hätten, zu ihm zu kommen, es gäbe auch etwas zu essen ...

So kam eine illustre Gesellschaft zusammen. Angeführt von Neil Shicoff, damals einem der führenden Tenöre der Welt, Ruggero Raimondi, der berühmte Bariton, Nello Santi, ein sehr italienischer Dirigent, ein profunder Kenner aller Art italienischer Opern. Der Chef Alexander Pereira war inzwischen in der Küche verschwunden, aus der knurrige Anweisungen zu hören waren. Er war eine überragende Erscheinung, und er konnte sehr einnehmend sein – wusste um die allererste Regel der Intendanterei, sei nett zu deinen Gästen. Er hatte bei Olivetti in Frankfurt gearbeitet, hatte Schreibmaschinen verkauft und betreute Bachkonzerte.

1984 war er als Leiter des Konzerthauses nach Wien geholt worden, das er geraume Zeit und erfolgreich leitete. Als er 1991 an das Züricher Opernhaus wechselte, kamen wir in eine ständige Verbindung.

Von Pereira wusste ich: er entstammte einer alten und berühmten Wiener Familie. Seine Vorfahren kamen zu Beginn des 18. Jahrhunderts aus Portugal, wurden die Bankiers der hochmächtigen Kaiserin Maria Theresia, die sie auch in den Adelsstand hob. Die Pereiras waren den Künsten sehr zugeneigt, sie gaben Josef Haydn den Auftrag für die »Schöpfung«, und in ihrem Palais schrieb Mozart die »Entführung aus dem Serail«.

Dann betrat er, ein Riesentablett mit Grandezza vor sich herbalancierend, mit einem enormen Berg Wiener Schnitzel den Raum – oh, dieser Geruch – und servierte, und wir aßen und verschlangen Unmengen von diesen köstlich panierten Schnitzeln. Wir tranken Rotwein, disputierten über Don Giovanni, den Santi einen Verletzer des Frauenkörpers nannte. Und der Seele!, rief Shicoff, er fühle sich schon ganz wienerisch mit seinem Schnitzelbauch, am Ende führte Ruggiero sein bestes Kunststück vor: er zog viel Luft ein, pumpte sich auf, nahm eine brennende Kerze, die er vor seinen gespitzten Mund hielt, und nun ließ er die Luft aus seiner Lunge sehr langsam entweichen, so langsam er konnte, und siehe da! Die Flamme blieb ruhig und brannte fröhlich weiter. Wir riefen »Oh« und »Ah«. Das war Raimondos legendäre Atemtechnik, er war ein sehr berühmter Don Giovanni!

Pereira rückte die Oper an der Limmat wieder zurecht, steigerte die Zahl der Produktionen, bis der Betrieb ächzte und die Sänger mit dem Lernen nicht mehr hinterherkamen. Er verstand etwas von Stimmen und hielt viele junge Künstlerinnen und Künstler unter seinen Fittichen zusammen. Manche von ihnen machten eine große Karriere in der Opernwelt wie Cecilia Bartoli und Jonas Kaufmann, Vesselina Kasarova und Deon van der Walt.

Zürich kam mir bald sehr vertraut vor, viele Sänger und Sängerinnen, der Chor, das fabelhafte Orchester, mit dem ich leider einmal in einen unangenehmen Zwist geriet.

Nikolaus Harnoncourt kam an mein Regiepult gestürmt, beschwerte sich heftig, dass das Orchester im Orchestergraben nicht genug Platz fände. Über alles das, was auf der Bühne geschehe, könne er sich bei mir beklagen, sagte ich, der Graben sei nicht mein Revier, das sei seine Aufgabe oder die der Orchesterwarte. Das sah er rasch ein, und ich eilte zum Orchester, das im Graben seine Stühle zurechtrückte. Ich beugte mich hinab und entschuldigte mich, aber ich hätte mit dieser Platzfrage nichts zu tun. Allgemeines Gebrumme. Doch ein Musiker bemerkte, das sei ja wieder typisch deutsch, so hätten sie nach Hitler auch alle geredet; Hände in Unschuld waschen! Das war gar nicht nett, mir solchen üblen Vergleich an die Jacke zu kleben! Ich sann auf Rache: Mithilfe des mir zugetanen alten Requisiteurs Fritz verbreitete sich ein Gerücht, ich wolle während der Offenbach'schen Ouvertüre der »Großherzogin von Gerolstein« einen Hund durch das Orchester schicken, und man wisse ja nicht, was ein solches Tier so anstellte …

Ganz schrecklich aufgeregt kam ein Vorstandsmitglied der Musiker zu mir, was das solle. Ich war dabei, meine Hände zu waschen. Ich fände das auch ein bisschen blöd, aber Pereira wolle das, was solle ich machen? Sie stiefelte zu Grischa Asagaroff, dem Betriebsdirektor, der sie – er war von mir eingeweiht – barsch an den Chef Pereira verwies. Während sie auf einen Termin warteten, saß Fritz mit einer Hundefutterdose der Marke Chappi klappernd in der Kantine: Alarm!

Pereira verstand die Aufregung nicht wirklich, kam ans Regiepult und lächelte mich vorsichtig an. Was das mit dem Hund solle. Ich tat erstaunt und erzählte, dass ich gehört hätte, er fände das eine gute Idee, die ich aber auch sofort weglassen könne. Ich ließ noch eine kleine Zeit vergehen, dann redete ich mit dem Orchester, verbissene Mienen. Ich erzählte, dass mir die Idee des Chefs gefallen hätte, sicherte aber mein Einlenken zu. Ich würde es auf meine Kappe nehmen, den Hund aus dem Orchester rauszuhalten, er liefe nur noch über den Steg vor der Bühne.

Ich trank nach dieser Probe mit Fritz in der Kantine ein Bier. Die Chappi-Dose habe ich noch lange Zeit aufgehoben und sie später am Zürichsee zufrieden ans Schweizer Federvieh – quak! – verfüttert.

Über viele Jahre habe ich mit den besten Dirigenten arbeiten dürfen, so mit James Levine, Valerie Gergiev, Riccardo Muti und natürlich mit Daniel Barenboim.

Die meisten meiner 16 Produktionen während der Jahre, in denen ich immer wieder in Zürich arbeitete, habe ich mit dem unübertrefflichen Nikolaus Harnoncourt gemacht.

Die Arbeit mit Nikolaus Harnoncourt begann mit einem Telefonat seiner Frau Alice, sie hätten den »Bauern als Millionär« bei den Festspielen in Salzburg gesehen, den ich inszeniert hatte, ob ich nicht Lust hätte, mit Harnoncourt in Amsterdam »Cosi fan tutte« zu inszenieren. Die Lust hatte ich. Als dann aber der Regisseur Noelte in Zürich für den »Fidelio« mit Harnoncourt nicht die Besetzung bekam – er wollte für die Leonore eine ganz junge Besetzung haben, die es nicht gab –, sagte er ab und ich nach Nachfrage von Pereira mit Freuden zu.

Es war die erste Begegnung mit dieser wahrlich berührenden Erzählung und Komposition: »Oh, welch ein Augenblick«, singt Leonore, wenn sie endlich ihrem Florestan die Fesseln abnimmt. Welch ein Theatermoment! Welch ein magischer Musikmoment! Ich hatte damals während der Proben eine Reihe Fragen an diesen komplizierten Stoff, die sich für mich aus einer – fast realistischen – Lesart des Librettos ergaben und die ich mir, bei unserer formalistischen Konzeption, nicht beantworten konnte. Erst später bei meiner neuerlichen Aufführung in New York an der MET fand ich Antworten auf diese Fragen: Welches Spiel spielt Leonore mit Marzelline? Was treibt den eifersüchtigen Jaquino an? Ist Rocco ein Opportunist oder hat er nackte Existenzangst? Welches Verhältnis hat Pizarro zu Florestan? Warum hasst er ihn so? Führt er etwas gegen den König im Schilde? Warum kommt der Minister? An der MET gestaltete sich die Aufführung später ganz anders als in Zürich: Pizarro hatte offensichtlich eine alte Fabrik und aufgelassene Produktionsstätte zum Gefängnis umgebaut, die Zellen waren mehrere Stockwerke hoch, unter einem rostigen Transportgerüst standen Tische mit Waffenteilen, die von Söldnern gereinigt und verpackt wurden. Plant Pizarro einen Putsch gegen den König, hat Florestan davon Wind bekommen?

Aber der Fidelio in Zürich mit Nikolaus Harnoncourt war der Beginn einer langen Reihe von Opern, die wir nun gemeinsam einrichteten. Das begann mit der »Così« und dem »Figaro« in Amsterdam, der »Poppea« in Salzburg und setzte sich in Zürich und Wien fort mit Schubert, Johann Strauss, Händel, Offenbach, Mozart, Monteverdi, Haydn …

Ich lernte nun von ihm über seine Studien der Alten Musik. Er hatte als Cellist im Orchester gesessen und war über die Tonhöhe immer misstrauischer geworden. Ich erfuhr, wie er mit seinen Kollegen und Freunden, aus denen später der fabelhafte »Concentus musicus« wurde, in die alten Musikwelten ganz tief eintauchte, wie er Partituren und Briefe studierte und alte Instrumente. Er berichtete, wie sie schließlich die Bach'schen Stimmpfeifen prüften und rasch feststellten, dass die Grundstimmung der Orchester in den vergangenen Jahrhunderten – das berühmte A. – in der Gegenwart um einiges höher geklettert war, um fast einen ganzen Ton. Für einen Laien eine Lappalie, liegen für einen Musiker kleine Welten in diesen Unterschieden verborgen, für Sänger und Sängerinnen kann sich mit dieser tieferen Stimmung eine große Menge Musik ändern.

Das trifft auch für Wagner und seine leidgeprüften Sänger zu.

Die Aufführungen mit Nikolaus in Zürich und anderswo waren für mich langwierige, aufregende Entdeckungsreisen durch die Musikgeschichte. Es begann mit Mozart und Monteverdi und sollte eigentlich in Salzburg mit Alban Bergs »Wozzeck« enden. Dazu kam es leider nicht mehr. Ich hatte schon mit Robert Longo das Bild einer Trümmerlandschaft entwickelt. Nikolaus hatte es sich nicht mehr zugetraut, den Komponisten und sein Werk so intensiv, wie er es sein Musikleben lang geübt hatte, zu studieren. Es war ein Jammer nicht nur für mich, die Sängerinnen und Sänger, sondern auch für die Musikwelt.

Immer wieder fand er, fanden wir alte Stoffe, Opern, die wir aus den Archiven zogen, um sie auf unsere Bretter zu bringen. »L'Anima del Filosofo« heißt eine Oper von Joseph Haydn. Hinter diesem Titel »Die Seele des Philosophen« verbirgt sich die altbekannte Geschichte von »Orpheus und Eurydike«, die schon zuvor und danach Thema vieler Theaterstücke mit oder ohne Musik waren. Orpheus, den Sänger, den Musiker, sang vortrefflich Roberto Saccà mit Barockstimme, ein empfindsamer Künstler war dieser Orfeo, sanft und disparat. Ihm zur Seite stand seine große Liebe, wir alle haben sie geliebt, diese überragende Darstellerin und Sängerin: Cecilia Bartoli, um deren Wiege viele Musikengel gesegelt sind, die Wolken von Sternenstaub über sie ausgestreut haben. Wir trafen uns einige Male vor dem Probenbeginn und sprachen über Haydn und diesen schon so lange erfolgreichen Stoff, der solch eine wertvolle Tradition in sich bewahrt. Sie freute sich auf das ungewöhnliche Stück und auf Nikolaus Harnoncourt. Ein Einwand kam allerdings ganz unerwartet.

Wie ich wohl wisse, würde die Eurydike bald von der bösen Schlange gebissen: wie ich danach diesen langen Sterbemonolog inszenieren wolle. Das wisse ich noch nicht, antwortete der ratlose Regisseur, ich würde bestimmt nicht etwas verlangen, was sie nicht leisten könne, das sei auch keine Art.

Und Nikolaus sei ja auch da.

Die Probe kam, ich hatte keine Absicht, die Schlange zu zeigen, wie auch? Es gab eine stark ansteigende Schräge, George Tsypin, der russische Amerikaner aus Queens, hatte diese links und rechts mit hohen Wänden begrenzt, aus deren Fensterchen der Chor sang. Und oben auf der linken Ecke stand sie, die Eurydike, und erwartete Orfeo. Da biss die Schlange sie, und das Gift wirkte – wie so oft in der Oper, so auch bei Haydn –, solange die Arie dauerte. Ich schlug ihr nun vor, einen Zusammenbruch zu spielen, auf die Knie zu fallen, um dann immer schwächer zu werden und die Schräge herunterzurollen, unten stehe ja die Leier des Orfeo. Wenn sie am Ende der Arie zwei Zentimeter vor der Leier aufgeben müsse, sei die Sache doch perfekt. In meiner Erinnerung war diese Arie mit einigen Koloraturen gesegnet. Wie sie das denn singen solle? Das wisse ich nicht, ich sei ja kein Musiker, und ich blickte meinen Nikolaus an. Ach, wir probieren es mal, sagte er und hob seinen Probendirigierzeigefinger. Sie sang und rollte mit schmerzverzerrtem Gesicht, stoppte in gefährlichen Takten, rappelte sich auf und kroch weiter bis zur Leier ihres Orfeo.

Am Ende lag sie da, vom Gift erschöpft, neben dem Instrument. Hast du es genau notiert?, flüsterte ich der Assistentin zu. Nikolaus war sehr zufrieden, ich war mehr als zufrieden und sparte nicht mit hymnischen Elogen. »Giorgio«, sagte sie lächelnd und mit einem entzückenden, römischen Akzent »we are the new generation, we can do as you want it.« Glück am Regiepult.

Noch eine andere »We can do«-Künstlerin war die spanische Isabel Rey, die eine wunderbare, fast unübertreffliche Susanna sang, eine Komikerin der ersten Wahl. Mit diesen beiden großen Künstlerinnen wurde ich oft ein glücklicher Regisseur. Da waren aber auch noch Carlos Chausson und Rodney Gilfry, der Figaro und sein Graf Almaviva.

Carlos ist ein kluger und ungemein an politischen Zeitläuften interessierter Spanier, er hat als junger Aktivist das tyrannische Franco-Regime bekämpft – das hat in seiner künstlerischen Arbeit tiefe Spuren hinterlassen. So hat er auch seinen Figaro gesungen, frech und kess mit provozierendem Gestus, eine frische, völlig entstaubte Figur ohne übliche Opernallüren.

Rodney Gilfry ist ein amerikanischer Bariton, der schon lange mit Familie in Zürich lebte, als wir die Händel'sche »Alcina«, eine zauberhafte Oper aus der unerschöpflichen Fundgrube des »Orlando furioso« von Ariosto, wieder auf die Spielpläne befördert haben, die Zauberin Alcina war bis dahin in Vergessen verdämmert.

Die Kostümbildnerin Florence von Gerkan kam auf die Idee, die Opfer der Alcina – die Tiere werden wieder Menschen – in der Anmut der Sekte der Amish People erscheinen zu lassen. Am Ende ging die Luke der Oper auf, und die wie Amish People gekleideten Flüchtlinge verließen Alcinas Insel. Später erzählte mir Rodney, dass er mit seinen in Zürich aufgewachsenen Kindern, die des Schwyzerdütschen mächtig waren, eine Amish-Siedlung an der Ostküste der USA besucht hatte und dass die dortigen Mitglieder der Gemeinschaft genau diese Sprache sprachen. Die Kinder verstanden sie.

Rodney spielte und sang Melisso. Er war großartig. Als wir dann »Don Giovanni« an die Limmat machten, sang er diesen genialen Nichtsnutz und erfolglosen Weiberhelden. Den Leporello gab László Polgár – einen depressiven, hoffnungslosen Diener, dessen Schilderung des Liebeslebens seines Chefs zu einem Abgesang wurde, da war viel Schatten auf der Seele.

Am Vormittag der Premiere des »Don Giovanni« kam die gefürchtete Nachricht, dass László Polgár nicht singen könnte, er hatte hohes Fieber und lag im Bett. Der neue Leporello kam flugs aus München, Manfred Hemm spazierte tapfer im Bühnenbild herum, die Assistentin Claudia ging die Aufführung rasch mit ihm ab. Wir fuhren sodann auf die Probebühne und begannen zu probieren, was, wann, wo und wie und warum. Die anderen Sänger kamen rasch herbei und reihten sich ein. Don Giovanni Rodney blieb bis halb vier und entschuldigte sich dann, er hätte ja am Abend eine Premiere … Ich steckte Claudia in eine Livree und schickte sie als

Lotse in die Szenen – sie leitete den Leporello mit Vorsicht und Eleganz durch das Stück, ich stand an der Seite, rief mal laut, mal leise und fuchtelte aufgeregt in der Luft herum wie ein Verkehrsschutzmann.

Wie selbstverständlich hatte Herr Hemm einen großen Erfolg, und Cecilia, die die Elvira sang, was war mit ihr passiert?

Als ich eines Morgens auf der Probebühne am Escher-Wyss-Platz zu den laufenden Giovanni-Proben eintrudelte, baute sich der lange Requisiteur vor mir auf und sagte auf schönstem Schweizerdeutsch: »D' Cecilia isch im Spital, si hat sich's Bei broche ...«

Er solle nicht so einen Quatsch erzählen, pfiff ich ihn an – die Assistentin nickte stumm. Was sollen wir tun?, fragte ich Alexander am Telefon. Ich komme gleich vorbei, und wir fahren ins Krankenhaus.

Es hatte – völlig unerwartet! – mächtig geschneit in Züri. Die Straßenbahnen und Busse hatten extreme Schwierigkeiten, die Eisenbahnen hatten Verspätungen, und in Klothen am Flughafen herrschte eisige Stille. Unser treuer Korrepetitor Tom Grabowski war im Winterchaos mit seinem Auto stecken geblieben, und Frau Bartoli hatte sich an den Flügel gesetzt und die Probe geleitet, nicht ohne den Commendatore zu geben, der tief und vernehmlich »Don Giovanni« sang und ihm die Hand reichen wollte. Und der Schnee rieselte leise. Da die liebe Frau Bartoli gerade wieder einmal einen Preis bekommen hatte, diesmal in Paris, wollte sie trotz ihrer bekannten Flugangst daraufhin noch schnell nach Frankreich fliegen, um dann den Nachtzug zurück zu nehmen, damit sie pünktlich wieder auf unserer Probe wäre. Wir hatten ihr alle eine glückliche Reise gewünscht und uns auf ihre baldige Rückkehr gefreut. Susanne Thaler, die Inspizientin, und ich begleiteten sie noch bis zum Taxi und riefen toi, toi, toi.

Als wir in das Krankenzimmer eintraten, lag sie da und hatte das Bein im Gips hochgelegt. Als ihr Flug nicht gegangen war, war sie auf der Bahnhofsstraße zu einem luxuriösen Schuhladen geschlittert, und als sie die Auslage betrachten wollte, auf der Suche nach festen Tretern, war sie ausgerutscht und knacks.

»Giorgio«, rief sie mir vom Bett aus zu, »I will do it on crutches!« Ich wehrte ab, das sei nicht zu verantworten, irgendetwas könnte bei diesem Krücken-Kram leicht passieren. »Wir werden dich auf die Bühne setzen, du singst, und eine Schauspielerin wird die Elvira spielen. Elvira mit Krücken, ich bitte dich, man wird es für eine aparte Regieidee halten.«

Als wir dann auf der Probe waren, die Assistentin über die Bühne schnürte und Elvira gab und Cecilia auf der Vorderbühne im Rollstuhl saß, riss ihr irgendwann die Geduld, und sie hoppelte auf die Bühne und spielte mit Gips und Krücke, bedrohte mit dieser den aufsässigen Giovanni, den Rodney Gilfry – sofort reagierend – neu erfand. Alle Verabredungen waren perdu ...

So wurde es eine wunderliche Premiere. Pereira hatte auf die Besonderheiten dieses Abends zuvor hingewiesen, auf Leporello Hemm, der kurzfristig ja quasi ohne Proben eingesprungen war, und auf die Elvira Bartoli, deren Gipsfuß dem Züricher Schnee geschuldet sei und nicht ein aparter Regieeinfall des Herrn Flimm darstelle. Dennoch höhnte ein Tüffel der Abteilung Kritik über diese schwache Gipsidee ...

Hemm spielte einfach seinen letzten Münchner Leporello mit Zwinkern und bäuerlichem Witz, und Cecilia trieb Giovanni quer zur Rampe – Hügel und Treppen konnte sie nicht gehen – mit den Crutches vor sich her. Der verschattete eigentliche Leporello lag mit Fieber und Bronchitis im Bett.

Nikolaus und ich wollten 2002 in Zürich die »Armida« von Haydn aufführen, wieder eine Geschichte des Ariost. Nach unserer höchst gelungenen »L'anima del filosofo«, der Orpheus-Geschichte, war dies die zweite Oper dieses unterschätzten Komponisten Haydn.

Nach einer anstrengenden Saison in Salzburg waren Susanne und ich auf dem Weg ins Umbrische und wollten in Zürich nur kurz für die Bauprobe anhalten, um dann weiter in den Süden zu sausen, die Ruhe pflegen unter Oliven, Feigen, Oleander. Am Abend im Hotel am See klingelte das Telefon: Die liebe Alice Harnoncourt verbreitete einen üblen Schrecken: Nikolaus, sagte sie, könne »Armida« nicht dirigieren, käme also auch morgen nicht zur Bauprobe. Er sei zu erschöpft. Ende der Durchsage, Schock, Stille. Aber er war doch mein Freund und Partner, nach so vielen Produktionen.

Zuletzt noch hatten wir 2000 hier am See mit »Così fan tutte« eine treffliche Aufführung gezeigt, mit diesem bösen Experiment an den gebrochenen Herzen. Ich hatte dafür den Untertitel der Buffa wörtlich genommen: Schule der Liebenden. Also ein böses Unterfangen: Professor Alfonso – der »alte Philosoph«, wie er sagt – hält ein Seminar über die »Treue«, »Fedeltà« steht auf der Tafel. Zwei Studenten unterbrechen ihn: »Meine Dorabella wäre nicht im Stande – Capace non è.« Auch der andere, Ferrando, stimmt ihm zu, auch sein Fiordiligi würde ihn niemals betrügen. Das wollen wir mal sehen, denkt sich der Professor und setzt das Experiment in Gang mit Cecilia Bartoli als Fiordiligi, Liliana Nikiteanu als Dorabella, Agnes Baltsa als Despina, Roberto Saccà als Ferrando und Oliver Widmer als Guglielmo und Carlos Chausson als Don Alfonso.

Sie alle, unsere Familie, sollte nun auch wieder bei der Haydn-Oper zusammenkommen. Aber wer sollte Nikolaus bei den langen Planungsvorläufen einer Oper so rasch ersetzen, und wer bloß kannte den Haydn so gut wie er? Kann man ihn einfach austauschen? Natürlich gab es gute Dirigenten, die ihr Fach beherrschten, Adam Fischer aus Budapest sprang z.B. nach dem schrecklichen Tod von Giuseppe Sinopoli in Bayreuth ein und nahm die ungeheure Last dieses Wagnerwahnsinns erfolgreich auf seine Schultern. Aber nein, ohne Nikolaus wollte ich das nicht beginnen, also ging ich zum Direktor und gab die Regie zurück. Finito, basta ...

Ich hätte es wissen müssen, Pereira setzte seine berüchtigte Überredungsstrategie ein und reüssierte. Wir, meine Mitarbeiterin Gudrun Hermann und ich, machten noch eine völlig unsinnige Bauprobe und räumten um, obwohl es gar kein Stück gab ... Das verrätselte – mit Latten und Papier markierte – Bild von Erich Wonder verschwand, ein Teil nach dem anderen, bis nur noch ein Gerippe übrig blieb, Tische und Stühle, die Nischen mit den Kanapees auf der linken Seite, umrahmt von Säulen mit Leuchtröhren. Doch es half nicht, es war »Armidas« Ende.

Umbrien beglückte uns dann zwar mit seinen Schlössern, unendlichen Kastanienwäldern, Kirchen, Pool und Teich, Büchern, Musik und feinstem Essen mit rotem Wein. Aber wie sollte es nun weitergehen im großen Haus am See? Wer hatte eine Idee? Gelegentliche Anrufe bei Pereira endeten stets ergebnislos. So fuhren wir wieder heimwärts nach Hamburg, wo wir seit 1985, dem Beginn der Thalia-Intendanz, lebten.

Die richtige Idee hatte dann die kluge Cecilia, die sich seit geraumer Zeit mit verschwundenen Komponisten der Barockzeit und der beginnenden Klassik beschäftigte.

Cecilia wies uns auf ein frühes Oratorium von Georg Friedrich Händel hin. Auch der war, noch jung, auf eine italienische Reise gegangen. Wie viele hatte der Hallenser gehofft, dort, wo die Zitronen blühen, aus dem trüben Hamburg kommend, wo er an der neuen bürgerlichen Oper am Gänsemarkt arbeitete, im Süden sein Glück zu finden.

Er fuhr quer durch die musikalischen Landschaften und Städte, traf viele Kollegen, verkrachte sich mit Cherubini. Er war wohl ein leidenschaftlicher junger Mann. In Hamburg hatte er sich mit einem Kollegen duelliert, im Morgengrauen auf der nahen Moorweide.

Das wäre fast tödlich ausgegangen, hätte nicht der letzte Stich seines Gegners den Knopf Händels Justaucorps getroffen ... Gott sei Dank! Dem Knopf sollte man einen Toast ausbringen: Thank you for the music!

Händel schrieb in Italien Opern, den »Rodrigo« im schönen Florenz, dem Juwel der Toscana, vor allem aber »Agrippina« mit dem Libretto von Kardinal Grimani. Im Frühjahr 1707 gab ihm der Kardinal Pamphilj eine philosophische Abhandlung, die als Grundlage für sein Oratorium »Il trionfo del Tempo e del Disinganno« diente, eine grandiose Komposition. Da treten vier allegorische Figuren auf, »die Zeit«, »die Enttäuschung«, also die maskenlose Wahrheit, »das Vergnügen« und als Objekt der philosophischen Begierde »die Belezza«, die Schönheit. Das immer aktuelle Thema: Wollen oder sollen wir in der Perspektive auf den Tod leben, uns also vorbereiten auf den endgültigen Moment in Demut und Frömmigkeit – diese Haltung vertreten Tempo und Disinganno. Beide sind ein bisschen zynisch und trickreich und listig. Oder hat das Piacere, das Vergnügen, recht? Es verteidigt das Carpe-diem-Prinzip, denn der Tod kommt doch zwangsläufig, sollen wir da nicht den Tag feiern und das Leben genießen? Ja, warum denn nicht? Mir kamen dazu jene barocken Zeilen des Andreas Gryphius in den Sinn, aus einem seiner schönsten Gedichte: »Abend«: »Der schnelle Tag ist hin/die Nacht schwingt ihre Fahn ...

Gleich wie dies Licht verfiel/ wird man in wenig Jahren/ Ich/du/und was man hat/hinfahren. Dies Leben kömmt mir vor als eine Renne-Bahn ...«

Wie aber lässt sich solch ein Disput auf die Bühne bringen? Der bedeutende Regisseur und Bühnenbildner Herbert Wernicke hatte einmal vier Bachkantaten theatralisiert, John Neumeier die Matthäus-Passion choreografiert.

Cecilia drängte mich zu einer barocken Version. Die Sache auf einer barocken Bühne aufzuführen, gefiel mir freilich nicht, das hätte eine sehr statuarische und puppige Gestalt angenommen, das dekorative Moment hätte überhandgenommen, den Inhalt zugeschmückt. Wie also konnte man diesen Diskurs in ein zeitgemäßes Umfeld setzen?

Wir erinnerten uns an viele unserer nächtlichen Gespräche nach den Aufführungen und Konzerten über Gott und die Welt. Warum also nicht einfach so! Vielleicht findet alles statt nach einem Konzert von der Bartoli in einem Restaurant in Berlin oder in der »Coupole« in Paris, wo wir zuweilen in erregten Gesprächen mit meinem alten Copain Luc Bondy, seiner klugen Frau Marie-Thérèse und dem vertrauten Dirigenten Thomas Hengelbrock zusammensaßen. Dann und wann gesellte sich auch Roman Polanski mit seiner attraktiven Frau Emmanuelle Seigner dazu.

Also war der Beschluss: ein Restaurant. Ich rief den Bühnenbildner Erich Wonder in Wien an und erinnerte ihn an seinen Entwurf für »Armida«: die Kojen und die jugendstiligen Säulen links. Auf der rechten Seite bräuchten wir eine lange Bar-Theke. Pereira, der alte Fuchs, hatte einen erstklassigen Dirigenten für das Projekt, Marc Minkowski, ein Kenner der alten Musik!

Eine sehr gute Nachricht, die schlechte folgte sogleich: der Dirigent kann nur sehr kurz kommen – kein Wunder bei der späten Anfrage! Unsere Proben reduzieren sich auf drei Wochen ... Ich bat meine Mitarbeiter – Florence von Gerkan, die vortreffliche Kostümbildnerin, Catharina Lühr, die Choreografin, und meine treue Regiemitarbeiterin, Gudrun Hartmann – zur Mitarbeit.

Zur Verfertigung einer Konzeption für »Trionfo« trafen wir uns für ein ausführliches Wochenende in unserem großen Haus an der Elbe und überlegten. Ein Restaurant? Nach dem Konzert? Welche Gäste? Susanne schwang den Kochlöffel und buk zum Nachmittag Pyramiden von Waffeln. Abends gingen wir ins »Fährhaus« zu den Grünbergs und aßen Scholle.

Also: Gäste speisen und trinken, Kellner servieren und nehmen Bestellungen auf, Herren hinter dem Tresen wischen und schenken aus ...

Wir nahmen ein großes Blatt und schrieben auf, was in unserer abendlichen Brasserie geschehen sollte: Da saßen Zuschauer mit Programmheften, die Kellner servierten, Gäste gingen und kamen, und je länger der Abend dauerte, desto mehr merkwürdige Gestalten betraten mit den Texten des Librettisten Pamphilj die Bühne. Neben den vier Disputanten waren da: die verlassene Braut und die beiden Matrosen, die alten Männer mit ihren Enkelinnen, ein Junkie, der kollabierte. Alle drängelten sich um ihn, auch Figuren mit Vogelköpfen und scharfen Schnäbeln, wie von Max Ernst. Eine Barockorgel fuhr auf die Bühne, spielte, die beiden Frauen – Isabel, die Bellezza, und Cecilia, die Piacere –

tanzten in Barockkostümen einen höfischen Tanz, ein Jüngling mit Zopf kam dazu, eine Puppe wurde von drei betrunkenen Gesellen an den Tresen geleitet, wo sie als fremder Gast allein zurückblieb und ihr ein Getränk serviert wurde.

Diese lebensechte Puppe war zuvor mit einem Gas bepustet und mit Schnee bestreuselt worden, ein Eismann, der langsam unter unserem Scheinwerferlicht zu schmelzen begann und am Tresen zusammensackte. Das bemerkenswerte Schicksal eines Säufers. Und als Cecilia Bartoli als Piacere ihre letzte und feurige Wut-Arie sang, tat es einen Knall, und der Trunkenbold brannte lichterloh.

Und als Cecilia gegen Schluss die berühmte Arie »Lascia la spina« sang, war das Lokal längst leer, die alten Kellner waren eingeschlafen, von außen wehten die Schneeflocken, das traurige Ende des Disputes im kalten Nachtlicht.

Der Erfolg dieser Produktion 2003 war einer der schönsten meines Regielebens, mit überragenden Solisten, Bartoli, Rey, Mijanovic und Strehl, die aufmerksamen und präzisen Kleindarsteller, das Orchester, der Organist und vor allem Marc Minkowski, der Alttöner und sachkundige, freundliche und enorm kunstsinnige Chef seiner Musicien de Louvre.

Was blieb mir von meiner Züricher Zeit? Die vielen Opern mit meinem Freund Nikolaus Harnoncourt, seinen Forschungsreisen in das Herz der Musik. Ich habe sehr viel von ihm über dieses Zauberreich gelernt. Es bleibt die Erinnerung an die vielen Sängerinnen und Sänger dort, an Isabel Rey, so empfindlich und komisch, ein Clown, sagte ihr Mann Achilles von der liebreizenden Künstlerin! An Eva Mei, die einem toskanischen Adelsgeschlecht entsprungen schien, an Cecilia Bartoli, eine Sängerin von Weltruhm, hochgebildet und ständige Sucherin nach alten Tonsetzern, die für uns heute wieder neu zu hören sind, oder an Olaf Bär, der später auch bei uns in der Staatsoper gesungen hat, ein guter Freund. Oder an einen jungen Jonas Kaufmann, dem eine glänzende Karriere offenstand, und so viele andere mehr wie der kluge Carlos Chausson und der gewitzte Oliver Widmer. An die Freunde wie Thomas Wördehoff. Ich erinnere mich an die würzigen Gerüche der Bratwürste und der Burritos im »Sternengrill« am Bellevue, an die Tinguely-Maschine am »Zürihorn« und die rätselhaften Steintürmchen am Wasser. Und an den flinken Alexander Pereira, der die Oper an die europäische Spitze jonglierte, auch an seine Einladungen in der Kronenhalle. Dort, wo die Bilder an den Wänden hängen, um die die Museen sie neiden. In der Kronenhalle gibt es das weltbeste Geschnetzelte mit Rösti und köstliche Braten von der Voiture, dem Servierwagen. Und der lächelnde See, der zum Baden lädt, die grünen Hügel mit allen Reichen dieser Welt und den hohen Bergen. Jawohl, s'ischt guet gsi in Züri' am See.

Ein kleines Nachspiel war viel später, 2000, die Feier zu meinem Intendanten-Abschied vom Thalia Theater im Mahlersaal des Theaters am Abend der Aufführung von Tschechows »Drei Schwestern«. Das ganze Theater war dabei, die Wände hatten die Mädels und Jungs um Martin Voigt, den Obermaler, mit allen Titeln meiner Regietaten in den Jahren seit 1973 geschmückt.

Rauch hing in der Luft, und es roch nach Tanz und Trunk, Bier und Wein. Da ging zu später Stunde die Tür auf, und eine Gruppe geschäftiger Menschen betrat den Saal, in ihrer Mitte die Divina Bartoli. Sie hatte an diesem Abend ein Konzert gegeben, ich hatte ihr einen Blumenstrauß mit einem Pardon geschickt, dass ich nicht könnte, ich hätte eine Feier …

Was sie denn hier mache, fragte ich ein bisschen verdattert. Sie lächelte mich italienisch an und drückte mich: »I will sing for you!« Joachim Jäckel vom Ton eilte sogleich mit einem Mikro herbei – das wies sie freundlich ab. Es wurde ganz still.

Sie stellte sich auf einen Tisch und sang. »Caro mio ben, credimi almen senza di te languisce il cor«; das heißt so viel wie: »Oh mein teurer Schatz, ohne dich wird mein Herz vergehen«.

S' war guet gsi mit Cecilia in Züri'.

Mannheimer Unglück
1972/73

Nach dem glücklichen Ausgang des Abenteuers mit dem »Zerbrochenen Krug« in Wuppertal meldete sich sogleich Herr Dr. Hampe, ein junger hoffnungsvoller Theatermensch aus Zürich. Er sollte am Nationaltheater Mannheim der neue Generalintendant werden und suchte nach Leuten für seine Schauspielabteilung. Er hatte mehr aus Zufall, Kortner sei Dank, den »Zerbrochenen Krug« unter der Schwebebahn gesehen. Und war sehr angetan, was zu der Frage führte, ob ich nicht ...

Als ich den dicken Strauß von Anfragen einmal auseinandersortierte, überlegte ich also, was ich in dieser nun so unerwartet luxuriösen Situation beginnen sollte – die Rasanz machte mir fast schon Kummer. Ich war sehr aufgeregt und hatte zugleich Angst vor einem falschen Schritt. Ich war mir sicher, dass ich eine feste Bindung wollte, dass ich ein Ensemble mit aufbauen wollte. Auch dachte ich, geh erst mal in die Provinz, da lernst du, abseits der Metropolen München, Hamburg, Wien oder Berlin. Da kannst du in der Abgeschiedenheit sorgsam vor dich hin werkeln. Welch ein Irrtum!

Vor unserem Einzug in das Mannheimer Theater hielten wir gefühlte 80 Sitzungen ab, der Intendant und seine Mitarbeiter: Hagen Müller-Stahl, er wurde der Schauspiel-Direktor, die Dramaturgen, Disponenten, Referenten und Regisseure.

Unsere Köpfe schwirrten! Mitbestimmung! Es lebe das Kollektiv, Kommunenleben, gemeinsam auch außerhalb der Pforten. Mit Kritik leben und den Disput lernen, die heftigen Diskussionen üben.

Die Mitbestimmungsidee scheiterte dann aber schnell an der städtischen Kulturbürokratie und der Verantwortungsphobie des Generalintendanten, der nun um seine Herrschaftskraft fürchtete, an den Ansprüchen eines zufällig zusammengewürfelten Ensembles, das keine gemeinsamen Interessen hatte, deswegen auch keine ästhetischen Debatten führen konnte. Die Leitung war ebenso unerfahren und zu jung, Rosinen im Kopf, wie ich.

Meine erste Aufführung, die zweite Premiere nach der Eröffnung, war »Die Petroleuminsel« von Lion Feuchtwanger, ein Stück über das Öl, der zentralen Energiequelle. Im oft vom schmutzigen Ludwigshafen benebelten Mannheim war das ein programmatisches Unterfangen.

Den Neckar säumten freilich schöne kleine Örtchen, auch an der Bergstraße. Dort fanden wir im idyllischen Ladenburg eine schöne Bleibe am nahen Flüsschen mit seinen weiten Wiesen und Bäumen. Als Inge auf der Suche nach der Bleibe ein kleines Häuschen suchte, hatte sie für die Zeit ein sehr typisches Erlebnis, über das sie mir erst sehr viel später, als wir Mannheim schon wieder verlassen hatten, berichtete: Es war 1972, die hohe Zeit der grausamen RAF-Umtriebe, die bleierne Zeit. Auf der Fahrt von München nach Mannheim wurden wir mit unserem VW von der Autobahnpolizei nicht nur einmal gestoppt und hochnotpeinlich visitiert.

Die freundliche alte Dame, der das kleine Haus gehörte, habe sie um Nachsicht gebeten, erzählte Inge: Verzeihung, aber die jungen Leute, die vor einiger Zeit in das Häuschen eingezogen seien und auch nicht lange zu bleiben beabsichtigten, hätten eine ziemliche Unordnung angerichtet, so seien sie halt, die jungen Menschen. Als sie klingelten, hätte eine junge Frau das Fensterchen in der Haustüre geöffnet und Inge sowie die Besitzerin misstrauisch gemustert. »Wir wollen nur mal schnell reinschnuppern, wir wissen ja, dass sie ihre Fahrräder reparieren.« Die junge Frau mit den kurzen Haaren schloss auf, rief laut, wir haben Besuch, und schloss die Tür rasch hinter ihnen ab.

Sie habe sich sehr unwohl gefühlt, sagte Inge später, die frostige Dame habe hastig die Türen zu den Zimmern im Erdgeschoss geöffnet und sogleich wieder geschlossen. Als die Besitzerin noch auf die Kellerräume hinwies, seien sie zu dritt hinuntergestiegen und unten auf zwei junge Männer getroffen. Die alte Dame öffnete vorsichtig eine Tür, hier sei der Hobbyraum ihres verstorbenen Mannes gewesen. Es roch nach Öl und Eisen. Auf den Tischen hatten Ballen von Putzwolle gelegen. Die junge Frau hätte dann die Tür rasch wieder zugeschlagen und »So, das war's« gemurmelt. Auf der Rückfahrt fiel Inge ein, dass sie kein einziges Fahrrad gesehen hatte … Sie habe aber ihren Verdacht gleich weggewischt, sie sähe schon Gespenster, hatte sie gedacht.

Einige Tage später hatte die nette Vermieterin noch

einmal angerufen; die jungen Leute seien nun ganz plötzlich abgereist, das Haus stehe jetzt frei. Wir hatten aber zwischenzeitlich schon die Wohnung im niedlichen, nahen Ladenburg gefunden.

Inge wurde bleich und machte sich Vorwürfe: Vielleicht haben die ihr so verdächtigen Bewohner dort den Heidelberger Anschlag auf die U.S. Army am 24. Mai 1972 vorbereitet? Vielleicht hätte ich das tatsächlich verhindern können? Gut, dass du dir nichts hast anmerken lassen, beruhigte ich sie, wer weiß, was sie getan hätten ... Aber der Gedanke blieb ihr lange Zeit.

Das Schicksal setzt den Hobel an, singt Nepomuk Nestroy in seinem »Lumpazivagabundus«. So tat es das auch im lieblichen Ladenburg, ein schreckliches Unheil ereilte uns, als uns, drei Wochen nach seiner Geburt, ein kleines Kind starb.

Das war dann einer der Gründe zur hastigen Flucht aus dieser so schönen Barockstadt und auch aus Mannheim. Der Weg führte uns in den Norden an das Thalia Theater zu Boy Gobert, der mir am Anfang meines Regielebens so fein geholfen hatte. Er hatte mir ein Angebot gemacht, fest an das Thalia zu kommen, bot mir die Position des Oberspielleiters an. Ich hatte dort in der Zeit zwischen meinen letzten Monaten an den Kammerspielen und dem Beginn in Mannheim ein ziemlich eklektisches Werk des Berliner Autors Hartmut Lange auf die Bühne gestemmt. Das Stück, das sich kess auf die Kleist'sche »Marquise von O« verließ, erreichte die Höhe des Vorbildes nie. Wie auch! Aber es gab in der Gestalt der

Marquise eine schöne Rolle für Ingrid Andree. Ich richtete das Stück gerne für sie her und pumpte den schwachen Text theatralisch auf, scheute auch Prospekte nicht und ermöglichte so der Andree und dem Thalia einen großen Erfolg mit süffiger Musik. Der junge Komponist Ostendorf näherte sich ziemlich frech vielen Puccini-Melodien an und überschüttete das Stück mit Wohlklang.

Also hieß es wieder Koffer packen. Inge hatte sich wieder gesundheitlich erholt, und die Kinder freuten sich auf die große Stadt.

Mein Gemüt war sehr in den Schatten geraten, aus dem ich mich so rasch nicht herausstellen konnte. »Ist denn der Weg so lang?«, fragt die Prinzessin Lena in Büchners »Leonce und Lena«. Jeder Weg sei lang, antwortet der melancholische Jüngling Leonce. Zum Narrenhaus ist er nicht so lang, wendet der Rüpel, der Diener Valerio, ein. Er sieht seinen Herren schon »an einem eiskalten Wintertag, wie er sich in den Schatten unter die kahlen Bäume stellt und mit dem Schnupftuch fächelt …«. So fühlte ich mich, Büchners Sätze waren wie ein Echo.

Immer wieder »Leonce und Lena«! Den Valerio hatte ich schon in Köln im Kellertheater gespielt – Büchners Satire auf den deutschen Spießerstaat war mir zu vertraut. Ich drehte jetzt in Mannheim die Metaphern von Hitze, Sonne, Wind und Wolken herum und ließ es stürmen und schneien in einem kahlen deutschen Winter. In einem hermetischen Kasten mit allerlei Landschaftszeichen und klassischem Gerümpel war der Ort, inmitten all dessen stand ein eingesunkener Schrank, in dem der König Popo, Leonce' Vater, mit seinem Staatsrat regierte und ein Quartett spielte ... über die Tapetenwände stieb dann und wann eine Schneewolke mit lautem Sturmgetöse.

In dieses Ländle musste man über eine Leiter herabsteigen, auf den Wänden patrouillierten hoch oben die verblödeten Grenzer. So fanden die beiden Königskinder auf ihrer märchenhaften Flucht voreinander in der klirrenden Kälte zueinander, Petra Rehdinger und Dietmar Mues.

»Und dann umstellen wir das Ländchen mit Brennspiegeln, dass es keinen Winter mehr gibt und die uns im Sommer bis Ischia und Capri hinaufdestillieren ...«, tröstete Leonce weinend seine geflohene Braut. Sie knöpften sich in seinen weiten Mantel ein, und der Valerio von Peter Brombacher beschrieb dem kleinen Prinzen von Gainsborough im blauen Samtgewand die Zukunft. Der Schneesturm aber übertönte seine Worte. Am Schluss der Komödie war nur noch sein Mund zu sehen, wie er sich, fast schon grimassierend, lautlos bewegte. Der Kleine schaute verständnislos. Es war unser Jüngster, Matthias.

In Hamburg hatte Ingrid eine feine Wohnung im feinen Eppendorf gefunden, wir kamen an und waren voller Zukunft. Die Anschrift des alten Thalia Theaters von 1843 war Raboisen 67. Dieses sollte an die dreißig Jahre meine Lieblingsadresse werden. Das wusste ich im Sommer 1973 noch nicht, natürlich nicht.

Rote Räte am Resi
1976

Die Proben zu Thoms Bernhards »Jagdgesellschaft« am Münchner Residenztheater hatten gerade begonnen. Gertrud Kückelmann war nicht zu erreichen, antwortete nicht auf unsere Anrufe. Wir waren ratlos. Frau Lou Weizert, die tüchtige Mitarbeiterin von Intendant Kurt Meisel, erinnerte an eine traurige Begebenheit aus dem schweren Leben der Kückelmann. Vor einigen Jahren war sie aus freien Stücken – mit verletzter Seele – in eine Klinik eingekehrt, um sich behandeln zu lassen. Ich bat, noch einmal mit aller gebührender Zurückhaltung nachzufragen.

Ich hätte allerdings niemals erwartet, je mit Frau Kückelmann Probleme zu bekommen. Aber so etwas ist oft unvermutet und geschieht häufiger, als man es zuvor ahnt. Ich wusste wohl, wie dünnhäutig ihre Psyche war, und hatte mich darauf eingerichtet: Mein Umgang mit ihr auf den Proben bis dahin war besonders sorgfältig und meine Vorschläge nahe am Text gewesen, aus diesem heraus entwickelt. Sie aber sperrte sich und war voll tiefem Misstrauen. Ich hatte ein klärendes Gespräch gesucht. Ich wollte wissen, was sie so bedrückte, und suchte gemeinsam mit dem Intendanten einen Weg zu ihr. Je länger ich mit ihr sprach, sanft und sehr geduldig, desto mehr verschloss sie sich und wandte sich ab.

Als wir einmal zufällig auf dem Hof zusammengetroffen waren, hatte sie auf die dicken Autos des Bayerischen Rundfunks gezeigt, die dort für eine Konzertaufnahme postiert waren. Sie hatte die Überzeugung, dass wir abgehört wurden. Sie schneiden alles mit, sagte sie mir mit flatterndem Blick und eilte auf unsere Probe!

Nach einer dieser mühsamen Unterhaltungen hatte ich schon aufgegeben und sah Meisel an. Er überredete mich zu einem erneuten Versuch, zueinanderzukommen. Ein Text der Generalin, ihrer Rolle, war nicht sehr aufbauend: »Durch den Wald / plötzlich / finster / das ist dann / wenn der Wald gefällt ist / vorbei / endgültig«.

Sie kam aber am nächsten Tag nicht mehr zur Probe, gab die Rolle zurück und verschwand. Wir sagten alles ab.

Intendant Kurt Meisel, einer aus der glänzenden Reihe der Wiener Schauspieler, hatte die männliche Hauptrolle spielen sollen. Ich freute mich auf diese beiden ernsthaften Künstler und auf Herbert Mensching, meinen »Robespierre« aus dem Schauspielhaus in Hamburg. Mein Bruder Dieter hatte einen seiner prächtigen Innenräume entworfen. Wir waren wohlgemut in die Proben im Cuvilliés-Theater gegangen.

Das Prinzip von der Show, die weitergehen muss, kam uns nun nicht mehr in den Sinn. Auch das markige Bekenntnis, dass der »Lappen hochgehen muss«. Herbert Mensching und ich saßen an diesem Abend noch in diversen Etablissements zusammen. Ich habe mich von Gertrud Kückelmann dann noch bei einem Besuch in ihrer Klinik verabschieden können. Sie war bleich und sehr verletzlich – »Mit gebrochenen Flügeln«, sagt sie als Karoline, und: »Das Leben geht weiter, als wär' man nie dabei gewesen«. Sie wird mir unvergessen bleiben. Wieso haben die Theater das mit ihr geschehen lassen?

Die wunderbare Gertrud Kückelmann, die nahe an den schwarzen Schatten der Unterwelt siedelte, warf sich später aus einem Fenster.

Der letzte dieser drei Münchner Titel nach Bernhards »Fest für Boris« und der geplanten, nun abgesagten »Jagdgesellschaft« stand noch nicht fest. Eine Reihe von Stücken flatterten auf und nieder, alles Lesen fruchtete nichts, vergebliche, dramaturgische Liebesmüh!
Dramaturg Jörg Dieter Haas empfahl mir, Canettis »Hochzeit« zu lesen. Ich sei doch häufiger in Zürich, dann könnte ich den Autor selbst treffen und bei einem gemeinsamen Abendessen über dieses Stück oder ein anderes sprechen. Wir trafen uns also im »Pfauen«, dem Theaterrestaurant des Züricher Theaters. Ich kannte Elias Canetti persönlich nicht, wohl aber seinen Ruhm als brillanter Autor und besonders als Essayist. Leider hat mir damals dieses Stück nicht gefallen, es war mir zu literarisch, zu voluminös, aber Canetti war ein sehr kluger, hochgebildeter, leidenschaftlicher Argumentierer, der nicht aufgab. Er hielt mich offensichtlich für einen polierten Theaterjüngling, der sich sozusagen in einer literaturfreien Zone herumtreibt. Ich hatte mich freilich vorbereitet, seine Stücke wie »Komödie der Eitelkeit«, das mir auch empfohlen worden war, studiert, die »Spiegel«-Metapher als Symbol für die Beschäftigung

des Menschen mit sich selbst, für allgegenwärtigen Narzissmus, habe ich mir aber überhaupt nicht erklären können. Und ich habe »Ohrenzeuge« gelesen und »Masse und Macht«.

Unser Essen war also nicht sehr amüsant. Ich suchte vergeblich nach Stichworten, um die Unterhaltung in Gang zu halten. Schließlich landeten wir bei Lessing und dessen »Minna« und »Emilia«, endlich trafen wir uns auf einer gemeinsamen Ebene der Bewunderung. »Ist das nicht merkwürdig, jetzt ist Lessing schon so lange tot, und er tut mir immer noch so leid.«

Canetti sah ein wenig aus wie mein lieber Lateinlehrer Herr Lemmfried aus der Sexta, klein und zierlich mit grauem Schnauzer.

Ich weiß nicht mehr, was ich wirklich gegen die »Hochzeit« einzuwenden hatte. Bei neuerlicher Lektüre vor Kurzem verstand ich seinen kaum verhohlenen Ärger. Auch als ich später wieder die sehr witzigen Charakterskizzen aus dem »Ohrenzeuge« las, wurde mir klar, welche Schärfe er in seinen Texten verbarg und welche sarkastische Lust an der Demaskierung – hatte ich also damals über die »Hochzeit« hinweggelesen, fahrlässig, oberflächlich, hastig, ohne grundsätzliche geduldige Abwägungen? Als sich also der Dramaturg Lessing aus Hamburg zu uns gesetzt hatte und auch noch mein Monsieur »de la Marlinière« aus der »Minna von Barnhelm« vorbeischaute, lockerte sich die Stimmung im »Pfauen«, und es wurde ein guter Abend. Ich habe Elias Canetti leider nie wiedergesehen und hatte lange Zeit bei seiner Erwähnung ein schlechtes Gewissen.

Aufregung im Sperrbezirk! Im Residenztheater, dem Bayerischen Staatsschauspiel, kommunistische Umtriebe! Alarm! Die Maximilianstraße in der Hand der Bolschewiken? Völker, hört die Signale!

Die, die alles angestiftet hatte, hieß Cordula Trantow, Schauspielerin und Ehegespons des überragenden, doch ziemlich konservativen Regisseurs Rudolf Noelte, den wir Jüngeren trotzdem bewunderten.

Zum ersten Mal hatte ich eine überragende Inszenierung von ihm im Residenztheater gesehen, als ich 1970 Assistent auf der anderen Seite der Maximilianstraße war, den »Kirschgarten« von Tschechow. Dieses großartige Panorama über den Verfall dieser russischen Großbürgergesellschaft und der Aufstieg einer neuen Klasse. Am Ende des genialen Stücks wird der Garten abgeholt und in Parzellen für neue Häuser aufgeteilt. Der schönste Schluss aller schönen Tschechow-Schlüsse: Man hört die Axtschläge, das alte Gut wird verschlossen, die Herrschaft hat sich auf die feinen Socken gemacht. Im Dunklen des Zimmers hockt nur noch der alte Firs, der treue Diener, und ist vergessen. Ein Ende in seiner Ausweglosigkeit wie von Samuel Beckett.

Noelte war hochfahrend und konnte unerträglich arrogant sein, wie seine Briefe zur sogenannten »Kirschgarten«-Debatte mit dem Übersetzer Peter Urban zeigen. Rechthaberei war eine damals übliche Attitüde, die oft in Beleidigung ausuferte.

Das Stück, nach dem wir gemeinsam lange gesucht und das wir endlich gefunden hatten, war »Marija« von

Isaak Babel, veröffentlicht 1935 in Moskau, ein sehr konkreter Text nah am schmutzigen Leben nach der bolschewistischen Revolution. Im roten Russland Stalins wurde es sofort verboten und Babel unter Verdacht gestellt. Erst 1964 war es im Piccolo Teatro in Mailand zu einer Uraufführung gekommen, über die ausführlich berichtet wurde und die mein Interesse geweckt hatte.

Im wirren Getriebe nach der Revolution in Petersburg sitzt ein alter, zaristischer General in seiner hochherrschaftlichen Wohnung und wartet. Wartet auf seine Tochter Marija, die gegen die Menschewiki im Bürgerkrieg kämpft. Wedekind'sche Panoptikumgestalten drehen sich im Todeswalzer der aufgelösten Ordnungen: Am Ende dieses Trauerspiels hat sich endlich die geliebte Tochter Marija angesagt, der General hat sich mit seiner alten Uniform und seinen Orden geschmückt, aber als sich schließlich die Tür öffnet, steht da ein junger Rotgardist und gibt Meldung: Marija lässt sich entschuldigen, sie ist im Felde nicht abkömmlich. Der alte Mann stirbt einen raschen Tod, gebrochenes Herz. Dann meldet sich der gehorsame Bolschewik Babel ganz neu zu Wort: Wenn sich der Vorhang zum letzten Bild wieder öffnet, schauen wir in einen leeren Raum. Offensichtlich sind die alten zaristischen Bewohner mit Sack und Pack ausgezogen. Eine junge Familie richtet sich ein.

Marija aber lebt nicht mehr in der Zeit. In einem – literarisch einzigartigen – Brief beschreibt sie voller Heimweh ihr Leben als Rotarmistin im Feld.

Was war so Skandalöses geschehen, dass Frau Trantow einen Appell an das Parlament und den bayerischen

Kultusminister richtete, die Aufführung von »Marija« im Staatsschauspiel zu untersagen, weil dort »kommunistische Propagandazwecke« betrieben würden? Wie kam sie zu solchem Urteil? Wir hätten »durch Fälschung« eine »politische Aktion« gegen »unsere freiheitliche Grundordnung« gerichtet. Auch richte sich die Aufführung gegen das wohl »einvernehmliche Demokratieverständnis der bayerischen Bevölkerung« ...

Aber was war diese militante Fälschung? Wir hatten im Text, wie es auf Proben zuweilen geschieht, winzige Veränderungen unternommen, an die ich mich kaum mehr erinnere.

So hatten wir, auf Vorschlag des Darstellers des General Mukownin, dem exzellenten Paul Hoffmann, zu einer Reihe jüdischer Herren wie Heine, Spinoza, Christus auch noch den Namen »Marx« hinzugefügt. So was! Das Schlimmste war freilich für Frau Trantow das Ende. Dort singt die Njuschka bei Babel ein Volkslied vom »Kosakenliebchen«, wir tauschten dieses Lied aus, es war uns zu folkloristisch, und entschieden uns für ein Liebesgedicht von Alexander Blok, der auf eigene Weise noch einmal das Bild der »Marija« reflektiert: »Mein Liebster, ach mein Liebster, nimm mich mit zu dir in den Krieg, ich reiche Dir die Patronen, wir kämpfen bis zum Sieg«.

Was aus diesen revolutionären Träumen wurde, wissen wir, wir wissen, dass Stalins Henker Berija den Bolschewisten Babel als vermeintlichen Trotzkisten ermorden ließ, ein trauriges Ende, das so viele andere Sozialisten erleiden mussten, solche tapferen Menschen wie die bewundernswerte Schauspielerin Carola Neher, eine Freundin Brechts.

Das Ganze schien mir nicht die freiheitliche Grundordnung in Bayern zu gefährden. Es kam zu einer Anfrage im Landtag an den Minister, der auf das Grundgesetz verwies, nach dem die Kunst frei sei. Der Intendant Meisel drückte sein Unverständnis aus und verurteilte den Brief der Kollegin. Die Personalvertretung schrieb ihrerseits einen offenen Brief an Frau Trantow und verdächtigte sie der Denunziation. In der »Bunten« erschien ein Artikel über den »Fälscher Flimm«. Die Zeitung wurde vom Theater verklagt und verlor.

Der Schauspieler Ernst Jacobi verließ aus Protest die Produktion »Nora«, die in der Regie Noeltes mit Frau Trantow im Berliner Renaissance-Theater in die Proben gehen sollte. Daraufhin drohte ihm der dortige Intendant, Professor Raeck, einen Schadensersatzprozess an. Viele Schauspielerinnen und Schauspieler des Schauspielhauses in Hamburg und des Thalia Theaters protestierten dagegen: In einem Telegramm schilderten die Theaterleute ihre »Bestürzung« über die Haltung des Intendanten. Ingrid Andree, Nicole Heesters, Doris Schade, Christa Berndl, Christoph Bantzer, Michael Rehberg, Günther Flesch, Dieter Giesing, Heinar Kipphardt, Dietmar Mues, Egon Monk, Dietrich Mattausch, Günter König und so viele andere unterschrieben! Das tat gut.

War Frau Trantow im Sinne der politischen Agenda ihres Ehemanns tätig geworden? Noelte ließ keine abweichenden Ansichten zu, er sprach stets ex cathedra.

Dabei waren die Arbeiten von Grüber und Stein, Zadek und Minks, Neuenfels und Gosch, Jürgen Rose und Karl-Ernst Herrmann, von Wonder, Manthey, Glittenberg und Schütz für die Entwicklung unserer Theater und der Regiekunst von wesentlich größerer Bedeutung und Konsequenz. Die ewige Noelte'sche Welt und seine melancholischen Bewohner hatten damals schneller ausgedient, als ich es mir vorstellen mochte. Noelte war eigentlich der alte Firs in Tschechows »Kirschgarten«. Wie sagt dieser Firs einmal: »Dann kam das Unglück, die Freiheit!« Noelte zog sich in ein kleines bayerisches Nest zurück und gründete mit seiner Frau Trantow ein kleines Festspiel, den Weilheimer Theatersommer.

Die Arbeit an diesem traurigen Text von Babel über die vergebliche Hoffnung der Revolution im Residenztheater war für mich eine große Erfahrung. Ich hatte bis dahin noch keinen Begriff des Realismus auf dem Theater. Wie nah müssen die Figuren am Leben sein? Wann löst sich eine Kunstfigur auf und verbindet sich mit den Charakteren der Darstellerinnen und Darsteller?

Die Besetzung war exzellent. Kurt Meisel und Haas waren treffliche Berater. Meisel, kluger Theatermann, hatte das Stück im Burgtheater schon einmal inszeniert, kannte es also sehr gut. Er schlug für den General Mukownin Paul Hoffmann vor. Gaby Dohm als Gouvernante Katja und die blutjunge Rita Russek als Ljudmila. Auch Hans Korte, dem ich so viel zu verdanken hatte, Anne Kersten, Gerhard Garbers und manche andere wie der junge Bierbichler.

Vor Paul Hoffmann hatte ich, noch jung und unsicher, ziemlichen Bammel. Er hat das wohl bemerkt und war besonders hilfreich. Als er auf einer Probe eine treffliche Bemerkung historischer Art machte, lobte ich ihn unwillkürlich ironisch-sarkastisch: Oh, wie dialektisch! Er unterbrach und schaute mich sanft lächelnd an: ich kenne ihn doch gar nicht – worauf ich mich für meinen peinlichen Zwischenruf entschuldigte. Ach, sagte er, ich will jetzt die Probe nicht aufhalten, ich lade Sie heute zum Essen ein. So geschah es, und er erzählte sein Leben. Ich saß stumm in bewunderndem Schweigen. Er habe in Köln Kunstgeschichte studiert und promoviert und in Köln-Ehrenfeld das »Rote Arbeitertheater« gegründet. Um die schrecklichen Nazis habe er sich herumgedrückt und sich bis Ende des Krieges in Dresden quasi versteckt. Als die Russen kamen, setzten sie den Schauspieler Hoffmann als Direktor ein. Er aber ließ sich von der Besatzung nicht instrumentalisieren. Nach den Nazis nun die Sowjets? Er übernahm die Leitung des Stuttgarter Schauspiels. 1959 ging er an das Burgtheater und wurde dort 1968 Direktor.

Ich versuchte nun meinen Fehler wieder wettzumachen. Als wir zu der Szene kamen, in der Gaby Dohm als Katja Marijas Brief aus dem Feld vorliest, hatten wir beide den Einfall, den General in seiner zaristischen Uniform auftreten zu lassen. Auf der Kostümprobe setzte er seine Mütze auf, die ihm auf die Ohren rutschte. Ich pfiff sogleich den Garderobier an, so könne er doch Herrn Hoffmann nicht auftreten lassen! Hoffmann unterbrach meine Tirade. Das habe er angeordnet, ich müsse doch wissen, dass im Alter der Kopf kleiner wird ... Und im Übrigen sei die Zeit eben auch über diese Uniform hinweggegangen. Das war in dieser Aufführung auch die Antwort auf meine Frage nach dem Grad des Realismus. Als Gaby Dohm den langen Brief der Marija vorlas, schlug ich General Hoffmann vor, den Brieftext mit geschlossenen Augen – er saß im bequemen Lehnstuhl – mitzusprechen. Er kenne ihn gewissermaßen schon, meinte ich. Das sei ein Fehler, erwiderte er, »im Theater passiert alles zum ersten Mal!«. Wie oft hatte er recht, wie oft habe ich in meinem Regieleben diese Weisheit dann zitiert. Der General hörte der Dohm nun schier atemlos zu, als wolle er jedes Wort genießen und es für immer aufbewahren. Das war sehr berührend. Er gab für die vorlesende Katja so einen starken Partner ab. Vor dieser mit Sentiment beladenen Szene war ein wüstes Gelage in einer verkommenen Hotelhalle zu besichtigen, an Alkohol und vermeintlicher Kopulation wurde nicht gespart, das Münchner Publikum protestierte lautstark, obwohl von den unanständigen, erotischen Aktionen nichts zu sehen war, freilich die Folgen.

So saß die Ljudmila von Rita Russek, als eine Aufzugstür sich wieder öffnete, zerstört in einer Ecke ... Das Publikum sah mehr, als es sehen konnte. Die Empörten verließen abrupt den Saal, Aufruhr im Resi.

Der junge Betriebsbüroleiter verlor die Nerven, er stürzte auf die Bühne und wies den Inspizienten Hempelt an, jetzt die Pause zu verkünden. Ich hatte vorher schon geahnt, dass es zu Protesten kommen könnte, und deshalb einen blitzartigen Umbau geplant und organisiert. Ich ermahnte Gabi, sich nicht irritieren zu lassen und sich auf den Brieftext zu konzentrieren. Sie müsse das Publikum wieder einfangen, dann Pause!

Ich saß derweil in der Kantine mit Hans Korte und hörte plötzlich, wie der Inspizient durchrief: Jetzt ist Pause. Pause? Ich raste auf die Bühne, die Schauspieler kamen mir entgegen. Ob etwas geschehen sei, rief ich atemlos. Sie wiesen auf den jungen Mann, der neben dem Inspizienten stand. Ich schrie ihn an und wollte ihm an den Kragen gehen. Meisel, der auch hinter die Bühne geeilt war, hielt mich fest. Der Tumult sei zu groß gewesen, er hätte handeln müssen!, erwiderte der Übeltäter. Er habe einen Abbruch befürchtet ... Der Rhythmus war nun in der schönsten Unordnung, aber nach der Pause las Gaby dann ganz wunderbar den Brief und beruhigte die Gemüter der aufgebrachten Münchner. Wir bekamen den Stern der Abendzeitung und wurden zum Theatertreffen eingeladen. Alle Mühe und auch politischer Ärger hatten sich letzten Endes gelohnt.

Der junge Betriebsdirektor, der sich damals so schützend vor sein Theater gestellt hatte, machte einen außergewöhnlichen Weg und wurde ein Freund und einer der besten deutschen Theaterleiter in Basel, Hamburg und München: Frank Baumbauer.

Hamburgs gute Stube am Raboisen
1973–1975

Gobert, der instinktsichere Theatermensch, hatte sich von seinem neuen Regisseur als Eröffnung der Spielzeit 1973 Horváths »Geschichten aus dem Wienerwald« gewünscht.

Wir versuchten eine Art überhöhten Realismus ins Spiel und Bild zu bringen, die sprachlichen Ansätze des Autors, der den armen Menschen seiner Szenen ein uneigentliches, fast künstliches Sprechen verordnet, schienen uns genau die richtige Grundlage für unsere Arbeit zu sein.

Zitat war die Absicht, Zitat in der Haltung, Zitat im Sprechen, Zitat im Bild mit Verweis auf die harte Realität. Das war nicht leicht zu vermitteln. Der Bühnenbildner Erich Wonder vermaß eine Wiener Gasse und baute sie hoch aufragend auf die Thalia-Bühne. Die Donauaue war eine Betonschräge, die von gelben Straßenlampen, die wir uns von städtischen Verkehrsbetrieben besorgt hatten, beleuchtet wurde. Später machte dieses Natriumdampflicht eine Weltkarriere auf Theaterbühnen.

Wir hatten schöne Proben, der Darsteller des »Zauberkönigs« verwechselte freilich den Horváth mit Nestroy, wir mussten ihn mit vereinten Kräften, auch mit der liebenswerten Gusti Wolf, der »Trafikantin«, ein wenig zurechtrücken ...

Eines Abends saßen wir auf der scheußlichen Probebühne, die eher einem Durchgang oder Flur glich, vertraut zusammen, wie »beim Heurigen«. Es wurde ja viel gesungen beim Horváth, er hatte ein Herz für die kitschigen Wiener Volks- und Schlagerlieder, wie schon in »Kasimir und Karoline«.

»Da draußen in der Wachau.« In Horvaths Stück wird dazu viel junger Wein getrunken, aber auch der alkoholische Schrecken geschildert, wenn die fröhlichen Zecher aus bürgerlichem Rand und Band geraten. Solche Szenen zu probieren, machte großen Spaß. Nach der Probe aber sangen auch wir, besangen die Donau so blau, dass mein Mutterl war a Wienerin, und trinken wir noch a Flascherl Wein ... Holladero! Es muss ja nit das letzte sein, Holladero! Und dann ab ins Maxim zum Kabarett mit dem Radetzkymarsch. Wir sangen alle mit, der Schauspieler des Rittmeisters, Peter Ahrens, setzte sich an den alten verstimmten Klimperkasten, und dann kamen noch »unsere« Lieder: »Kein schöner Land« und »Jenseits des Tales«, »Gute Nacht Kameraden, bewahrt Euch diesen Tag«, und wie zwangsläufig ließen wir den Mond aufgehen und wünschten unseren Nachbarn eine gute Nacht.

Peter klappte das Klavier zu, es sei nun spät, und er wolle nach Hause. Lass uns doch noch auf ein Bier gehen? Er winkte ab, ging den schäbigen Flur mit fleckigem Putz und Überputzleitungen entlang und bog nach links zum Fahrstuhl, und weg war er.

Am nächsten Morgen stand um 10:00 das »Heurigenbild« auf dem Plan, eine Bühnenprobe. Wir lungerten ein bisschen herum, Peter war noch nicht da. Da stolperte Goberts engster Mitarbeiter Dr. Blasche mit hochrotem Kopf herein und stammelte, dass Peter tot sei. Wir saßen auf unseren Heurigenbänken, ein ganz verlorener Haufen. Aber er habe doch gestern Abend noch mit uns gesungen, fragte der »Mister« Günter Heising erstaunt.

Er hatte sich in der Nacht umgebracht, sich aufgehängt. Heute Morgen habe man ihn gefunden …

Günter Flesch, ein hervorragender Schauspieler, übernahm auf Goberts Bitten die Rolle von Peter, der schon lange sehr krank gewesen war. Aber das wusste nur Gobert, der ihm eine freundliche Nähe in unserem Ensemble geben wollte. Die Aufführung wurde ein Erfolg, unsere Traurigkeit blieb.

Goberts Thalia hatte inzwischen wie viele andere Theater eine kleine zweite Bühne, das tik, aufgemacht. Der Zigarettenmäzen Koerber hatte Gobert bei der Verwandlung eines kleinen Vortragssaales der Kunsthalle in ein Theaterchen großzügig unterstützt. Dort also, auf dem kleinen Podium, schob der fette Ubu seinen Wanst in den polnischen Krieg. Es war ein Regievergnügen, die Puppen ganz im Sinne des absurden Theaters, der Pataphysik tanzen zu lassen, in einem chaotischen vollgefurzten Walzer der abstrusen Vernichtungen. Hier gab es viele bunte Regieeinfälle und Quatsch, eine nette Erholung von dem damals selbst uns auferlegten »ernsten« Programm der theatralischen Kunst.

Das Theater hatte einen großen Magen, heute Diversität genannt, mal so, mal so, irgendwie ging alles. Die Begriffe gerieten in die schändliche Verwirrung, jammert der König Peter in Büchners »Leonce und Lena«. Er hat schon damals, in schwankenden Zeiten, nicht mehr gewusst, wie man sich die Kleidung anlegt.

Für mich aber begannen am Raboisen trotz allgemeiner Irrungen und Wirrungen gute Zeiten, trotz Ehekrisen mit Inge und unglücklicher Liebschaften. Ich war wieder glücklich in meinem Beruf, konnte auswählen, welchen Stoff ich erwähnenswert fand. Schwankend zwar, aber zielbewusst näherte ich mich den Stücken an, meist unsicher, aber dann doch mit immer sicherer Hand.

Es ging darum, aufzuspüren, was die Texte im Innersten zusammenhielt, wie ich mit Schauspielern Wege fand, um die Parameter eines Stückes zu formulieren. Die einzelnen Ebenen einer Aufführung zusammenzufügen, Bühne, Kostüme, Licht, die Darsteller in einem Raum, der ein Theater war und keine Kopie des Alltags sein konnte. Jürgen, tummel dich, riet mir Gobert, der mich behütete und förderte. Ich habe es ihm nicht immer gedankt. Auch ich habe in den Kneipen gesessen und mir das Maul zerrissen, ungezogen und überheblich. Als ich Jahre später in Köln auf einem gleichen Stuhl saß, habe ich schnell gemerkt, wie viel ich ihm schuldete. Ein Brief sollte mich entschuldigen – und später habe ich ihm in Berlin mit Herz und Tat geholfen.

Endlich kam es dort nun auch zu den »Soldaten«, den Wunsch hatte Gobert mir erfüllt. Nach all den germanistischen Studien über den armen, oft missverstandenen Lenz, einen Bruder im Geiste von Büchner: Stolzius, der Tuchhändler in »Soldaten«, und Woyzeck, der Friseur, sind mehr als verwandte, arme Kreaturen. Büchner muss dieses aufrührerische Stück vom glitzernden Aufstieg des Bürgermädchens Marie und ihrem tiefen Fall in den Dreck der schmutzigen Straße gekannt haben. In den Münchner Kammerspielen hatte der Dramaturg Kipphardt eine Bearbeitung vorgelegt. Also nun auf ins Thalia mit diesen zynischen Gesellen, den »Soldaten«.

Wie aber sollte der Raum aussehen? Dieses Stück – Sturm und Drang – war nicht so leicht in einen Rahmen zu spannen, die Orte springen hin und her, die Wechsel freilich müssen rasch sein. Ein schweres Unterfangen bei so vielen dramatischen Abschnitten. Hier halfen der Supermarkt und seine fleißigen Kassendamen: Hatte der Kunde bezahlt, gaben diese Fleißigen die Waren frei zum Einpacken, sie rutschten vom Förderband von einem Schieber geleitet in eines von gewöhnlich drei Fächern. Während der Packerei der Kunden schob die Kassiererin die Wegleite nach links oder in die Mitte, und so rollten Zucker, Butter, Brot und ähnliche Kostbarkeiten in das benachbarte Abteil. Genial gedacht, praktisch gemacht! Man stelle sich also vor, am Ende der drei Fächer säße der Zuschauer, der Schieber grenze genau an die linke oder rechte Kante des entsprechenden Faches, dann ergäbe es zumindest zwei Räume mit schrägen Wänden, mal rechts, mal links. Stünde der Schieber in der Mitte, ergäben sich zwei Räume rechts und links von der Wand. Könnte man die Wand noch nach rechts oder links aufklappen, in der Mitte vielleicht, ergäben sich weitere Variationen. Auch aus dem Plafond könnten noch Teile abgesenkt werden ... Aber was wird mit dem Vorhang? Wie vermeidet man den Spannungsabfall während der Umbaupausen? Wir erfanden den ewigen Vorhang – beide Teile waren überdimensional lang, eine ca. 20 Meter lange, kunstseidene Stoffbahn. Am Ende der Szenen rauschten sie flatternd zu, trafen sie sich, verlangsamten das Tempo in sanftem Decrescendo und fuhren übereinander weiter, eine stetig gleiche Bewegung in einem blauen Seitenlicht. Irgendwann öffneten sich die beiden Teile wieder, und es gab ein neues Bild zu sehen. Ein erstaunlicher Effekt, der dazu von Händels Wassermusik befördert wurde. Die Schauspieler waren sehr gut und überzeugend. Ingrid Andree als blutjunge, stolze Marie und Peter Striebeck als verzweifelter, mörderischer Stolzius. Manfred Steffen – ein Thalia-Urgestein – spielte den hochfahrenden Vater Wesener.

Wilfried Minks, der fantastische Bühnenbildner, arbeitete in derselben Stadt am Schauspielhaus seit geraumer Zeit an »Was ihr wollt« mit Ulla Berkewicz, Eva Mattes und Walter Schmidinger als Malvolio. Walter, der geniale Österreicher, wurde krank, und der dortige Intendant Nagel hatte Stress. Konnte jemand einspringen? Er verfiel auf eine ziemlich verbogene Idee: Sie fragten den natürlichen Feind des Hauses, den Nachbarn jenseits des Bahnhofs. Boy Gobert. Und der war ziemlich davon angetan, dass gerade er dem Gründgens-Haus unter die dürren Arme greifen sollte.

Als Nagel nach der Gage fragte, hatte sich der schlaue Boy eine ungewöhnliche Währung ausgedacht: Zwischen den beiden großen Sprechtheatern Thalia und Schauspielhaus kursierte stets eine Absprache-Liste mit Stücktiteln. Er wolle sich einfach eines der zahlreichen Dramen aussuchen dürfen und nahm sich kess: den Faust, also den Mephisto …

Als Gobert mir von seinem raffinierten Deal erzählte, riet ich ihm, »Dantons Tod« zu transferieren, denn das wollte ich so gern inszenieren. Aber Gobert, auf den Spuren des Eintänzers Gründgens, nahm die beiden »Fäuste« in die Hand.

Ich einigte mich daraufhin bald danach trotzdem mit Ivan Nagel über eine Inszenierung von »Dantons Tod« am Schauspielhaus in der Kirchenallee. Premiere 6. November 1976.

Ich habe mich im Laufe meines langen Regielebens mit den drei dramatischen Texten von Büchner auseinandergesetzt – mit »Leonce und Lena« in Mannheim und Köln, mit »Woyzeck« in Hamburg und Peking, mit der Oper »Wozzeck« von Berg an der Mailänder Scala. Ich freute mich also sehr auf diese Arbeit mit einem großartigen Ensemble: Hans Michael Rehberg als Danton, Herbert Mensching als Robespierre, Barbara Sukowa als Marion und viele andere Perlen aus Nagels Ensemble.

Einige Jahre zuvor, 1971, hatte ich im Schauspielhaus eine Aufführung von Molières »Geizigen« gesehen, inszeniert von Wilfried Minks. Er war nicht nur ein großer

Bühnenbildner, sondern auch ein bedeutender Regisseur, der vieles ausprobierte.

Am Ende der Inszenierung gab es eine monströse Zerstörung, das Haus des geizigen Harpagon krachte zusammen, vom Schnürboden fielen gefühlt Tausende Geldtaler und begruben die ganze Blase unter sich. Das Publikum in den normalen Aufführungen jubelte, bei der Premiere hatte es noch Buhs gegeben. Ich dachte über die spontanen Reaktionen der Zuschauer auf die gewaltigen Zerstörungen auf der Bühne nach. Wie kam das Publikum dazu, so lustvoll auf die Zerstörung der ganzen Bühnenwelt zu reagieren? Es war wohl die Lust an den rabiaten Veränderungen, so schnell und groß! Wenn der Moment, also der mit Lichtgeschwindigkeit vergehende Augenblick, sich plötzlich durch diese ungewöhnliche Aktion verlängert! Das also macht die Sache so spannend! Wo aber ist das Stück, fragte ich mich, das mit einer offenen Dramaturgie rasant das Auf und Ab von Geschichten erzählt? Im Sturm und Drang oder vielleicht doch noch wilder, widersprüchlicher, rascher und rasanter? Die Shakespeare-Zeitgenossen, die Elisabethaner, haben da einiges im Angebot: Die Herren Webster, Ford, Ben Johnson, John Fletcher und der Raufbold und Freund Shakespeares und Trinker Christopher Marlowe. Ich hatte in München einmal seinen Eduard II. gesehen – das war es. Ein wildes Stück, krude und rasant. Brecht hatte den Text in den 20er-Jahren einmal bearbeitet und selbst an den Kammerspielen in München inszeniert. Mein Lehrer Hans Schweikart spielte den Mörder Eduards, Lightborn, der zum Ende dieser Tragödie den König mit einem Kissen erstickte.

Ich wusste nicht, wie ich der ungewöhnlichen Temperatur dieser wüsten Geschichte vom schwulen König Eduard und seinem Geliebten Gaveston näherkommen konnte. Ich fuhr nach Wien zu Erich Wonder, er hatte schon das Bühnenbild für »Geschichten aus dem Wienerwald« mit ausgesuchtem Realismus auf das Thalia gebracht. Ich verfiel auf die Idee, bestimmte Kennwörter, Subjektive wie Adjektive, aus dem Text herauszuhören und frei von Verbindungen inhaltlicher Art zu häufeln.

Wonder und ich versuchten dann, aus dieser Ansammlung von Wörtern eine Struktur herauszulesen. Wir hatten unsere liebe Mühe, angemessene Bilder hochzuziehen. Schließlich erinnerten wir uns an einen russischen Film, den wir in Frankfurt gesehen hatten, ein Meisterwerk des Weltregisseurs Sergej Eisenstein, »Alexander Newski«. Der Film ist ein historisches Heldendrama, er sollte 1938 ein breites Publikum erreichen, um die Sowjetbürger auf kommende Auseinandersetzungen mit Nazideutschland vorzubereiten.

Uns beeindruckte besonders die berühmte Schlacht auf dem Eis, die im Sommer bei Moskau gedreht worden war, im künstlichen Eis und Schnee. Eine naturalistische Schilderung war das nicht, und auch die Musik Prokofjews gibt dem wilden Geschehen um die deutschen Ritterorden ein opernhaftes Gepränge.

Wir sägten für unser Stück Löcher in den Fußboden, hingen in die Löcher Wannen, die mit warmem Wasser gefüllt waren und mit Styroporschollen bedeckt waren.

Die englischen Soldaten flohen über die drehende Scheibe, der Schnürboden spendierte sehr viel Schnee, und Trommeln und schrille Schlachtmusik heizten das Ganze an. Zuvor schlug eine schreckliche Kugel in eine große Mauer ein, die mit viel Getöse und Staub zusammenkrachte.

Unser erstes Bild war aus Packpapier, die Bahnen hingen schwarz bemalt vom Schnürboden herunter, wie die Fassaden in engen Gassen mit Fenstern und Lichtschneisen, aus dem das Liebespaar Eduard und Gaveston, Peter Striebeck und H. C. Rudolf, schauten. Das aufrührerische Volk von London zerschlug mit Latten diese Bühne, riss die Packpapierbahnen herunter. Gaveston wurde gefangen und saß in einem scharfen Bündel von Taschenlampenstrahlen jämmerlich allein im dunklen Durcheinander. Wir waren kühn und experimentierten mit fremden Materialien. Ich wollte einfach – es war wie eine fixe Idee – auf dieser kleinen Bühne des Thalia das stete Verströmen und Vorgehen von Zeit in ein Bild fassen. Wir machten immer wieder Experimente: der Werkstattleiter Jakob Althaus erzählte mir von einer südafrikanischen Saatfolie. Diese umschließt ein Saatgut, die Feuchtigkeit der Erde lässt das Plastik gleichsam schmelzen, und die Saat kann sich ausbreiten. Ich war wie elektrisiert. Das muss es sein! Wir bestellten die Plastikbahnen und hingen sie zur Probe auf, aus Gartenschläuchen tröpfelte das Wasser, und die Folie löste sich langsam auf, schmolz und fiel in Fetzen herunter. Wir verschweißten die einzelnen Bahnen und spannten nun mit der milchigen Plane das gesamte Theaterportal sieben mal zehn Meter zu. Gab die Folie dann – vom heißen Wasser zersetzt – die Bühne wieder frei, saß dahinter in einer schmalen Kammer aus Dachpappe hinter Spinnenweben – aus der Dose – der König Eduard. Eine lange Brücke in schwindeliger Höhe war mit Sisal umwickelt, ein schwankender Fluchtweg, der sehr gefährlich aussah ... Der zweite Teil des Abends bestand aus einem schmalen goldenen Raum, in dem Eduards Gemahlin, die Lady Anne – unvergleichlich Ingrid Andree –, mit ihrem ehrgeizigen Geliebten Mortimer – Gerhard Friedrich – hauste. Sie war alt und dick geworden, trank unmäßig und tanzte zu kratzigen Grammophonklängen mit sich selbst Tango. Irgendwann gegen Ende des schauerlichen Dramas brach durch den Boden des goldenen Raumes ein Käfig, in dem es vor Nässe tropfte und in dem der arme schwule König halb nackt hing, er trug eine Dornenkrone und eine dreckige Windel und sang entrückte Melodien.

Als alles sich endlich dem Ende näherte, riss die Rückwand des Raumes ab und gab den Blick frei in einen hellen, strahlenden, weißen, konisch sich zuspitzenden Trichter. Dort lag Eduard II. aufgebahrt. Der Eiserne Vorhang beendete das Schauspiel, er fuhr in die Szene mit Gebimmel herunter. Applaus und vereinzelte Buhs für den radikalen Schmutz – Theater!

Der Berliner Kultursenator, der treffliche Volker Hassemer, bat mich eines Tages zu einem Gespräch in sein Büro. Er erkundigte sich vorsichtig, ob ich mir vielleicht einmal Gedanken über die Leitung der Staatlichen

Schauspielbühnen – Schillertheater, Schlossparktheater und die Werkstatt – machen wolle! Aber was geschieht mit Boy Gobert?, fragte ich zaghaft. Der war ja vor einiger Zeit vom Thalia nach Berlin gewechselt. Nun, meinte der Senator, dann würde Gobert seine Arbeit als Intendant in Berlin beenden. Ich protestierte, ich hätte Gobert so viel zu verdanken und könne mich nicht als Dolchstoßer in Boys Rücken vorstellen. Der Senator nahm diese Absage freundlich zur Kenntnis. Ich rief Gobert sogleich an, er war dankbar und feierte mit uns fröhlich eine Premiere.

Ein hoher Beamter hatte ihm zuvor zwar verkündet, der Nachfolger von Gobert hieße Gobert, aber darauf war anscheinend kein Verlass, Gobert nahm also ein Angebot an, das Wiener Theater in der Josefstadt zu leiten. So kehrte der Hamburger in sein Wien zurück und bezog wieder sein Winzerhaus in den Weinbergen vor der Stadt.

Ich besuchte ihn später einmal in dem berühmten Reinhardt-Theater, er saß im roten Zimmer an Reinhardts Schreibtisch und war vergnügt. Er hatte mich – als Josefstadt-Direktor war er auch für das Salzburger Schauspiel verantwortlich – eingeladen. So kam mein »Bauer als Millionär« ins Salzburger Landestheater und so rundete sich ein Kreis. Boy Gobert starb 1986 in seinem Haus in den Wiener Weinbergen am Tag der ersten Probe von »Wer hat Angst vor Virginia Woolf?«.

Meine ersten Inszenierungen in Hamburg am Thalia waren für mich ein rasanter Aufbruch. Und so gab es mannigfache Angebote, auch von Fernsehanstalten wie dem BR, ZDF und WDR. Auch mein Traum, Filme zu drehen, schien plötzlich Wirklichkeit zu werden. Von den Besuchen der frühen französischen Nouvelle Vague und der amerikanischen Vorstadtfilme z. B. von Scorsese war mir ein Gefühl für Bilder geblieben, die uns wie schwebende Gedanken umkreisen. Sehr viele Fernsehaufzeichnungen von Stücken entstanden, wie die »Nibelungen« und »Cyrano« und viele andere Aufführungen. Im Studio gedreht, verbesserten sich die Aufführungen sogar durch sorgfältige, penible, eben fast filmische Umsetzung. »Polly« von John Gay, die Fortsetzung der »Dreigroschenoper«, von Hacks bearbeitet, wurde extra für eine Fassung im BR-Studio in Unterföhring als Fernsehspiel produziert. Ein fließender Übergang zum Spielfilm.

»Uns reicht das nicht« hieß ein Drehbuch, das der WDR und sein Redakteur Canaris mir zur Lektüre gab. Es war eine tragische Geschichte junger, arbeitsloser Menschen, die in einem wütenden Totschlag endete. Ich hatte die Hauptrollen mit damals noch unbekannten Schauspielern besetzt: mit Anna Henkel, die später in Bertoluccis »1900« eine Hauptrolle spielte, mit Herbert Grönemeyer, dem jungen Sänger aus Bochum, mit Uwe Ochsenknecht von der dortigen Schauspielschule. Der Film wurde nie mehr gezeigt. Der Schluss war unversöhnlich, es gab für die jungen Leute keine Zukunft mehr, nirgendwo, heimatlos.

1984 drehte ich mit dem herausragenden Kameramann Jürgen Jürges eine eigene Fassung nach Else

Lasker-Schülers »Die Wupper« für den WDR. Wieder für den WDR gab es einen Film nach dem musikalischen Werk »Through roses« von Marc Neilkrug, mit einem schwierigen und eitlen Maximilian Schell. Sein Alter Ego, den Geiger, spielte Pinchas Zuckermann, der Himmelsgeiger. Die Kamera führte der Oscar-Preisträger David Watkin. Dann kam »Käthchens Traum« nach Kleists »Käthchen von Heilbronn« mit Tobias Moretti, Julia Stemberger und der jungen Teresa Weißbach – ein Versuch, Kleists Stück in unsere Gegenwart zu versetzen.

If You Make It There

»New York, New York!« war besonders für die jungen Theaterleute der deutschen Westrepublik stets ein Ziel, besonders in der Zeit des Aufwachens Ende der 60er-Jahre, als dort Downtown aufwachte und in den 70ern die kleinen Theater wie Joe Papps Public Theater und das Living-Theater, als die Wooster-Group La MaMa von Frau Stewart, Bread and Puppet, Squat, zu ungeahnten Attraktionen aufblühten. Wir waren verblüfft.

Wie sang der begnadete Sinatra: »If you make it there ...« Das Goethe-Institut schickte mich als Dozent an die Harvard-Universität im schönen Massachusetts. Zuvor fuhr ich freilich in die Stadt der Verheißung am Hudson.

Venedig, die Lagune, war der Beginn aller Städte mit den Palazzi, den Kanälen, den zahllosen Brücken, den Gondolieren und Restaurants. Die Metropolis New York, Brooklyn und Harlem, Manhattan, die Downtown mit der Bowery, New York, das schien mir das Ende aller Städte mit Dreck, Obdachlosen, Bettlern, mit Gefahr und den Räubern.

Am 10. September 1975 saß ich also im Flugzeug von Hamburg nach Boston. Mir war bang zumute. Es war meine erste Reise ohne Familie mit unbekanntem Ziel. Das Goethe-Institut in München, ein wichtiger Teil der kulturellen Arbeit des Auswärtigen Amtes im Ausland, dessen Theaterbeirat ich angehörte, hatte mich als Dozent an die Harvard-Universität in Cambridge bei Boston im Staate Massachusetts, eines der feinsten Landschaften der USA, entsandt. Das Goethe-Institut wollte die Theaterpolitik im Ausland ändern. Hatte es bislang einfach Truppen und Gruppen mit ihren Aufführungen durch befreundete Länder geschickt, wollte es nun durch einzelne Theaterkünstler neue Perspektiven unserer Theaterarbeit vermitteln.

Ich hatte mir ausgedacht, mit den dortigen Studierenden den »Hofmeister« von Jakob Michael Reinhold Lenz, in der strengen Bearbeitung Brechts, einzustudieren. So konnte ich einiges über den unglückseligen Lenz erzählen und zugleich einen Einblick in die Brecht'schen dogmatischen Ansichten über Literatur und Theater vermitteln. Obwohl ich einiges wusste, waren mir die USA, die sich unter Präsident Nixon und seinem Außenminister Kissinger gerade aus den Verstrickungen in Vietnam zu befreien versuchten, fremd geblieben. Ohne die hilfreichen Goethe-Leute wär ich nicht zurande gekommen. Der Leiter des Instituts in Boston, Dr. Staedtler, war ein großzügiger Helfer, und bald nach meiner Ankunft kam es zu Treffen mit meinen künftigen Mitarbeitern vom Loeb Theater des Harvard Campus: mit dem Bühnenbildprofessor, dem entzückenden Donald Soulé, mit der klugen Cindy Rosenwald, der künftigen Assistentin, die mit Peter Klementowicz befreundet war, Alison Clarkson, die als Produzentin fungierte zusammen mit George Hamlin vom Staff der Universität, und Nancy Abrams, der Kostümbildnerin mit dem schlohweißen Haar.

Mit Cindy und Peter war es der Beginn einer lebenslangen Freundschaft. Heute leben sie in New Hampshire. Sie arbeitet im dortigen Parlament für die Demokraten. Peter ist ein renommierter Arzt geworden. Ich folgte erst einmal Donald Soulé nach New Jersey, wo seine Familie nah am Atlantik ein Ferienhaus besaß. Durch diesen Familienanschluss fand ich mich langsam im amerikanischen Alltag zurecht. Ich ging mit Donald spazieren, wir angelten im Meer und sprachen über unsere geplante Aufführung. Ich lernte eine ungewohnt ausgewogene Familie kennen, die fest mit der evangelischen Gemeinde in Sudbury verbunden war. Sie sangen im Kirchenchor, und Donald trainierte das Kinderfußballteam. Ein kleiner Kosmos in der großen amerikanischen Welt, eine wohltuende Gemeinschaft mit Donald und seiner Frau Doris, mit den drei Kindern, den Verwandten – und diese fröhliche, wohltuende Ruhe, mit der See und dem Strand und den abendlichen Mahlzeiten am gemeinsamen Familientisch. So weit abseits der großen, lärmenden Städte.

Dann machte ich mich auf den Weg in die Kapitale, nach New York. Viele Freunde, die die Staaten kannten, hatten mir geraten, New York zu besuchen. Boston sei ein vornehmes, englisches Städtchen, aber New York! Du wirst schon sehen! Ich sah und war geschockt. Ein solches Monstrum aus zuckenden Lichtern, Geräuschen, Sirenen, Hupen, aus Mengen von Autos, Taxis und so verschiedenen Menschen war mir bis dahin völlig unbekannt. So grell, so rabiat wie ein Überfall, als stünde ein endgültiges Finale bevor. Unvorbereitet stand ich im hektischen Herzen, am Times Square. Nie war ich so einsam, so berstend abgefüllt mit Heimweh. Ich stolperte in einen »Wienerwald« mit seinen rotweiß karierten Deckchen und Gardinen. Heimelig. Ich wusste nicht wohin, und so verschlug es mich ins nahe Cinema, zum »Exorcist« und danach zu »Jaws« von einem mir unbekannten Regisseur namens Steven Spielberg. Beide Streifen überstand ich hinter Eimern voller Popcorn und eiskalter Cola. Beide Filme waren spannend, beeindruckend und trugen nicht zu meiner Seelenruhe bei.

In der Nacht schlief ich schlecht, das Hotel in einer schmalen Seitenstraße beim Times Square war klein und schmuddelig, der Blick hinunter in die quirlige Schlucht schwindelte mir. Im Traum dieser ersten Nacht in New Babylon schleppte ich meine liebe, tote Großmutter durch Manhattan und fand keinen Ort, sie zu begraben. In der zweiten Nacht träumte ich mich an das schäbige, billige Hotelfenster und sah weit unten ein Regiment von SA-Männern marschieren. Sie sangen: »Die Fahne hoch!«

Diese Stadt! Sie gibt keine Ruhe und regt Seele und Leib auf. Der Provinzjüngling aus dem kleinen Köln war hart aus seiner gewöhnten Ordnung geschubst worden. Die Rettung aber nahte, von Goethe-Menschen angeregt, aus Deutschland: Er hatte sich schon vor 1933 aus dem brandenburgischen Staub gemacht und war nach New York geflohen, wurde dort Leiter einer jüdischen Wochenzeitung: Henry Marx, ein leidenschaftlicher New Yorker Journalist, ein belesener, gebildeter, älterer Herr. Er nahm mich unter seine Fittiche und erteilte mir meine allerersten New-Yorker-Lektionen à la 1975: Nicht trödeln! Geschäftig sein! Berufstätig! In der U-Bahn die Zeitung lesen und immer 20 Dollar parat haben. So viel kostete ein Schuss. Dann das Geld sofort rausrücken und wortlos weitergehen. Diese und viele andere Ratschläge halfen mir. Ich spielte auf diese Weise einen New Yorker und fühlte mich sehr sicher mit meiner »New York Times« unter dem Arm.

Einmal tippte mir jemand auf die Schulter, ich drehte mich um, und hinter mir ragte ein riesengroßer Mann auf. Meine Hand kramte sofort nach dem Schein, als er leise »Brother, a dime?« murmelte. Ich gab ihm erleichtert einen Dollar, und beide waren wir froh. New York!

Henry wusste viel zu erzählen von dem jämmerlichen Leben in der Emigration, von Erwin Piscator, der ein Schauspielstudio gegründet hatte, das später als Strasberg-Schule zu überregionalem Renommee gelangte. Von Max Reinhardt, dessen Bedeutung kaum jemand am Broadway kannte. Henry erzählte von den hier gescheiterten Schauspielern wie Albert Bassermann, von der überragenden Diseuse Lotte Lenya und ihrem Mann, dem Komponisten Kurt Weill – er fasste am Broadway Fuß –, von Ernst Toller, der in einem Hotel am Broadway Selbstmord beging. Er war nicht der Einzige und ist heute fast vergessen. Bruno Walter dirigierte 1944 die Totenfeier für Max Reinhardt, und fast die gesamte deutsche Exilgemeinde kam nach New York! Ich hörte begierig diesen Berichten zu, wir trafen uns oft in einem Diner am Columbus Square zum Frühstück mit Kaffee, Bratkartoffeln und Spiegelei. »How do ye wanna ye eggs – sunny side up, or what?«

Immer wenn ich Jahre später im Central Park spazieren ging, trieben mich die Erzählungen von Henry über die Emigranten um, welch jämmerliche Schicksale taten sich da auf, welche Fallhöhe.

Der Blick vom Park in das südliche Manhattan, wo die mächtigen Wolkenkratzer wie die Dolomitenzinnen aufragten. Vielleicht hat in einem der hohen Türme in einem schäbigen Hotelzimmer Ernst Toller kurz vor seinem Selbstmord am 22. Mai 1939 gesessen. Thomas Mann sagte: »Das deutsche Elend währte zu lange, fraß zu tief, es zerrte an ihm wie an uns allen. Sie starben an überanstrengten Herzen, einer nach dem anderen ...«
Und irgendwo in den Schluchten war wohl auch das Hotel Bedford, wo sich viele Immigranten verkrochen hatten, auch die Therese Giehse und ihre Freundin Erika Mann. Die Giehse kehrte bald nach Europa zurück und schloss sich dem legendären Ensemble des Züricher Schauspielhauses an. Dort in Zürich hatten sich zahlreiche Theaterkünstler eingefunden, die sich vor den Nazis in der Schweiz in Sicherheit gebracht hatten: Teo Otto, Karl Paryla, Leonard Steckel, Wolfgang Heinz, Wolfgang Langhoff, Kurt Horwitz und Leopold Lindberg, der einer der prägenden Regisseure des Hauses war. Über all das war ich auch informiert, weil ich als Student in Köln eine Dissertation über das deutsche Exiltheater in New

York begonnen hatte. Als Assistent in München fand ich dann nicht mehr die Zeit, diese zu Ende zu führen.

Stets hatte ich in New York das Gefühl, im Gewühl dieser Stadt, an den Ampeln zum Beispiel, wenn mir die Menschen von der anderen Straßenseite entgegenfluteten, bekannte Gesichter zu entdecken. Hallo! Alles Täuschung.

Als ich mich aber im Café des Modern Arts Museums – eine Oase der Beschaulichkeit mitten im Getriebe – setzen wollte, hörte ich tatsächlich eine mir wohlbekannte Stimme, von tiefem Timbre umflort, rufen: »Was machst du denn hier, Jürgen?« Es war mein guter Freund Matthias Habich aus alten Kammerspielzeiten, der noble Schweizer Schauspieler.

Laut lachend fielen wir uns in die Arme, die nächsten Tage verbrachten wir zusammen, gingen in die Museen und Theater, nach Downtown zu den Off-Gruppen und zum Broadway, und besuchten den »Russian Tea-Room« in der 5th Avenue und die finsteren Hafen-Spelunken in den Docks.

Henry Marx hatte mich auf das Musical »Chorus Line« hingewiesen. Da könne man sehen, wie begabt diese jungen Künstler sind. In der Tat! Wir waren total überwältigt. Und wir waren erstaunt: »Wie bitte, eine leere Bühne?« Auf der versammelte sich eine lange Menschenreihe auf einer Linie und gab eine Audition, ein Vorsprechen, ab: Sie sangen, sie tanzten, erzählten aus ihrem beschränkten Leben und Erfolg. Und am Ende dieser berührenden Show drehten sich die Bühnenwände, und vor blitzenden Spiegeln erschienen wieder alle Mitwirkenden – jetzt in weißen Fräcken gekleidet – und sangen und tanzten ein Finale, dass es eine atemberaubende Pracht war! Das war und ist für mich bis heute die allerbeste Darbietung auf einer amerikanischen Bühne und noch dazu auf dem ruhmreichen Broadway.

Nach den aufregenden, turbulenten Tagen in New York City ging es zurück nach Boston. Ich nahm mir einen Greyhound – den Überlandbus – und fuhr lange durch den beginnenden »Indian Summer«.

Wieder zurück im vornehmen Neuengland, in Harvard, begann ich mit den Proben zum »Hofmeister«, dem »Tutor«. Ralph Bridle, ein Harvard-Student, spielte den Hofmeister, Emily Apter, »cute as a button« – das heißt »süß wie ein Knopf« –, war seine Partnerin. Heute lehrt sie als Professorin an der New York University französische Literatur. Die Proben waren zu Anfang etwas mühsam und ungewohnt. Im Lauf der Arbeit fassten die Studenten freilich Zutrauen, wurden offener, neugierig und ließen sich auf vieles ein, was dieser Fremdling vorschlug. Meine Assistentin Lucinda Rosenwald war eine einsichtige Hilfe, und im Hintergrund wachte der besonders aufmerksame Donald Soulé, der liebenswerte Bühnenbildner. Mit der Premiere schließlich im Oktober 1975 waren alle zufrieden.

Der berühmte Mann, der an einem dieser Tage zum Bostoner Goethe-Haus kam und über sein berühmtes Buch reden sollte, hieß Joachim C. Fest. Das berühmte Buch war seine Biografie über Adolf Hitler. Die Harvard-Professoren, alte, weise Herren, auch jüdische Gelehrte, wiegten bedenklich ihre klugen Köpfe und zausten ihn ganz schön. An der Diskussion beteiligte sich auch ein junger, besonders frecher Student, der mir gefiel. Ich ging mit dem jungen Studenten und seiner Frau auf einen Hamburger. Es war Josef »Joe« Joffe, der später ein großer Journalist wurde und mit meinem Freund Michael Naumann gemeinsam das Edelfedernblatt »Die Zeit« leitete.

Deutschland kam mir nach meiner Rückkehr so klein und sauber und spießig vor. Ich wollte bald wieder zurück in die große Stadt, sie hatte mich angesteckt. Diese Gelegenheit zeigte sich bald. Ich wurde eingeladen, an der New York University einen weiteren Workshop zu leiten. Ich schlug den Beteiligten vom Goethe-Institut und der Universität, Frau Kathinka Dittrich und Herrn Dr. Wecker, »Fegefeuer in Ingolstadt« von Marie-Luise Fleißer vor: »Purgatory in Ingolstadt«. Ging das, die unerhörte bayerische Provinz in New York? Es ging sehr gut. Melissa, die Darstellerin der Olga, wurde auf den Proben nicht müde, von ihrer Jugend in der Provinz von Ohio zu erzählen, von den Spießern und den Herzensengeln, die eben überall sind.

Das Fleisser-Experiment gelang im Goethesaal sehr gut. Wir holten Laub aus dem nahen Central Park und Äste, Erde und verwandelten den alten, schmucken Raum in eine herbstliche Gartenlandschaft.

Die Stadt kam mir nun gewöhnlicher vor, ich fuhr mit Bus und Subway, ich fühlte mich sehr »New-Yorkisch«

und dachte, ich sollte jedes Jahr einmal nach Venedig und einmal nach New York sausen. Ein Beginn und ein Ende, wie Alpha und Omega. Jahre später habe ich sogar in beiden Städten an den großen Opernhäusern gearbeitet, im »Fenice« und in der »Metropolitan Opera«.

Das Thalia fuhr später mit allen Musicals von Robert Wilson und Tom Waits zum Lincoln-Festival. Bei »Time Rocker« kam Paul Simon hinter die Bühne und lobte uns, Lou Reed war overwhelmed.

Und auch privat fuhr ich eine Zeit lang alljährlich Wochen und Tage in dieses New York und besuchte Lisa, die bei Strassberg studierte. Einmal versank Manhattan unter einem Zuckerguss – die Avenues waren notdürftig geräumt, an den Abzweigungen der Straßen türmten sich Wälle aufgehäufter, weißer Pracht. Wir schlitterten mit dem geliehenen, braunen Plymouth nach New Jersey, Sudberry, zu den Freunden Soulé. Die Avenues waren autoleer, und die Schneepaläste gehörten uns.

Auf der Bowery brannte ein Haus, neben uns stand ein Neugieriger, wie wir, vor einem seltenen Schauspiel: Ach Lisa, weißt du noch? Das Haus brannte, helle Flammen schlugen aus den Fenstern, die Feuerwehr richtete alle Rohre und alle Schläuche auf den Brand. Es war einer der kältesten Winter in der Stadt am Hudson, der zugefroren war. Das tat aber auch das Feuerwehrwasser. Kaum hatte es Fenstersimse und Hausmauern getroffen, erstarrte es zu weißen, starren Zapfen. »They can't stop that fucking fire!«, lachte der andere Gaffer und schlug mir mehrere Male in seiner hellen Freude auf die Schulter. Lisa lachte nun auch und umarmte mich, wie ich das stets genoss. Wir drehten uns im Kreis und plumpsten in eine hohe Schneewehe. Da lagen wir beide, und um uns herum das aufragende Manhattan! So hätte es doch bleiben können.

Viele Jahre später, 2000, ich stand auf dem Balkon der MET, mein Kopf war noch trunken vom Applaus, den ich gerade erlebt hatte. Ich schaute zum Columbus Circle, zu dem kleinen Richard-Tucker-Platz, zur Statue des berühmten amerikanischen Tenors, und zum Broadway, der hier die Stadt durchschneidet, wo an der Ampel die dröhnenden Autos warteten, um dann wie bei einem Rennen wie unter großem Gebrüll, einer wilden Horde gleich, zu starten. Und diese Lichter! Ich stand da und kam mir ganz fremd vor.

Die Metropolitan Oper war an dem Abend, wie an vielen anderen auch, ausverkauft, 3850 Zuschauer, und diese große Menge war am Ende von unserem »Fidelio« in einen Riesenjubel ausgebrochen. Wir standen ziemlich verdattert vor diesem prächtigen, riesengroßen Zuschauerraum auf der riesengroßen Bühne und staunten – die eindrucksvolle Karita Mattila als Leonore, Rene Pape als Rocco und Falk Struckmann als Pizarro, der Bühnenbildner Robert Israel, Florence von Gerkan, die die zeitgenössischen Kostüme entworfen hatte, und James Levine, unser Dirigent. Wir hatten etwas richtig gemacht an diesem Abend in New York. Fidelio hatte ich schon einmal in Zürich inszeniert, diese Aufführung war jetzt freilich ganz anders geraten.

Zuvor hatte ich mehrmals in Salzburg bei den Festspielen versucht, mit Levine über die Konzeption der geplanten New Yorker Aufführung zu sprechen, er hatte aber nie Zeit und meinte mit betörendem Lächeln, das müsste ich schon selbst entscheiden, er komme mit meiner Konzeption schon zurecht. Beruhigend ...

Sinnstiftend für die ganze Erzählung vom »Fidelio« schien mir schon immer Leonores Verhältnis zu Marcelline – Roccos Tochter – zu sein. Leonore tritt als Fidelio, als verkleideter Mann, auf, um ihren in den Kerkern verschwundenen Geliebten Florestan zu finden und zu befreien. Und nun ist die Tochter des Kerkermeisters Rocco in sie verliebt – in sie als vermeintlichen Mann ... Das war raffiniert konstruiert: Ihre Hinwendung zur verliebten Marcelline gab ihr großen Schutz, aber birgt auch große Gefahr. Wird beider Verhältnis zu eng oder gar intim, könnte die schlaue Verkleidung Leonoras auffliegen. Geben und Nehmen, Nähe und Abstand, alles musste von ihr sorgsam ausbalanciert werden. Und dabei musste sie immer in der Rolle des feschen, jungen Mannes bleiben, stets auf der Suche nach Florestan, er müsste doch in diesem Gefängnis des Gouverneurs Pizarro sein. Sie überredet Rocco, den Gefangenen Ausgang zu geben. Sie nutzt das und sucht nach Florestan. »Sprecht leise, wir sind belauscht!«, warnen die Gefangenen Leonore/Fidelio, der alle Gefangenen prüft: Wo ist Florestan? Endlich, mit Rocco im tiefen Kerker, entdeckt sie ihren geliebten Mann. Sie hatte zuvor schon Geld, Brot und Wasser gehortet und zwei Waffen im

Brotbeutel versteckt. Sie gibt ihm zu essen und zu trinken, die Trompete schmettert den Triumph, denn die Rettung naht, des Königs Minister. Sofort fuhr bei mir in der MET die Rückwand des Verlieses hoch und zeigte die jubelnde, freiheitstrunkene Menge. Pizarros Hauptquartier war eine verrottete alte Fabrik und starrte vor Waffen, als stünde ein Putsch bevor. Hatte Florestan davon gewusst? Wurde er deshalb so isoliert und sollte deshalb sterben? Doch Pizarro, der Dispot, schleicht auch in den Keller und bedroht Florestan, versucht seinen Widersacher zu morden. Leonore aber bedroht ihn mit ihrer Waffe, er gibt auf. Von ferne hört man die Töne einer Signaltrompete, ein Klang der Hoffnung und Zuversicht. Wie in jedem anständigen Westernfilm die Kavallerie mit Trompetenklang in Staubwolken in die Felsen galoppiert, so kommt auch hier Hilfe von des Königs Minister. Das Volk singt die Hymne auf Leonore: »Wer ein solches Weib errungen, stimm' in unsern Jubel ein!« Es war wie heute vielleicht in Mittelamerika, wo der Umsturz auf vielerlei Tagesordnungen steht.

Ob sie sich für die Rolle die Haare abschneiden solle, hatte Karita Mattila mich vor Beginn der Proben gefragt. Sie ging in die Maske, ritze ratze, die blonde Pracht war weg, und sie hatte einen entzückenden Bubischnitt. In ihrer Männeruniform sah sie hinreißend aus, und sie sang herzerweichend.

Dieser Fidelio wurde viele Jahre in New York gespielt, jedes Mal fuhr ich zu Wiederaufnahmen nach Amerika und hatte glückliche Tage, traf alte Freunde wie die Soulés und Cindy Rosenwald mit ihrem Peter. Ich verfeinerte die Aufführung weiter, Pizarro wurde zum charmanten, netten Drecksack, Jaquino zum bösartigen Abstauber, der Marcelline am Ende doch noch kassiert, die dasitzt, alleingelassen, mit ihrem Verlobungskranz im Haar. Verwirrt über den unbegreiflichen Lauf ihrer lieblichen Romanze.

Nach der Premiere hatte ich mich im Hotel »Mayflower« mit Edward Said verabredet, er war Daniel Barenboims Freund. Daniel stellte mich ihm vor, als er mit seinem Chicago-Symphonie-Orchester in der Carnegie Hall gastierte. Daniel, mit dem ich für die Staatsoper Unter den Linden 2001 Verdis »Otello« vorbereitete, riet mir, mit Edward, der Literaturwissenschaft an der Columbia-Universität lehrte, über diesen Shakespeare-Stoff zu sprechen. Said war ein profunder Kenner der Musik und der Oper. Der Ägypter mit palästinensischen Wurzeln setzte sich stets mit Herz und Schrift und Tat für die Belange der Palästinenser im israelischen Land ein. Das verband ihn mit Daniel – die beiden gründeten im Sommer 1999 in Weimar, der europäischen Kulturhauptstadt, ein Orchester, das aus einem Workshop für israelische und vielfältige arabische junge Musiker entstanden war. Und der gute alte Weimarer Geheimrat von Goethe spendete als Pate den Titel eines seiner Werke: »Der west-östliche Divan«. Edward hat dieses Konvolut sicher gründlich gekannt. Goethe wird darin nicht müde, die Verbundenheit von Orient und Okzident zu preisen: »Herrlich ist der Orient / übers Mittelmeer gedrungen / Nur wer Hafis liebt und kennt / weiß, was

Calderon gesungen« und: »Gottes ist der Orient! Gottes ist der Okzident! Nord- und südliches Gelände/Ruht im Frieden seiner Hände.«

Wir sprachen über den »Otello«, wie Daniel vorgeschlagen hatte. Wir erreichten bald den allbekannten Rätselpunkt: Was treibt Jago zu seinen maßlosen Ränken an, die den maurischen Feldherrn Otello und seine venezianische Frau in den Tod treiben? Auch die venezianischen Oberen können sich Jagos Umtriebe nicht begreiflich machen. Wer ist also dieser Verderber? Said wies mich auf Santiago hin, der der Legende nach der Apostel Jakobus war, einer der zwölf, Bruder des Johannes. Er wurde über viele Jahre zum Schutzheiligen spanischer Heere – obwohl er wahrscheinlich nie auf der iberischen Halbinsel weilte, die lange Zeit von den nordafrikanischen Mauren erobert und teilweise besetzt war. Immer wieder tobten Kriege und Schlachten zwischen Christen und Muslimen. Und der heilige Jakob, oder Santiago oder Jago, wurde zum »Maramoro«, dem Maurentöter.

Kannte Shakespeare diesen Ursprung seines Jago? War Otello Maure, wie vermutet wird, kam er aus Nordafrika? Das war eine lehrreiche Sitzung für mich im »Mayflower«-Hotel. Susanne, meine heutige Frau, Anglistin und Kennerin des Elisabethanischen Theaters, war ganz beeindruckt ob dieser Erkenntnisse. Edward sah auf seine Uhr: »Sorry, but I have to go to my treatment.« Und fügte noch hinzu, wie sehr ihm »Fidelio« gefallen habe. Natürlich habe er gemerkt, dass wir unter die Gefangenen einen Kleriker und einen Baskenmützenträger wie Che geschmuggelt hätten. Das sei wohl seit Langem die beste Aufführung der Metropolitan Opera. Als ich mich gerade voller Stolz zurücklehnen wollte, fügte er noch rasch hinzu, viele andere seien aber auch schlecht gewesen. Dann verließ er uns, wir haben ihn nie mehr wiedergesehen. Er starb, schwer krebskrank, am 25. September 2003 in New York.

Das Divan-Orchester hat sich seit seiner Gründung, entwickelt von Daniel Barenboim und angeleitet von Tabaré Perlas, zu einem erstklassigen Orchester entwickelt. Als ich – neuer Intendant in Salzburg – mich 2007 zuallererst mit Barenboim in Berlin traf, um zukünftige Pläne für Salzburg zu besprechen, kamen wir auch auf den »Divan« zu sprechen. Wir fanden Mittel und Wege für eine Einladung 2007. Neben den sommerlichen Workshops gab es zwei Symphoniekonzerte und Kammermusik-Abende. In der »Schule des Hörens« dirigierte sogar Pierre Boulez, großer Komponist und Dirigent.

Immer, wenn ich in New York ein neues Stück einstudierte, war mein erstes Ziel nach der Arbeit das Restaurant »Szechuan« auf der Ecke der 24. Straße und der 9th Avenue. Dort kamen wir alle zusammen, meine MET-Assistenten Greg Keller, Stephen Pickover und Gina Lapinski und Cindy und Peter, Barbara Sukowa mit ihrem Mann, dem Maler Robert Longo. Dabei waren zumeist auch Sissy und Max Strauss, die die freundlichsten und großzügigsten Gastgeber am Hudson waren. Dort trafen sich viele Künstler der MET zum abendlichen Plausch bei Wiener Gulasch und kalifornischem Wein.

Sie kümmerten sich um uns, um die heimatlosen Sänger und Regisseure. Später sind sie wieder nach Wien gezogen und heißen wie in Manhattan Freunde willkommen.

Nach Fidelio bot Joe Volpe von der MET und sein sehr gebildeter Technischer Direktor Clarke mir 2004 »Salome« mit Karita Mattila an. Ich zögerte nicht lange und begann bald das Stück zu studieren, das Theaterstück von Oscar Wilde, die Oper von Richard Strauß. Was war die Botschaft dieses verdrehten Stückes? Ein kleines Lolitaluder, ein sexbesessener alter Mann? Ein Täufer, der in Herodes' Verlies gefangen gehalten wird, wie einst Florestan in Pizarros Knast? Beardsleys berühmte Abbildungen zu »Salome« des Oscar Wilde, von einem süßlichen Jugendstil geprägt, waren jahrelang bestimmend für die Rezeption dieses biblischen Stoffes und verdeckten auf kunstfertige Weise die genauen Inhalte dieser Oper.

Eine Perspektive fällt dabei zumeist aus: die Nähe zu Christus, den Jochanaan im Kerker besingt: »Einer wird kommen«. Aus der Verkommenheit der Welt, für die die marode Familie des Herodes steht, möchte sich die junge, selbstbestimmte Salome lösen und verliert sich so in der Faszination für den Rufer: Einer wird kommen!

So beschreibt das Stück für mich die Dissonanz zwischen heidnischer Verderbtheit und der moralischen Sendung des Johannes, der Täufer genannt wurde. »Einer wird kommen« wurde für mich zum Schlüsselwort. Dieser »Eine« ist schon unterwegs nach Jerusalem, um dort am Kreuz zu sterben. So spiegelt sich in der

»Salome« die größte weltgeschichtliche Wendung aller Zeiten, die alles Künftige über 2000 Jahre bestimmen wird ...

Auch die »Salome« in New York wurde wieder ein Erfolg, besonders für die Mattila. Sie tanzte, zog sich aus und spielte den Rest mit einem leichten, seidenen himmelblauen Dressinggown. Zum Ende, beim letzten Monolog, lag sie auf dem Rücken an der Rampe, den Kopf über dem Graben, und sang sich ihre Seele aus dem schönen Leib, schier unglaublich und eigentlich nicht möglich. Aber sie dachte nicht an ihre Stimme, sondern war ganz sehnsuchtsvoller Ausdruck im Wunsch nach dem Kuss, dem Mund des Jochanaans. Ich hatte so was noch nie gesehen und gehört und hätte ihr eigentlich sagen müssen, dass sie das ja so niemals singen könne, denn dieser letzte Monolog hat höchste musikalische Schwierigkeitsschwellen. Aber ich traute mich nicht, sie zu stören. Karita bekam einen überwältigenden Jubel. Eine solche Salome kann ihr niemand nachmachen, nobody.

Dann und wann fuhr ich wieder zur Met, um auch diese schreckliche Geschichte wieder aufzufrischen. Inzwischen hatte die Leitung dort gewechselt, Sony-Manager Peter Gelb hatte übernommen. Er war vom Theater weit entfernt, hatte einmal einen Film über Karajan gedreht, seine Mutter war eine bekannte Kulturjournalistin und sein Vater ein leitender Redakteur bei der New York Times. Seine Frau ist Dirigentin, die oft in Europa arbeitete.

Als ich wieder einmal zu einer ausführlichen Probe zu »Salome« nach New York reiste, lernte ich Gelb besser kennen, aber von einer ganz unerwarteten Seite. Als er Nachfolger von Joe Volpe geworden war, hatte ich ihm in seinem Sony-Büroturm besucht und mich als Regisseur von »Fidelio« und »Salome« vorgestellt. Hatte er diese Opern gesehen? Ich hoffte natürlich auf ein weiteres Angebot, zumal er nicht mit Komplimenten geizte.

Nun, auf der »Salome«-Probe setzte sich Peter Gelb zu meinem Erstaunen hinter den Beleuchtungschef an dessen Pult und fummelte an unserem Licht herum. Dieses Licht hatte James Ingalls zu verantworten, eine internationale Spitzenkraft, überall höchst begehrt, der ständig mit Peter Sellars und meinem Freund, dem Bühnenbildner George Tsypin, arbeitete. Auf dieser Probe konnte James Ingalls leider nicht zugegen sein. Das schreckte den General Manager nicht. Er machte das Bild heller und heller ... bis wir, der Bühnenbildner Santo Loquasto und ich, protestierten. Gelb machte aber trotzig weiter – ob ich nicht auch die Gesichter der Sänger erkennen wolle. Ich erklärte ihm, dass das Stück in unserer Inszenierung im Morgengrauen am Ende einer großen Feier begänne, um dann in einem glänzenden Tag zu enden, zur Mittagszeit, in der Gluthitze, wenn die Sonne hoch über die Wüste geklettert wäre, über die Wüste, die Santo so ingeniös auf die Met gezaubert habe. Also solle er doch mit seiner Licht-Kritik ein wenig warten. Er scherte sich nicht um unsere Einwände und fuhr fort mit seinen Aufhellungen, die unser ausgetüfteltes Konzept ad absurdum führten. »Peter«, sagte ich, »please, you're going to ruin our show!« Er sah kurz auf: »I am not interested in your fucking show ...« Ich traute meinen Ohren nicht, bat um ein Gespräch und erschien am nächsten Morgen in seinem Büro. Er entschuldigte sich, zeigte sich aber als gänzlich ahnungslos über das Zusammenspiel der verschiedensten Ebenen eines Theaterabends, von Text, Musik, Sänger oder Schauspieler, Bühnenbild, Kostümen und Licht ...

Das war dann leider auch das Ende meiner Tätigkeiten für die Met.

Es hatte schon begonnen mit einem Besuch von Sally Billinghurst in Hamburg. Sie war die künstlerische Mitarbeiterin von John Volpe und meine unersetzliche Stütze in New York. In Hamburg schmiedeten wir Pläne. Nach dem »Fidelio« sollte eine »Traviata« kommen und die alte troddelige Inszenierung von Franco Zeffirelli ablösen. Warum ich? Warum die »Traviata«? Ich könne psychologisch genau arbeiten, das täte dem Stück sicher sehr gut, antwortete Sally. Ich tat mich mit Erich Wonder aus Wien zusammen. Es wurde sehr luxuriös: der Beginn spielte auf der Pariser Veranda mit dem Pariser Abendhimmel, der zweite Akt auf dem Lande mit wogendem Kornfeld auf der Riesenbühne. Der dritte Akt war ein Ballhaus und Spielcasino – und der letzte Akt ein an den ersten Akt erinnerndes Sterbezimmer im nun alten, verkommenen Saal vom Beginn, tempus fugit. Die Zeit war ins Land gegangen, Traviatas Tod spielte an dem Ort, an dem sie ihren Alfredo zum ersten Mal getroffen hatte. Jetzt war alles nur noch staubige und verschlissene Erinnerung: die durchgesessenen Sofas, die wackeligen Stühle, staubige Matratzen auf dem Boden. So lag sie, todkrank, in ihrer alten, mittlerweile kaputten Welt und Erinnerung.

Wir waren mit Volpe verabredet, der Technische Direktor ließ uns in der Kantine schmoren. Schließlich wurden wir vorgelassen. Der General Manager hatte die Modellfotos auf seinem Pult liegen. Ich erklärte ihm den Ablauf unserer Sicht auf das Stück. Er, der sonst immer so freundlich und mir zugeneigt war, verzog das Gesicht und sagte nach einer Pause: »Yes Jürgen, I do understand that, but where is the bedroom?« Ich versuchte ihm die Logik unseres Bühnenbildes zu erklären, es fruchtete nichts. Sein Blick wurde starr, und die immer gleiche Frage wurde immer ein bisschen lauter, bis ich es aufgab. Jawohl, wir hatten keinen bedroom. O.k., sagte ich, dann bauen wir einen bedroom, wir machen ein kleines Modell, und ich schicke dir neue Modellfotos. Joe grinste, das sollte ich auch besser tun! »You'll better do.« Dann machen wir halt einen bedroom – leichte Übung, so dachte ich damals noch. So schickte ich dann neue Modelle von der neuen Prachtbühne und: hörte nichts mehr vom Lincoln Center, bis ich endlich Sally anrief, was denn nun Sache sei. Sie glaube, sagte Sally etwas verärgert, Joe wolle diese Produktion nicht mehr. Aber ich habe dort einen Vertrag, antwortete ich. Wir zahlen dich, erwiderte Sally, wann ich denn wieder in der Stadt sei? Bald, mit einem Wilson-Musical beim BAM. Wieder in New York City angekommen, meldete ich mich bei Volpe und Sally. Ich hatte mir die neuen Modellfotos eingesteckt und blätterte sie ohne

Umstände auf seinen Schreibtisch, er solle mir nun sagen, was denn jetzt wieder falsch sei. Joe Volpe lächelte mich an. Komm, Jürgen, sagte er, das Ganze macht dir Bauchweh, macht mir Bauchweh, vergiss es doch! Und schob mir die Fotos wieder rüber. »Hast du mit ihm schon verhandelt?«, fragte er Sally Billinghurst.

Der Rest des Gesprächs gestaltete sich sehr vorteilhaft für meine Mitarbeiter und mich, ich war zufrieden. Trotzdem ärgerte es mich. Was war da wohl passiert, dass solch eine Produktion einfach abgesagt wurde? Ein befreundeter New Yorker Agent versprach mir, hinter den Kulissen der Met ein wenig herumzuschnüffeln. Ich traf ihn kurze Zeit später in einem Kurt-Weill-Konzert in der Avery Fisher Hall von meiner Freundin Catherine Malfitano. Er berichtete, was er nach einem Frühstück mit einem ungenannten Freund erfahren hatte: Ich sei ja auf einer Probe von Franco Zefirelli gewesen. Ja, gab ich zu, und es war sehr lehrreich gewesen. Ich hatte im riesigen Zuschauerraum gesessen und den italienischen Maestro nicht entdecken können. Dann winkte Jimmy Levine, der Dirigent, einen jungen Mann herbei, dem er während seines Dirigates etwas zuflüsterte. Dieser nickte und eilte den ganzen Mittelgang nach oben. Dort stand ein zierlicher Mann mit einem kleinen, zierlichen Hund an der Leine und rauchte so heimlich, dass jeder es sehen konnte. Der junge Mann, offensichtlich ein Assistent, flüsterte nun dem berühmten italienischen Regisseur von seiner Unterhaltung mit Jimmy einiges zu. Letztlich nickte der kleine Mann, und der Assistent hastete zum Graben zurück. Dort wiederum berichtete er dem Dirigenten, der darauf auf die Bühne wies. Über die Brücke am linken Portal ging nun der Assistent leise auf Zehenspitzen in die Szene, wo die Carmen, Waltraud Meier, ziemlich angesäuert die berühmte Arie sang, fasste sie an den Schultern und schob sie sanft ca. 1,50 Meter zur Rampe. Die Meier blitzte ihn kurz an und sah, weiter singend, zum Dirigenten herunter, Levine zeigte ihr den Daumen, thumb up, und war zufrieden. Der Laie aus Deutschland im Zuschauerraum hatte keinen Unterschied gehört. Das war Regie: Franco Zefirelli. In der längeren Umbaupause war ich zum Maestro gegangen, hatte mich vorgestellt und bedankt, dass ich auf seiner Probe verweilen durfte.

Dieser Franco sei eines Tages, erzählte mir mein Freund weiter, mit einer älteren Dame bei Joe Volpe erschienen. Die Dame: Fränco habe ihr berichtet, dass eine neue »Traviata« geplant sei und seine wunderbare Aufführung solle abgesetzt werden. Warum denn nicht Fränco diese neue »Traviata« selbst inszenieren könne? Sie würde die Inszenierung auch bezahlen, bis auf den letzten Cent. Super, mag Joe gedacht haben, wie werd' ich nun bloß Jürgen los? Am besten – auf der langen Bank. Später bekam ich von einem Mitarbeiter von Volpe einen Ausriss aus dem Wall Street Journal mit einem sehr ironischen Verriss geschickt: Die neue »Traviata« habe ja ausgesehen wie die alte.

Und trotzdem: New York blieb immer meine Liebe! Vor vielen Jahren, das war wohl Anfang der 80er, ging ich einmal Downtown zum Chelsea Hotel, daneben hatte das Squat Theatre sein Domizil, als mir ein Pulk besser angezogener Herren entgegenkam, die so gar nicht in die unaufgeräumte Nachbarschaft passen sollten.

Einer der Herren löste sich und kam auf mich zu, streckte mir die Hand entgegen, ein sehr stattlicher Herr mit Glatze. Ich erschrak mich fast, das war der Mayor von New York, der sich gerade im Wahlkampf abmühte, Ed Koch. Ich ergriff seine Hand, er blickte mich fest an: »Am I doing right?«, fragte er mich. Ich erwiderte: »I think so, Sir«, und er ging zufrieden mit seinen Leuten weiter. Ich war ganz platt und fühlte mich, was Wunder, sogleich ganz amerikanisch und allen New Yorkern wieder einmal auf das Innigste verbunden.

Köln, ein Abenteuerspielplatz
1979–1985

Mit stetig wachsendem Erfolg als Regisseur bekam ich mannigfache Angebote, Theaterleiter zu werden. Ich müsse das machen, riet mir Kollege Peymann das ein oder andere Mal, sonst machen es doch die – und spie mit ängstlicher Verachtung eine Reihe von gehassten Namen aus, allesamt Verderber und Zerstörer. Ich hatte freilich die unerquicklichen Hamburger Querelen im Sinn, unter denen Gobert am Thalia und Nagel am Schauspielhaus zu leiden hatten, wie mit ihnen finanziell und renommiermäßig Schlitten gefahren wurde von bräsigen Pfeffersäcken und hochmütigen Trittbrettfahrern. Warum sollte ich mir als aufstrebender Regisseur solche Last aufladen? Burgtheater? Zu groß, zu viele Schauspieler, zu viele Empfindlichkeiten, zu böse Presse! Residenztheater? Zu große Bühne, veraltetes Ensemble, selten glanzloser Staatsbetrieb. Josefstadt? Zu puppig, zu nett, zu süß. Volksoper Wien? Neumarkt-Theater in Zürich? Zu kleine Möglichkeiten? TAT in Frankfurt dito. Stuttgart hatte gerade den Gudrun-Ensslin-Zahnersatz-Spenden-Skandal hinter sich, sollte ich mich auf den Stuhl des geschassten Peymann setzen? Und Bochum, wo Zadek nach kurzer Intendantenzeit, in der er alles in fantastisches Chaos gestürzt hatte, um sich auf den Weg in die wackelige Hamburger Kultur zu machen?

Ich hatte gerade dort in Bochum 1977 einen schönen Erfolg zweier Abende mit Heinrich Manns »Untertan« in der Bearbeitung des reizenden Robert Muller hinter mir, als der tüchtige Kulturdezernent Erny mir auf einem Spaziergang durch den Park das Angebot unterbreitete, Bo-Intendant zu werden. Wie eine ganze Reihe anderer Angebote lehnte ich auch diese freundliche Offerte ab. Freilich wies ich auf die Stuttgarter Geschichten hin und dass Peymann gerade ohne Job sei und die Geschichte mit den Zähnen der Ensslin wie Blei an dessen Karriereschuhen hing. Er verabredete sich mit einem jungen CDU-Abgeordneten aus dem Stadtparlament namens Norbert Lammert zu einer Reise ins Württembergische, und sie spähten den wackeren Peymann aus und fragten ... Peymann machte es mit Hermann Beil, dem Dramaturgen, und Bochum erlebte eine unvergleichliche, glückselige Theaterzeit. Das war eine glückhafte Fügung, die sieben tolle Jahre dauerte.

Schließlich erreichte mich ein Anruf aus Köln, alaaf! Heyme, der dortige Intendant, war den Stuttgarter Sirenenklängen des Hans Peter Doll erlegen, packte sein Kölner Ensemble ein und zog ins württembergische Staatstheater.

Der Anrufer war der Schauspieler Peter Eschberg, der wie seine Frau Carmen-Renate Köper schon seit einiger Zeit verdientes Mitglied des Kölner Theaters war. Sie spielten beide große Rollen, und Eschberg inszenierte auch dann und wann. Er riet mir, mich doch für die Leitung des Kölner Schauspiels zu interessieren. Sollte ich das?

Ich fühlte mich ziemlich gut, meine Eitelkeit, die mir auch später oft genug böse Streiche bereithielt, fing an zu blühen. Warum sollte ich denn nicht? Reden schaden doch nicht, summte es in meinem Kopf.

Ich fuhr nach Köln, bei Eschbergs gab es ein feines Essen, ausgesuchten Wein und einen schwergewichtigen Gast, den Vorsitzenden der großen SPD-Fraktion im Rat der Stadt Köln. Wir trippelten zaghaft um das Thema herum, bis Herr Herterich geradewegs fragte, was denn der Kulturdezernent, der über die Grenzen bekannte Dr. Hackenberg, zu diesem Thema zu sagen habe. Dieser habe keine Kenntnisse von diesem Gespräch und wohl andere Pläne, hieß es. Mir wurde ein wenig mulmig. Was wohl diese Pläne seien? Der Herr Doktor wolle wohl den Mitdirektor der bisherigen Heyme-Direktion, den Regisseur Roberto Ciulli, einen sehr bekannten und originellen Regisseur, auf den Kölner Intendantenstuhl heben.

Von diesem Gemenge hatte ich nicht gewusst, schnell war mir klar, dass mit mir ein Strohfeuer abgefackelt wurde. Ich verabschiedete mich von den freundlichen Eschbergs und dem geschäftigen Herterich, versprach, mich an den Dr. Hackenberg zu wenden, und kehrte, sogar ein bisschen erleichtert, nach Hamburg-Eppendorf zurück.

Ich war inzwischen in einer illustren Gruppe gelandet, die sich in Peter Zadeks Wohnung in der Pöseldorfer Milchstraße traf. Dr. Günther Rühle hatte die deutsche Regiecrème versammelt. Er sollte der Generalintendant der Berliner staatlichen Schauspielbühnen werden und träumte von einem imposanten Begriff eines deutschen

Nationaltheaters. Zadek sollte dabei sein, Adolf Dresen aus Ostberlin, Christof Nel, Luc Bondy, jung und hochbegabt, Hans Christian Rudolph, Hans Neuenfels, der immer radikale und erfrischende Störenfried, Volker Canaris und Gottfried Greiffenhagen – die Dramaturgen.

Eine monströse Versammlung alter und junger Hyänen. Zadek dominierte mit seiner Eloquenz sogleich die Versammlung, teilte die Spielpläne ein, was ebenso rasch zu ersten Zerwürfnissen und Protesten führte. Eigentlich auch eine Posse wie in Köln – freilich mit anderem Personal! Rühles Traum war nicht von Dauer.

Über der Eppendorfer Wohnung der Flimm'schen Familie zogen inzwischen dunkle Wolken auf. Die Liebe sei eine Himmelsmacht, singt uns die Operette. Unser Himmel war aber mit einer schlechten Wetterfront vollgesogen und wollte nicht mehr aufklaren. Wir redeten uns auf eine Offenheit heraus, welch ein fataler Irrtum, Eifersuchtsschlachten waren die Folgen, Strindbergiaden. Es war keine gute Zeit. Und der Weg? Der vom gelbhosigen Werther war wohl kaum ein Angebot, obwohl die schattigen Täler tief und dunkel waren, voller steinigem Psychogeröll.

Warum sollte es dieser Ehe anders ergehen als Tausenden anderen, wenn der Seelenkitt nicht mehr ausreicht und die Risse immer breiter werden? Und war es bei meinen Eltern anders gewesen?

Als Inge mir dann an einem Abend von ihren Liebeswirren erzählte und gestand, rissen meine dünnen Nerven, der Bourbon war nur noch ein schwacher Tröster und das Bett ein unbewohnbarer, vertrockneter Ort.

An einem Morgen klingelte in aller Herrgottsfrühe das Telefon. Am Apparat war die Stimme des Kölner Kritikers Wilhelm Unger von dem Kölner Stadt-Anzeiger, der meinen Weg vom Kölner Kellertheater bis Hamburg immer wohlwollend begleitet hatte. Der Kölner Dezernent, der Hackenberg, sagte er, würde mich in aller Kürze anrufen, der Ciulli habe seine Kandidatur zurückgezogen. Ich versuchte meinen brummenden Schädel irgendwie zu reparieren. Wenig später, immer noch zu nachtschlafender Zeit, klingelte es: Hackenberg, kommen Se mal nach Köln, vielleicht kriegen wir beide noch ne späte Hochzeit.

Ich bat um Bedenkzeit, weil ich meine Pläne noch nicht aufeinander abgestimmt hatte. Nun freilich, nach der überraschenden Kölner Offerte, wurde meine Lage nicht nur in den beruflichen Feldern übersichtlich.

Ich packte also meine Sachen und zog bald nach Köln – ein eigentümliches Gefühl: Da verliebt sich deine geliebte Frau in einen dummen Grinsekater, und schon bist du Intendant im heiligen Köln!

Inges Weg in ein neues Leben in München endete desaströs. Grinsekater wurde der Ingeborg – geschiedene Flimm – bald überdrüssig und wandte sich stets charmant anderen Damen zu. Inge war verzweifelt und fiel tief. Auf der Suche nach Halt kam sie wieder zu uns zurück nach Köln. Selbstmordgedanken geisterten durch ihren Kopf. Tochter Susanne, die Ärztin, flog sofort aus Tirol herbei. Wir versuchten alle miteinander, sie wieder aufzurichten, nahezu vergeblich. Die große Familie war mittlerweile heillos auseinandergebrochen, da war kein Weg mehr zurück in frühere Verhältnisse. Später nach vielen Lebenswirren nahm Frau Doktor Susanne sie in ihrem Haus in Tirol in Obhut. Sie war am Ende ihres Lebens ziemlich krank geworden. Wir haben uns freilich immer noch unsere Freundschaft und gute Erinnerungen erhalten. Sie starb dort und liegt in Mittersill begraben.

Ich zog an den Griechenmarkt, neben der Kaygasse, eine echt kölsche Adresse. Inges Tochter Dorothee, die sehr krank war und leider viel zu früh starb, und ihr Sohn Robert blieben bei mir. Matthias ging mit Inge nach Bayern. Die beiden Mädchen, Monika und Susanne, hatten sich schon selbstständig gemacht, Susanne studierte Medizin und ist bis heute meine treue Leibärztin. Jahre später segelte mir eine kleine Elfe in den Schoß, Paolina, die mittlerweile eine eigene Familie hat, mit Hans und Vito in Berlin. Sie studierte Kunstgeschichte und wir mögen uns.

Aber wozu, wozu, schreibt Lessing im 80. Stück der Hamburger Dramaturgie am 5. Februar 1768, die »saure Arbeit der dramatischen Form?«. Darüber galt es sich nun für Köln Gedanken zu machen.
Wozu?
Es gab mannigfaches Vorsprechen, Treffen mit Regisseuren, Telefongespräche, Besichtigungen Kölner und anderer Vorstellungen. Es gab Zusagen, Absagen, zwei berühmte Regisseure aus der DDR ließen sich schon einmal einen Vorschuss auszahlen, traten dann allerdings

zum vereinbarten Termin nicht mehr an und behielten die kapitalistische Kohle für sich im Arbeiterparadies, sehr nette Genossen die. Aber wer sollten meine Partner sein? Den Dramaturgen zu meiner Seite fand ich schnell. Volker Canaris, Doktor der Germanistik und Redakteur in der damals gerühmten Fernsehspielabteilung des WDR. Er liebte Peter Zadek und kannte sich im Theater aus, besonders im englischen. Er war ein guter Weggefährte, immer loyal und freundlich zugeneigt. Er wusste mit mir umzugehen, war oft in der Enge des Tages besänftigend und hilfreich. Wer weiß, ob ich ohne ihn den schweren Anfang in Köln, als so vieles auf den ungeübten Anfänger zusammenstürzte, überstanden hätte?

Als wir beide nach unserer Ernennung aus dem alten Rathaus stolperten, kam uns einer der prominentesten Kölner entgegen. Er sah uns und stutzte: Ihr wollt mir doch nicht sagen, dass ihr Intendanten geworden seid? Und er umarmte uns ganz spontan: Werner Höfer. Und denkt daran, sagte er, auf dem Giebel des königlichen Schauspielhauses in Potsdam stand eingemeißelt: »Dem Vergnügen der Einwohner!«. Das hatte der preußische König Friedrich Wilhelm II. für seine Bürger eingerichtet.

Unser Dreierkollegium wurde von dem Anwalt des Bühnenvereins komplettiert, von Gustav Wiedemann, der uns bald wieder verließ. Sein Nachfolger wurde der Jurist Ludwig von Otting, der eine solche Position auch später in Hamburg innehatte. Ich hatte ihn schon früh schätzen gelernt.

Alle drei waren wir schon in der Kindheit vom Theaterspiel infiziert worden. Bei mir war es so: Das infizierte Kind Jürgen hatte neben dem Vater, dem Theaterarzt Dr. Flimm, oft fiebrig in den Vorstellungen gehockt, klein und voller Enthusiasmus und voller Gier auf die Welt hinter der Gardine.

Ich war vernarrt, ein Zuschauer zu sein und selbst zu spielen – beides blieb. Die steile Treppe zum Dachboden, auf dem mein blaues Theaterchen aufgeklappt wartete, führte die Zuschauer, Oma, Tanten, Mutter, Nachbarin und die vielen kleinen Freunde von unserer Straße, langsam die Stufen hoch. Sie unterhielten sich, plapperten, setzten sich auf alte Koffer und Kästen und Kisten, und Tri tra trallala begann die rührende, kleine Show mit meinen besten Freunden, den Puppen. Applaus von den vergnügten Zuschauern.

Brecht, der graue Pate des 60er-Jahre-Theaters, hatte eine wenig beachtete Mitteilung über den Sinn der ganzen Theaterchose gemacht. Kannte er etwa die Potsdamer Regel noch aus seiner wilden Berliner Zeit? 1963 erschien in »Sinn und Form«, der Literatur-Zeitschrift der Akademie in Ostberlin, das »Kleine Organon«. Gleich zu Beginn, schon im vierten Absatz, sagt er: Das Vergnügen »ist die nobelste Funktion, die wir für Theater gefunden haben«. Und später, unter Ziffer 4, heißt es: »Das Vergnügen […] pur und simpel.« Das hatten wir schon immer vermutet, der Kasperletheaterdirektor seufzte erleichtert auf und verkündete diesen Gedanken dem Kölner Publikum. »Stadt-Revue« hieß die Kölner Ereignisillustrierte, die meine Konzeption auf den Punkt brachte: auf dem eingefärbten Titelbild streckt der neue Theaterdirektor die Einsteinzunge den Lesern entgegen und ruft: »Das schönste Theater ist ein volles Theater.« Das Ergebnis: Aufruhr! Verrat! Höchststrafe. Gepöbel in den Kantinen. Anpasser und Opportunist, der Rheinländer!

Wird man doch mal sagen dürfen, murmelte Volker in seinen Bart, wer will keinen Bestseller schreiben, keine Bilder verkaufen, keine tollen Filme vor vollen Kinos zeigen? Viele Platten verkaufen, goldene zum Beispiel einsacken? Es braucht ja nicht viel zum Theater: ein Brett, das ein wenig höher ist als der Rest der Welt, darauf steht eine Person, die spricht, singt oder tanzt. Vor diesem Brett steht, sitzt, hockt eine andere Person, die lacht, schaut, klatscht, jubelt, sich ärgert. Viel mehr braucht es nicht – einen Sender und einen Empfänger, also durchaus reziproke Verhältnisse: Das eine geht nicht ohne das andere, weil das Geheimnis zwischen beiden liegt, ein leerer Raum. Dieser ist voller Sendung, die ist schnell und bleibt als Erinnerung. Sagt schon Augustinus, der Kluge.

Es wurden sechs gute Jahre in Köln, der alten Heimat von 1979 bis 1985. Die Einwohner waren vergnügt, die Aufführungen gut besucht! Wir spielten an vielen Orten in der Stadt, gingen zu den Leuten, und diese kamen zu uns zurück. Im großen Schauspielhaus, in den Kammerspielen im Museum Rautenstrauch-Joest und in der alten »Schlosserei« in der Krebsgasse – die Werkstätten waren ausgelagert – wurde gespielt, im sogenannten Erfrischungsraum im 1. Stock des großen Theaters wurde gelesen, diskutiert und gesungen.

Otto Brahm, der große Theatermann der Jahrhundertwende und langjähriger Direktor des Deutschen Theaters in Berlin, soll einmal gesagt haben: Wer kein Theater eröffnen könne, könne auch keines leiten.

Womit also die Kölner zur Eröffnung begeistern, was sollte bloß die erste, richtungsweisende Produktion sein?

Auf allen Ebenen gab es Großes und Kleines zu besichtigen, es wurde gesprochen, deklamiert und gesungen, mit Biolek geplaudert, und drei leibhaftige Elefanten trabten mit großen Schildern auf dem Rücken – »Fest im Schauspielhaus« – durch die Stadt. Es war entzückend. In einer Ecke auf dem Hof saß ein junger Mann mit Gitarre und sang kölsche Lieder, er hatte eigentlich auch eine Band, dieser Kunststudent, und die hieß BAP: Wolfgang Niedecken. Am Klavier im Erfrischungsraum sang heiser und total enthusiastisch der Rotschopf, den ich aus Bochum nach Köln gequasselt hatte: Herbie, der Schauspieler Grönemeyer, auch Sänger in der Band meines Bruders. Willy Millowitsch, Idol meiner Kindheit, schlug das erste Fass Kölsch an, und im Foyer stand eine alte, geschlossene Kutsche. Darin saß im Kerzenlicht die langjährige Kölner Primadonna Gisela Holzinger und las mit ihrem leicht singendem und tiefen Timbre Gedichte von Goethe vor. Freilich nur für einen Zuschauer, der auf der einen Seite der Kutsche einstieg und bald das Gefährt auf der anderen Seite wieder verließ. Es bildete sich eine ziemlich lange Schlange. Es wurde ein rauschendes Fest – und Stadtgespräch. So sollte es auch sein. 20.000 Besucher sollen es gewesen sein.

Seit Jahren war Brechts wilder Erstling »Baal« ein bevorzugtes Stück auf meiner Wunschliste. Volker Canaris, mit dem Werk Brechts wohlvertraut, strich sich seinen Bart und grummelte, ob »Baal« mit diesen wirren Fassungsproblemen das richtige Stück für den Anfang sei.

Aber was sollte nun unsere Initialzündung sein? Unzählige Titel lagen vor uns. Schlag nach bei Shakespeare, schlug Canaris vor. Büchner, Dr. Tschechow, Schiller, Goethe, alles freundlich gesinnte Mächte! Kleist, dieser vom Weh der Welt durchwirkte Romantiker, das seien wohl rechte Stücke für einen Melancholiker wie mich. Also las ich. Das Lesen von Theaterstücken war mir immer eine Pein, ich hatte stets Probleme, die oft so wirren, oft unübersichtlichen Handlungsstränge aufzudröseln. Und Schillers Briefe! Tschechows Namen! Shakespeares Zeitsprünge! Mühsam buchstabierte ich mich durch Kleists voluminöse Dramatik.

Ich hatte mir in Stuttgart Kleists »Käthchen von Heilbronn«, von Claus Peymann inszeniert, angeschaut, ausgestattet von Achim Freyer. Eine besonders kluge und witzige Inszenierung, die mich sehr begeistert hatte. Sie war so frei vom Pathos früherer Kleistjahre in steifleinernen Kostümen des Deklamationstheaters … Ich las also mit geschärftem Interesse diesen märchenhaften Text, ein Reichtum an skurriler Fantasie, in dem die Figur der Kunigunde stark an die schrägen E.T.A.-Hoffmann-Figuren erinnerte.

Verstiegene Charaktere wie der Ritter von Strahl, eine hochfahrende, nach Maschinenöl riechende Kunigunde, eine Automatendame, ein zynischer Kaiser mit dem Charme eines Provinzvarieté-Conferenciers. Und das kleine Käthchen, beharrliche Stalkerin, vom Cherub behütet, in Liebe dem hohen Herrn Strahl ergeben ... wie ich schon in Stuttgart vermutet hatte, war das feinstes Theaterfutter.

Warum aber sollte das Kölner Theater das aufführen? Und mit wem? Wer spielt das Käthchen und die Kunigunde?

Bald darauf stand ich in Berlin an der Freien Volksbühne, das ehemalige Piscator-Theater in der Schaperstraße, auf einer Premierenfeier herum. Luc Bondy, den ich wegen des Kölner Theaters umschmeicheln musste, hatte »Platonow« von Tschechow inszeniert, in einer Fassung von Thomas Brasch. Dieser war mit Freundin, wie viele andere Genossen auch, dem 1976 aus der DDR ausgebürgerten Wolf Biermann solidarisch in den Westen gefolgt. Er war damals ein mäßig erfolgreicher Schriftsteller, doch sehr beschlagen, eloquent und einnehmend.

Auf der Feier nun standen alle üblichen Verdächtigen der Westberliner Szene herum, auch verstreute Intellektuelle aus dem Osten der Stadt wie Heiner Müller gaben solchen Bier- und Weißweinkonventen den frontstädtischen Flair. Neben Brasch fiel mir eine heftig gestikulierende und laut vernehmliche zarte Person auf, klein, doch unübersehbar. Das sei Thomas Braschs Freundin, die Schauspielerin Thalbach, die mit rübergekommen sei, flüsterte mir jemand zu. Ich erinnerte mich, sie war in der DDR schon ein junger Star gewesen, Tochter des legendären Regisseurs Benno Besson, der so ganz dem

Brechtkanon abgeschworen und wieder Spaß und Lust in die ranzige Theaterideologie gebracht hatte.

Das ist sie!, dachte ich plötzlich, das ist doch mein »Käthchen«, das ich so angestrengt suchte. Ich sprach sie einfach an, und wir verabredeten uns für das Jahresende zu einem Gespräch, weil sie erfahren wollte, »wat du so vorhast mit dem Stück«. Sie sei interessiert. Na bitte, es wurde noch ein launiger Berliner Abend, Paris Bar, mit Zwiebelfisch und ähnlichen Berliner Ritualen.

Felicitas Ritsch war eine Freundin von Matthias Langhoff, einem bekannten Regisseur aus der DDR, mit dem sie auf einem Schweizer Hof in der Nähe der französischen Grenze lebte. Dort wollten wir uns zum Jahreswechsel treffen, Langhoff war ein enger Freund von Brasch.

Es fiel im Winter 1978 Schnee in rauen Mengen. Ich fuhr in meinem schweren Schweden von Köln nach Basel. Im Bahnhofsrestaurant erwartete ich Lisa, in die ich sehr verliebt war. Leider hatte sie noch einen Theaterfreund und konnte sich nicht zwischen ihm, dem Alfred, und mir entscheiden. Ich hatte sie zuletzt im winterlichen New York besucht, Downtown waren wir im wirbelnden Schnee durch die MacDougal Street getanzt und waren glücklich wie in einer Hollywoodkomödie.

Sie segelte durch die Drehtür des Restaurants direkt in ein turbulentes Wochenende, das jedes Boulevardstück hätte verblassen lassen oder ein französisches Drehbuch der Nouvelle Vague, süß und bitter.

Der Schnee nahm zu. Schließlich kamen wir, an Lausanne vorbei, zur französischen Grenze nahe dem Genfer See. Der Hof von Felicitas war groß und geräumig, mit einem ehrwürdigen gepflasterten Innenhof, Stallungen und einem Herrenhaus, in das wir von der charmanten Hausherrin, einer französischen Schauspielerin, einquartiert wurden. Fein war es und gemütlich am brennenden Kamin. Ich besichtigte die Ställe und bewunderte die beiden Pferde, die mir zuschnauften, als wollten sie mich, den passionierten Freizeitreiter, herzlich begrüßen.

Ob wir nicht morgen, am Neujahrsmorgen, einen frühen Ausritt machen wollten, fragte Felicitas mich. Die Aussicht auf einen Ritt durch Wald und Schnee, um das neue Jahr 1979 zu begrüßen, erfreute mich sehr. Es gab ein festliches Abendessen, Felicitas war eine sorgfältige Gastgeberin und sicher die schönste Köchin des südlichen Juras und nördlichen Savoyens.

Nach dem ausgiebigen Fondue steckten wir dann unsere Beine am warmen Kamin aus. Wir tranken viel vom Schweizer Roten und würzige Obstbrände dazu, und – siehe da – zunehmend wurde es politisch. Die beiden »Ostler« heizten dem »Westler« ein. Vernünfteleien meinerseits, Hinweise auf künstlerische Höhepunkte in einer zivilen BRD-Gesellschaft wurden mit Hohn und Spott belegt. Mein Hinweis auf Willy Brandt und auf meinen kürzlichen Eintritt in seine SPD provozierte unerwartete Schreiereien, erregtes Aufspringen und pathetische Pirouetten der Ostseite. Trotziges Schweigen und arrogantes Aufseufzen meinerseits feuerte die Debatte weiterhin an. Theater, Kunst, Oper, Musik, Literatur, alles wurde in Stellung gebracht, für das jeweils bessere Deutschland zu zeugen, je nach Sicht und Standort. Es wurde ein schreckliches Argumentationsmassaker mit dem hochgradig beschleunigenden Obstler.

Die beiden klugen Damen aus dem Osten, Felicitas und Katharina, schauten fassungslos ob des lärmenden Machogehabes des Besserwessis. Aber mein gnädiger Körper beendete das grause Spektakel, ein enormer Schluckauf machte sich auf meinem Zwerchfell breit, der schier nicht aufhören wollte. So mutierte das Ost-West-Gequatsche zu einer anhaltenden gesamtdeutschen Zirkusnummer. So was könne ja manchmal Tage dauern, grinste Brasch. Die Thalbach hatte altbewährte Hausmittel: Man solle ganz langsam eiskaltes Wasser schlucken. Felicitas lief in die Küche und kehrte mit einer kleinen Hand voll Zwiebeln zurück. Sie schob mir die gehackten, bitteren Früchte in den Mund. Der Hausherr riet zum Schnaps. Ich solle die Nase zuhalten und Luft anhalten, dann diese in kleinen Stößen auspusten, riet wiederum Kathi. Ich solle mich auf das Sofa legen und langsam und tief atmen. Sie führten mich wie einen Seekranken und betteten mich auf das Sofa im Nebenzimmer. Liegen, atmen, Augen schließen. So entspannt schlief ich im nächsten Augenblick ein. Meine Hickserei hatte sogleich aufgehört.

Ich fror, als Felicitas mich im Morgengrauen weckte. Wir wollten doch ins Gelände, flüsterte sie. Ich schwankte in unser Zimmer, Lisa blinzelte. Hast du geschnarcht, man konnte es bis hier oben hören! – Schlaf du weiter, ich putze mir nur die Zähne, die Zwiebeln! – Besser, murmelte sie.

Es war sehr kalt im neuen Schnee, ich zitterte auf dem Pferd, der helle Atem stand vor unseren Mündern, Felicitas kannte die Wege im Wald, galoppierte munter vor mir dahin.

An einem Bach hielten wir nach einiger Zeit an. Wir müssten nur noch hinüber, dann sind wir gleich wieder zu Haus, das ist nicht weit.

Und hier, sagte sie, können wir durch, ich kenn' die Stelle – und trieb ihr Pferd ins Wasser. Wie von ohngefähr folgte ich ihr und versank samt Ross bis zur Schulter im Wasser. Der brave Gaul prustete und strampelte, sprang schließlich die Böschung hoch. Ich hielt mich krampfhaft an Mähne, Sattel und Zügeln fest, bis wir festen Boden hatten. Felicitas lachte und zeigte mit dem Finger auf mich: wie du aussiehst, wie ein nasser Pudel! Jetzt kriegst du sicher keinen Schluckauf mehr. Sie galoppierte los. Als wir in den Hof einbogen und ich absprang, erschien meine schöne Freundin müde und bleich in der Tür. Ich wollte gerade von meinem Wildbachbad erzählen, als sie mich umarmte und flüsterte, Alfred habe angerufen, sie müsse nach Hause. Er sei wirklich krank geworden, und sie müsse ihm nun helfen. So fuhren wir bald zurück nach Basel.

Die zierliche Thalbach aber sagte noch beim Frühstück, als sie mir den heißen Café au Lait in die Schale goss, sie hätte es beinahe vergessen, wie sehr sie sich freue, das Käthchen zu spielen, in Köln. Du kannst mir ja später erzählen, was du vorhast mit dem verqueren Stück.

Kleists »Käthchen von Heilbronn« wurde der erträumte große Beginn, mit sehr guten Schauspielern: Kathi begeisterte, die Kunigunde von Elisabeth Trissenaar ebenso, eine Grande Dame als Maschine, Michael Rastl als angespannter Wetter. Am Ende öffneten wir die große Ladeluke der Hinterbühne zur Krebsgasse hin, dort erschienen die Schauspieler des letzten Bildes, warteten an der Ampel, dann – bei Grün – zogen sie laut lärmend in die Stadt. Das war das Bild: Das Theater zog für die Stadt in die Stadt, in unser Köln. Zum Vergnügen der Bewohner. Otto Brahm war zufrieden.

Es war wohl die Vielfalt, die unseren Erfolg ausmachte. Der Weg vom Offenbachplatz in die Stadt hinein war auch der Weg zu den anderen Spielstätten und so zu Projekten, die den Orten zugeordnet waren. So wurde ein alter Saal in der ehemaligen Stollwerck-Schokoladenfabrik zu einem unserer schönsten neuen Kölner Theaterräume: der Annosaal, eine frühere Kantine, ein Saal mit schmaler Bühne und hoher Decke.

Das Stollwerck war zum Abriss freigegeben, eine ganze Reihe luxuriöser Wohnungen sollten auf dem Gebäude in der Südstadt rasch errichtet werden, sehr rasch, sehr hastig, es roch nach Schieberei. Zu der Zeit erstarkte in Köln eine undogmatische Linke, die mit der konservativen Verwaltung manchen Strauß ausfocht. In ihrem Veedel-Lied besingt die Kölner Band »Bläck Fööss« das Verschwinden des alten Köln – Häuser und Gassen verschwinden, »dat Schönste wat mir han, is unser Veedel…«. Und recht hatten sie.

Die Fabrik wurde besetzt. Sympathisanten aus Holland und von überallher kamen zu Hilfe. Wir spielten mittendrin und waren sehr beliebt, gerade wegen unserer Auftritte im Anno-Theater. Wir spielten dort im März 1980 eine krude Uraufführung, »Kiez«, ein Stück über »Ganovenehre und Ganovenkälte« von Peter Greiner. Zuvor gab es schon im November »Lovely Rita«, ein verrätseltes Stück von Thomas Brasch. Wolfgang Niedecken sang »andere kölsche Lieder« mit seiner BAP-Band. Und es gab »Ella« von Achternbusch mit unserem jungen Assistenten Ulrich Waller als Regisseur. Günter Wallraff, den ich im Hamburger St. Pauli beim Italiener »Cuneo« kennengelernt hatte, las aus seinen Undercoverabenteuern, so auch Peter-Paul Zahl. Alles Vorhaben, die Ränder zu bespielen. Später halfen wir Wallraff bei seiner Verkleidung zum Türken Ali.

Die Verwaltung der Stadt forderte uns plötzlich auf, unsere Vorstellungen einzuschränken, wir protestierten dagegen und spielten weiter. Die Besatzer rührten sich nicht von der Stelle, und in einer großen Halle der alten Fabrik hatte sich der Zirkus Roncalli von Bernhard Paul mit Löwen und Clowns verschanzt. Alles zusammen ein Nest des Ungehorsams, ja Aufruhr, gegen ein Köln ohne rheinischen Humor, gegen verbiesterte Bürokraten.

Aber dann hatte die Stadtverwaltung Köln unter dem Oberstadtdirektor Rossa und dem Verantwortlichen für öffentliche Ordnung einen brillanten Einfall. Sie drehten den Stromschalter um und den Wasserhahn zu! Und die Besatzer und die Clowns und die Schauspieler von »Kiez«? Improvisation ist eine geübte Disziplin der

Theaterleute. Von der Lichtfirma Pütz bestellten wir ein Dieselaggregat, das nun auf dem Schokoladenhof tuckerte und uns, die Roncallis und die Besatzer, mit etwas wackeliger Elektrizität versorgte. Gegenüber gab es eine Reihe von türkischen Wohnungen. Von dort zogen wir Gartenschläuche hoch über die Straße, platzierten volle Eimer in den Toiletten und Garderoben. Doch die städtischen Häuptlinge reagierten, schlossen das große Tor mit einer Mauer, und wir saßen mit unserer Maschine in der Falle.

Uns wurden disziplinarische Maßnahmen angedroht, wir hätten unverzüglich das Aggregat aus dem Hof zu entfernen, die Wasserversorgung zu stoppen. Wir verhandelten, unsere Bedingung war, dass wir »Kiez« weiterspielen konnten, ansonsten käme es zu einem Riesenskandal, die Presse wartete schon. Das wurde uns zugestanden, aber: das Aggregat war im zugemauerten Hof in einem VW-Bus aufgedockt. Wir maßen die gegenüberliegende schmale Tür aus, der Bus hatte eine Chance. Wir schraubten alles ab, von den Stoßstangen über die Außenspiegel bis zu den Felgen, alles, was den Bus schmaler machte, und ließen Luft aus den Reifen. Ich setze mich an das Steuer und fuhr mit einer atemberaubenden Geschwindigkeit von 0,5 Stundenkilometern los. Bühnenmeister Peter Paffen dirigierte mich von außen, und ich fuhr in Millimeter-Distanz aus dem Innenhof hinaus. Auf der anderen Straßenseite lehnte der Beigeordnete der Stadt Köln an der Wand und rauchte ein Zigarillo. Ich warf Peter den Schlüssel zu, mit einem schönen Gruß an den Herrn Oberstadtdirektor Rossa trollte ich mich.

So spielten wir weiterhin im Annosaal, u. a. das »Nachtasyl« von Gorki, inszeniert von Jürgen Gosch. Warum Gosch? Da gäbe es in Berlin einen sehr guten jungen Regisseur, der gerade »Leonce und Lena« inszeniert und nun eine Art Berufsverbot habe, nach der DDR-Art, hatte mir Thomas Brasch berichtet. In Hannover hatte er gerade »Prinz von Homburg« inszeniert, das ich mir sogleich anschaute, in Bremen »Hamlet«. Brasch hatte richtig gesehen. So kam es zu unserem »Nachtasyl«, sicherlich eine der besten Aufführungen, die Gosch gemacht hat. Er blieb bei uns in Köln und im Westen, mithilfe des Büros von Kanzler Kohl konnten wir auch seine Familie nach Köln holen. Mein Werben um den umtriebigen Luc Bondy hatte auch Erfolg gezeitigt. Nun zeichnete sich langsam ein Profil des Kölner Theaters ab. Unsere Stärke war die Vielfalt durch die vielen Spielstätten.

Als aber einmal die Firma Ford in Köln-Niehl schwächelte, wurden wir sofort aufgefordert, uns Gedanken über Einsparungen zu machen. Das war wie eine kalte Dusche und hat uns tief geschockt. Ich traf mich daraufhin spät in der Nacht in einer einschlägigen Kneipe am Heumarkt mit Kölner Finanzpolitikern, um auszuforschen, wie hoch die städtischen Sparforderungen waren, und begann, mit dem Vorsitzenden des Haushaltsausschusses des Rates um die Höhe des Sparbeitrages zu feilschen. Wir hatten uns freilich überlegt, wie weit wir Zugeständnisse machen könnten. Wir müssten doch die Einnahmen steigern können, sagte Volker. Verhandele doch, dass wir diese Steigerungen für uns behalten dürfen. Da unsere Einnahmen wie bei unseren geschätzten Vorgängern nicht gerade berückend waren, ging die Stadt auf den Vorschlag ein, diesen Posten umzuwidmen und das Geld bei uns als Ausgleich für die rigiden Sparmaßnahmen zu lassen. Wir handelten nun schnell, änderten unsere künftigen Programmvorhaben in einigen Punkten und holten alte Bekannte an den Tisch, so Herrn Dr. Heinrich Faust und den Gangster Mackie Messer. In der Tat hatten wir dann durch eine sehr anstrengende Steigerung unseres Angebots *nach* den Sparmaßnahmen mehr Geld zur Verfügung als vorher. Die Stadt war düpiert und nicht amüsiert. Ein Bubenstück!

Warum aber waren wir in Köln in den sechs Jahren so erfolgreich?

Das lag zweifellos an der Vielfalt unserer Angebote, jedes freilich bei allem Vergnügen mit großem Ernst vorgetragen. Schon der Theaterdirektor im Vorspiel zum »Faust« lässt Goethe erklären, was der Sinn von dieser etwas albernen Beschäftigung sei: »Jedermann erwarte sich ein Fest …«, mahnt er; und: »Besonders aber lasst genug geschehen!« Und: »Wer vieles bringt, wird manchem etwas bringen …« Und: »Seht nur hin, für wen ihr schreibt!« Und dann gibt er uns die ganze Natur an die Hand: Himmelslicht und Sterne, Wasser und Feuer, Tiere und Vögel, also den ganzen Kreis der Schöpfung! Und alles das »mit bedächt'ger Schnelle«, also klug und ohne unnötigen Aufenthalt.

Und in diesem Sinne haben wir weitergemacht, viel gearbeitet und nicht auf den weichen Subventionskissen gedöst.

Die großen Autoren wie Shakespeare, Kleist, Tschechow, Goethe, Ben Jonson haben wir gespielt, auch die neueren wie Ionesco, Achternbusch, Gombrowicz, Greiner, Brasch, Heiner Müller und den Autor, auf den es damals ankam: Botho Strauss. Dazu kamen die vielen Lesungen von Erich Fried bis Wallraff und Auftritte von André Heller, Herman van Veen, Randy Newman, Hanns-Dieter Hüsch und Klaus Hoffmann in Zusammenarbeit mit dem WDR. Welch ein Vergnügen, Jochen Ulrichs Ballett tanzen zu sehen. Sehr neu und damals noch unüblich: ein internationales Frauenfestival, off limits für Männer, mit Franca Rame, Ulrike Rosenbach, Kabarett und Lesungen.

Und uns zum Spaß machten wir lustige Liederabende mit Herbie Grönemeyer am Klavier: »Die Liebe kommt, die Liebe geht«. Ich sang »Lady Sunshine und Mister Moon« mit einer meiner Lieblingsschauspielerinnen, Petra Redinger. Gastspiele – Heyme kam aus Stuttgart und spielte »Mephisto« nach Klaus Mann, freie Gruppen wie der »wahre Anton« arbeiteten mit uns, und das Theater aus Neuss zeigte Molière mit Willy Millowitsch.

Alles war eine große Melange aus Texten, Orten, tollen Schauspielern und einer ganzen Reihe großartiger Regisseure: Luc Bondy, der alte Freund aus jungen Tagen in Zürich, als ich am »Neumarkt-Theater« »Fegefeuer« von der Fleisser inszeniert hatte; Walter Adler, der sich um die »Kammerspiele« am Ubierring sorgte; Arie Zinger, Ex-Assistent von Zadek, und der überraschend eigensinnige Jürgen Gosch aus Berlin, an seiner Seite der formbewusste Bühnenbildner Axel Manthey; nicht zu vergessen Christof Nel, ein Jungstar und Stürmer und Dränger. Dieses erste Kölner Jahr war ein unerwartetes Abenteuer: mein desaströses Familiengedöns, die Trennung, miese Wohnverhältnisse, die anstrengenden Nächte mit viel Alkohol und viel Nikotin und mit einer ungestümen Libertinage, mit großer Rücksichtslosigkeit. Und die Last des Theaters. Das war ein ungewohnter Beginn mit fast unerträglichem Erfolgsdruck, ein anstrengendes Leben in einer neugierigen Öffentlichkeit, immer auf der Hut und Angst vor der Schlagzeile.

Ich saß mit Laurie Anderson in unserer Kölner Theaterkneipe. Sie erzählte mir über ihre Musik mit der elektrischen Geige und über ihre Aktionen, die mir alles andere als fremd waren. Sie war eine nahe Verwandte der großen Fluxus-Family, ganz erstaunliche und aufregende Aktionen zeigte sie uns auf unserem großen Festival »Theater der Welt«, als sie im Juni 1982 in der Schlosserei auftrat.

Zwei Jahre zuvor hatte ich mit dem entlassenen Ivan Nagel im Hof des Hamburger Schauspielhauses gehockt. Es war Festival-Zeit. Auf der Bühne tummelte sich der »Faust« von Martin Lüttge unter der Anleitung der Herren Peymann und Freyer.

Nagel war es nicht leichtgefallen, vom Schauspielhaus zu lassen, besonders weil er nun mit dem »Théatre des Nations« den Hamburgern ein fulminantes Happy End bereitete.

Aber man könne doch solch ein Festival auch selbst

veranstalten, mit dir, Ivan! Er merkte auf: Wie? Wann? Wo? In zwei Jahren, schlug ich vor, kann doch das Internationale-Theater-Institut dieses Festival verantworten und nach Köln bringen, und du wirst der Direktor, Ivan. Er wiegte seinen Denkerschädel und wolle darüber nachdenken. So kam es, dass ich mit Laurie in der Kneipe saß … Die Frage war gewesen: Wie sollten wir das ganze Gesummse finanzieren? Wir rechneten mit 6 Millionen Mark Bedarf, eigentlich nicht viel für solch ein großes Ereignis mit zig Gruppen, in dem die große weite Theaterwelt in Köln zu Gast ist. Das Kölner Schauspiel stellte eine stattliche Summe indirekter und direkter Kosten ein, es blieb aber noch genug übrig, so 4 Milliönchen, auf denen wir saßen. Der WDR half, einige Sponsoren … wir beschlossen, Land und Stadt gegeneinander zu bitten. Der neue Kulturdezernent Peter Nestler spielte mit. Wir sagten den einen über die anderen, sie hätten schon zugesagt …. eine kleine Schummelei, ein beabsichtigtes Missverständnis. Ich hatte als Programmchefin unsere Dramaturgin Renate Klett freigestellt, eine profunde Kennerin der internationalen Szene. Ivan Nagel überredete Robert Wilson, ich war in New York herumgesaust, deswegen also Laurie Anderson. Die Öffentlichkeitsarbeit erledigte ganz souverän Bernd Wilms, mein alter Freund, der spätere Intendant vom Deutschen Theater. Er engagierte Heinz Edelmann, den Beatles-Grafiker, dessen bunte Plakate begehrte Objekte wurden. Die Kölner nahmen alles begierig auf, und mit den hochgeschätzten Einnahmen kamen wir gut über die Runden und haben eine schwarze Null abgeliefert. Diese Art Festival, das »Theater der Welt«, gab es in der Folge regelmäßig in immer einer anderen Stadt, eine Erfolgsstory, die auf einem winkeligen Hof an der Kirchenallee in Hamburg begonnen hatte. Noch einmal taten Renate Klett und ich uns später zusammen, als ich dort das »Thalia« übernahm, dort ließen wir noch einmal die internationalen Puppen tanzen. Damals in Köln brachten wir auf die Bühne: Wilsons Solo »The Man in the Raincoat«, Laurie Anderson und ihr musikalisches Theater, die Derwische mit ihren schwindelerregenden Pirouetten, die »Bibel« in der noch ungeweihten romanischen Kathedrale von Groß St. Martin von der Gruppe des Citizens-Theaters aus Glasgow.

Begonnen hatte das Ganze am 12.6. auf den Kölner Straßen und Plätzen mit dem ewigen Kölner Spruch: »Ajuja, jetz jeit et loss«. Da zogen die ewigen 11.000 Jungfrauen durch die Stadt und enthüllten ihre Geheimnisse und dass ihre Tränen nicht logen, als sie sich dem Hunnenkönig Attila und seinen Horden als Opfer anboten und so die heilige christliche Stadt am Rhein vor der Zerstörung beschützten. Jérôme Savary und sein großer magischer Zirkus mit meinem Bruder Dieter als Ausstatter versetzte Tausende Kölner mit einem mittelalterlich anmutenden Prozessionstheater in fröhlichen Taumel. Wie wir das alles angepackt haben, in allen diesen Spielorten, ist mir bis heute ganz und gar rätselhaft, irgendwie ging alles, irgendwie klappte alles, irgendwie war stets noch ein bisschen Geld da, irgendwie blieben wir fröhlich und waren am Ende zufrieden.

Da geht doch keiner hin, wie wollt ihr das denn vollkriegen, hatten die hochgeschätzten Mitarbeiter gestöhnt. Renate und ich waren nach Wuppertal gefahren und hatten einer alten Freundin unsere Aufwartung gemacht. Pina Bausch war der aufgehende Stern in der deutschen Tanzszene, ihre Choreografien ohne Beispiel, so wichtig und zeitgenössisch wie noch Klaus-Michael Grüber in der Berliner Schaubühne, ihr Bruder im Geiste. Dessen »Bakchen« nach Euripides waren 1979 die Sensation in Berlin. Das Theater öffnete sich bei ihm einer Bilderwelt, die bis dato ungesehen war und allem kleinteiligen Realismus eine entschiedene Absage erteilte. Ähnliche Entschiedenheit fanden wir in den Schöpfungen der jungen Tänzerin und ihren Kombattanten in Wuppertal. Beide waren Künstler einer Zeitenwende.

Unser Wunsch ging in Erfüllung: wir räumten das Schauspielhaus leer und zeigten die bisherigen Choreografien von Pina und ihrem Ensemble, von »Café Müller« und »Sacre du printemps« bis zu »Keuschheitslegende«. Es wurden begeisternde Abende, immer ausverkauft, die bergischen Tänzerinnen und Tänzer waren die Stars des Festivals.

Und es war die erste Begegnung mit Robert Wilson, dem Künstler und Bildermagier aus Texas.

1976 hatte er am Schauspielhaus in Hamburg »Einstein on the beach« gezeigt, mit der aufreizenden Lucinda Childs. So etwas hatten wir noch nie gesehen. Es war etwas Singuläres, wie Brooks »Mahabharata« im Pariser Bouffes du Nord, wie die Abende der Bausch. Eine Oper über Einstein am Strand? Die Musik von Philipp Glass mit seinem an- und abschwellenden, hämmernden Stakkato trieb kaum die Zeit voran. Dafür konnten wir uns frei bewegen, auch hinausgehen mittendrin und vielleicht nach einem Getränk wieder in die extremen Wilson-Bilder eintauchen. Das war die Entdeckung der Langsamkeit durch einen besonders atypischen Taktschlag.

Mit Bob begann nun in Köln eine neue Partnerschaft, die über Jahre dauern sollte, auch über die Kölner Jahre hinaus bis hin zu den großen Hamburger Welterfolgen.

Vor der zweiten Spielzeit am Offenbachplatz hatte ich ein bisschen Bammel. Die zweite Spielzeit wurde nicht leichter, die Strukturen waren die gleichen wie zuvor, mit überragenden Produktionen, dass die Fachwelt aufmerkte. Einladungen zum »Theatertreffen« und die Auszeichnung zum »Theater des Jahres« entschädigten für die ganze Plackerei. »Kiez«, »Yvonne, Prinzessin von Burgund« und »Glückliche Tage« fuhren nach Berlin. Zuvor war das »Käthchen« eingeladen. Das war eine Belohnung für uns alle!

Lange schon hatte mich die Geschichte der »Edelweißpiraten« umgetrieben. Der jüdische Kritiker Wilhelm Unger hatte mich früh auf diese Jugendgruppe hingewiesen. Das waren junge Leute aus Köln-Ehrenfeld, die der bündischen Jugend entstammten und militanten Widerstand gegen die Kölner Nazis geleistet hatten. Und das sehr aktiv, ihre Opposition war hart und konkret, sie scheuten nicht vor Gewalt zurück, es wurde auch geschossen. Sie versteckten Verfolgte, so auch jüdische Mitbürger, in den Trümmern von Ehrenfeld. Aber sie wurden entdeckt und am 10. November 1944 gehängt. In den Akten der Gestapo führte man sie als »Kriminelle«. Und in den Akten der Kölner Bezirksregierung der Gegenwart ebenso, also keine Revision eines falschen Geschichtsbildes. Wie so oft, auch hier bei diesem Widerstand!

Wir sichteten mit dem Kölner Historiker Matthias von Hellfeld die historischen Fakten. Daraus entstand am 11.10.1982 ein lehrreicher Abend, mit dem wir unseren neuen Spielort, die umgebaute »Schlosserei« im Untergeschoss des Opernhauses, eröffneten, nicht unweit vom ehemaligen Zentralort der Kölner Gestapo, dem sogenannten EL-DE-Haus. Das war wie ein programmatischer Aufruf, sich unserer Zeit zuzuwenden.

In diesem EL-DE-Haus fand man in einer der Zellen eine Inschrift, die ein Mitglied der inhaftierten Gruppe an die Wand geritzt hatte: »Edelweißpiraten sind treu«. Und so hieß unser Abend. Es waren viele Schauspieler des Ensembles bei dieser Spurensuche dabei, fast zwanzig Kollegen. Für mich, den Regisseur dieses Abends, war es eine große Lehre, wie das Theater auch ohne vorgefertigte Literatur mit künstlerisch hohem Anspruch wichtige Themen vermitteln kann. Das Unrecht, das den Piraten auch noch in unseren Zeiten widerfuhr, wurde erst 2005 beendet und die Aktivitäten der Gruppe offiziell als Widerstandskampf anerkannt: Verdammt lang her, singt BAP. Nach dem Anführer der Kölner Gruppe Bartholomäus Schink wurde die Ehrenfelder Straße, in dem die Galgen standen, benannt. Never forget.

Die Sommer verbrachten wir in diesen Jahren immer am selben Ort, im schönen Italien, im sanften und unberührten Umbrien, der Landschaft des heiligen Franziskus, wo in jedem Winkel eine alte Kirche steht und sich auf den Hügeln Schlösser und Klöster strecken, wo abends sich die blauen Schatten zwischen die Wälder legen und Stadt und Land und Dorf in laue Nächte schicken.

Dort gab es Pizza und Pasta und Arrosto und Salcicce und Pilze, und dem Glücklichen wuchsen die Trüffel unter den Haselnussbüschen.

Das kleine Bauernhäuschen am Hang hoch über dem Tal bewohnten wir an die vierzig Jahre. Später kamen Wald und Wein dazu, zum Karpfenteich der Pool. Die rote Vespa stand bereit, und immer waren die Nachbarn da, fröhliche und fleißige und stets hilfsbereite amici.

»Und dann legen wir uns in den Schatten«, seufzt der Herumtreiber Valerio in Büchners bitterer Farce »Leonce und Lena«, »und bitten Gott um Makkaroni, Melonen und Feigen, um musikalische Kehlen, klassische Leiber und eine commode Religion!« Eccola, Italia! Aus dem nebligen Norden, aus Wind und feuchtem Frösteln in die sternübersäten Nächte zu ziehen, war schon immer meine kaum stillbare Sehnsucht.

Zuerst, schon im Sommer 1966, war es noch der französische Süden, Astrid und ich fuhren damals nach Avignon zum Theaterfestival vor den alten Gemäuern des »Palais du Papes«. Der große Jean Vilar, der entscheidende Citoyen des französischen Theaters und Erfinder des TNP (Théâtre National Populaire), hatte sich dort in der alten Stadt – on y danse – mit dem Theater niedergelassen.

Als wir damals in die kleine Stadt hineingerollt waren, es war schon in der Nacht, hatten wir spießigen Nordländer unseren Augen kaum getraut: So viel Leben unter den Platanen, in den Restaurants und Cafés. So viele junge hübsche Leute an den weißen Tischen, so viele Debatten und so viel Suchen, so viel Getriebe, so viel Geschiebe, lautes Rufen und rasche Musik aus den Bistros und von den Straßen: eine andere Welt, ganz unbekannt diese Luft und der Duft. Wir erkundeten damals die schönen Städte der Provence, Orange, auch Aix-en-Provence, Grasse, Saint-Paul-de-Vence – auf den Spuren von Picasso – und dann Nice. Des Nachts saßen wir unter den Platanen und debattierten mit den Schauspielern über das TNP, über »George Dandin« und den »dritten Richard«, raunten über die Regisseure, plauderten über Jean Vilar – ein traumhaftes Festival im traumhaften, geschichtsverwitterten Avignon.

Drohte uns, siegreich wie wir waren, in der dritten Spielzeit nun das Verdikt des Kritikers Friedrich Luft: »Volle Häuser, geistige Leere …«?

Aber erst einmal stand das Theater leer. Die Stadt hatte schon vor geraumer Zeit beschlossen, in den Turm des Hauses einen neuen Schnürboden einzubauen. Und die – wahrscheinlich überflüssige – Renovierung des Theaterhimmels verzögerte sich um ein halbes Jahr. »Ja, mach nur einen Plan…«, singt Peachum in der »Dreigroschenoper«. Was machen? Das Theater musste geschlossen werden, alle anderen Spielstätten ersetzten ja den Trubel am Offenbachplatz nicht.

Im Stollwerker Annosaal inszenierte Gosch zwar ein hochinteressantes »Nachtasyl«, und George Tabori zeigte in einer Zusammenarbeit mit dem Bochumer Theater – hier war inzwischen eine dicke Freundschaft entstanden, wir besuchten uns gegenseitig – Beckett und ähnliche Texte in der Schlosserei. Und Bondy profitierte sogar vom Schnürbodendebakel. Er hatte nun endlos Zeit für seinen »Macbeth«. Diese Premiere fand erst im Jahre drauf, am 30. Januar, statt, dabei sollte er eigentlich diese Spielzeit eröffnen.

»Stellt doch ein Zelt auf den Offenbachplatz vor das Haus, dann machen wir da drin Theater«, rief ein frecher Schauspieler in die ratlose Ensembleversammlung. Die Zeit drängte, ich dachte rasch an »Leonce und Lena«, eingedenk meines früheren Auftritts als Valerio im Kölner Keller-Theater und meines Schneestücks in Mannheim. Die Besetzung war schnell gefunden, Bondy und der emsige Gosch mussten auf den einen und den anderen Künstler verzichten. Ich legte auf einer kleinen Probenbühne los. Den König Popo spielte ein Idol meiner Kindheit, der kauzige Heinz Schacht. Ich war glücklich mit ihm, wie damals, als ich neben meinem Vater in den Kammerspielen als kindlicher Zuschauer gesessen hatte. Als er sich beschwerte, dass ich ihn nie kritisierte, als Einzigen, machte ich ihm etwas umständlich klar, dass ich das einfach nicht könne ... aus Verehrung und Erinnerung.

»Leonce und Lena« im Zelt war für ca. 10 Vorstellungen geplant – dann aber wurde die traurige Geschichte der beiden Königskinder ein rauschender Hit, sicher vom Zirkuszelt befördert: mit Nebel und buntem Licht, mit Luftballons und Konfetti und mit einem bösen Ende. Die beiden, Leonce und Lena, blieben in einer fatalen Welt allein zurück. Wir fuhren wieder einmal zum Theatertreffen, auch mit »Nachtaysl« von Gosch aus dem alten Annosaal von Stollwerck. Gegen Ende unserer Zeit machte er auch »Woyzeck«, diesen genialen Text. Der Bühnenbildner Axel Manthey baute auf die große Fläche der Kölner Bühne eine meterlange, wild bemalte Wand, die frei im Raum stand, allein an einem äußeren Sessel der ersten Reihe mit einem Scharnier fixiert. Als Woyzeck, dargestellt von dem Schauspieler Circe, seine Marie ersticht, flossen Anna Henkel Ströme von Blut die Beine herunter. Sie taumelte gegen die Wand, die langsam und immer langsamer kippte, um die kleine Anna zu bedecken. Am Ende war sie ganz und gar verschwunden. Niemals zuvor oder danach haben wir jemanden auf dem Theater sich so leicht und endgültig auslöschen sehen.

Sanft wie eine Decke lag die Wand ausgespannt, wie ein großes und weites Tuch auf dem Bühnenboden.

Und welchem Künstler oder welcher Künstlerin waren wir in diesen sechs Jahren zu besonderem Dank verpflichtet, wem gebührte der Kranz? Hans Christian Rudolph als dünner, so aufgeregter »Baal« in Brechts Dachkammer aus der zweiten Spielzeit? Hans Kremer als ungestümer Leonce? Horst Mendroch als Kleschtsch in »Nachtasyl«? Anna Henkel als Marie in »Woyzeck«?

Christoph Bantzer als Jupiter oder der urkomische Wolf-Dietrich Sprenger als Sosias in Kleists »Amphitryon« (der »Spiegel« widmete ihm eine ganze Seite, der Kritiker Karasek war ganz futsch und weg)? So viel Lichter auf der Kölner Bühne – und noch viel mehr!

So bedrängt, wie diese Saison begann, so zufrieden schlossen wir im Juli unsere Pforten, der italienische Sommer wartete mit einem Gastspiel von »Leonce und Lena« in Montecelio. Montecelio, welch ein Name, Himmelsberg, ein kleines Nest auf einem Hügel bei Rom. Dort hatte ein eifriger italienischer Theatermacher, Pino di Buduo, ein kleines Festival aufgezogen. Wir packten also unser Zelt unter den Arm und spielten nahe dem Himmel vor »urbi et orbi«, vor dem Land und der Stadt Rom, unser bittersüßes Märchen.

Ganz besondere Kollegen trafen wir übrigens da oben auf dem Himmelsberg, graziöse Gestalten in bunten leuchtenden Kostümen, poetisch und gewalttätig, grausame Ritter, laut und pathetisch auftrumpfend, leise und seufzend in den Tod sinkend, entfernte Freunde von Preußens Herrn von Kleist: die Pupi Siciliani, mannigfache Mitglieder der uralten Theaterfamilie Cuticchio aus Palermo. Diese großen Marionetten, die an unsere rheinischen Stockpuppen des »Hänneschen« erinnern, auch an die Schattenspiele entfernter östlicher Kulturen, waren umwerfend. Die Familie Cuticchio hatte die lange Reise in das Himmelstädtchen mit den vielen Puppen nicht gescheut, heute trägt der Sohn Mimmo diese Tradition weiter.

Großartige Szenen zeigen uns diese Marionetten,

keine neckischen Streiche und Scherze wie die der Commedia dell'arte, sondern großartige Sagen, Legenden und leidenschaftliche Liebeswirren; Helden und Zauberinnen tanzen über die schmale Bühne. Von Stöcken und Stangen geführt, tanzten sie uns Geschichten aus dem alten Epos des Ariost »Orlando furioso«, eine wahre Fundgrube für die Komponisten der Renaissance- und Barock-Zeit: Vivaldi, Händel, Lully, Rameau, die französischen Meister, und Gluck mit ihren bedeutenden Opern haben sich bei Ariost ihre Stoffe geliehen. Die schönsten Arien Händels wie »Lascia ch'io pianga« erklingen in »Rinaldo«. Die Pupi zeigten uns diese Geschichten auf schmalen Brettern.

Als dann die Sonne über den Hügeln zur Ruhe sank, der Mond über dem kleinen Marktplatz aufstieg, versammelten sich die Einwohner und hockten auf Bänken und Stühlen, auf den Stufen der Häuser und Kirche. Der Maresciallo hatte sein prächtiges Kostüm in den Schrank gehängt und hockte da in streifigem Trainingsanzug.

In die Stille trat dann Mimmo, ein bärtiges Prachtstück von einem Kerl mit einem Holzschwert in der Hand und Holzschuhen an den Füßen, und begann, mittelalterlichen Barden gleich, mit lauter Stimme wunderbare Geschichten aus dem alten Sizilien zu erzählen: cunta storia!

Er flüsterte, rief laut, sang und skandierte, fiel in den Rhythmus seines Dialektes, stach und hieb mit seinem Schwert in die Luft, focht mit unsichtbaren Gegnern und streckte sie bös nieder. Dazu sprang er und marschierte, seine Holzschuhe gaben den klappernden Ton an, riefen

Pferdegetrappel auf das Pflaster, und er steppte im Siegestriumph wie Fred Astaire.

Spät in der Nacht, als wir von Hitze, Büchner und Mimmos Performance nach Hause schlenderten, konnten wir durch die Fenster des Schulhauses sehen, wie der alte Cuticchio seine Puppen, die dort in Reihen hingen, einzeln mit bunt bestickten Tüchern bedeckte, mit jeder einige Worte wechselte und dann in der Tür stehend, bevor er das Licht löschte, noch allen ein »Bona notti figghia mia« zurief. Das heißt so viel wie: »Gute Nacht, meine Kinder«.

Die »Pupi« waren für viele von uns ein grandioses Erlebnis, so graziös und einfach. Es brauchte nicht viel zum Theaterglück, sich in die angeberischen Helden an ihren Stäben und Stangen zu verlieben. Addio, ihr lieben Freundinnen und Freunde, Mimmo und alle deine Kombattanten, â presto!

Warum macht das keiner in unseren kühlen Breitengraden? Vielleicht auf einem Marktplatz in der hohen Eifel oder nahe der Heiligen Stadt Köln im Oberbergischen Land. Zwischen den geduckten Schieferhäuschen könnte doch der allseits bekannte Schauspieler Martin Wuttke stehen und mit Trommeln und Waffen das ganze tolldreiste Nibelungenlied erzählen – welch eine sehr anregende Vorstellung!

Oder der wilde Ben Becker widmet sich Tristan und Isolde! Eine zu schöne Vorstellung gäben die beiden im schönen, bunten, deutschen Spätsommerwald …

Die Hälfte der Kölner Zeit war vorüber, das wusste ich freilich da noch nicht. Aus Hamburg kamen freundliche Andeutungen, klammheimliche Überlegungen, ob ich mir nicht vielleicht Gedanken über das Thalia machen wollte. Ich kannte das Haus mittlerweile durch meine Inszenierungen dort sehr genau, bis in das kleinste Detail, und konnte mir einiges vorstellen. Aber ich war Intendant in Köln, und Peter Striebeck war Intendant am Thalia. Er war einer meiner Lieblingsschauspieler dort am Raboisen.

Unsere letzte gemeinsame Arbeit bei Boy Gobert war ein Juwel des absurden Theaters gewesen, vom eigentlichen Erfinder dieser Spezies, von Eugène Ionesco: »Die Stühle«. Ein altes Ehepaar wartet auf einen Redner, der ihm die Welt erklären soll. Sie richten den Saal für den Vortrag ein und kramen dazu ihr Leben und alle möglichen Sitzgelegenheiten zusammen. Gegen Ende schreit der Mann dieses tiefsinnigen Blödsinns, gespielt von Striebeck, seine Frau, das Köttelchen, gespielt von einer versehrten Ingrid Andree mit Lederbein und grauer Glatze, wie in einem Nervenzusammenbruch zusammen und fordert immer wieder: »Stühle, Stühle, Stühle!«

Während der Vorstellung war aus dem Zuschauerraum auf diesen Ruf hin eine soignierte Herrenstimme ertönt: »Hier werden gleich zwei frei, Herr Striebeck!« Stracks stand der Zuschauer auf und verließ das gastliche Haus. Und viele folgten dem freigiebigen Herrn.

Auf einem Konzert von Herbert Grönemeyer in der Schlosserei traf ich Susanne, eine Studentin, die Germanistik und Englisch studierte und sich bei uns als Hospitantin bewarb. Ich war von ihr begeistert und engagierte sie. Bald darauf wurde viel mehr daraus, und wir zogen zusammen, für immer. Das tat mir gut nach den vielen Jahren der strindberg'schen Ehekämpfe. Wir zogen zusammen in einen prächtigen Gutshof am westlichen Rand von Köln. Und heute, über 40 Jahre später, leben wir auf einem großen Hof nahe Hamburg an der Elbe mit Katzen, Hühnern und Pferden. Ohne Susanne wäre ich nur halb. Wie oft hat sie mich später, als die Krankheiten sich häuften, gerettet, unablässig, ohne Vertun, mit Herz und Tat.

Eines freilich bekümmerte mich tief: Die Arbeit in Köln wuchs mir über den Kopf. Hauptlast war die Gestaltung, die Planung des Spielplans. Die Vorlieben der Regisseure für bestimmte Stücke bzw. Autoren und Autorinnen passten zu selten mit unseren Plänen am Offenbachplatz zusammen. Hatten wir uns endlich für ein Stück entschieden, begann mit schöner Sicherheit das Geraufe um die Besetzungen. Ich hatte mir zur Aufgabe gesetzt, mit jedem unserer Schauspieler einmal selbst gearbeitet zu haben – auch wenn einige Äpfel besonders sauer waren –, damit ich für Besetzungsgespräche gerüstet war. Mancher Regisseur verließ sich auf mich, andere waren besonders störrisch. Der Kollege Gosch war in diesen Diskussionen ein bemerkenswerter Holzkopf. Diese Querelen und Kämpfe fanden schon ein Jahr vor der Drucklegung der Pläne im Frühjahr statt.

Dann schlug auch noch die Stunde der Dramaturgen, die sich durch genaueste Kenntnis von Autor, Stück und dessen historischen Hintergründen hervortaten. Sie waren mir aber viel wichtiger als Aufpasser, Schaffner, Dompteure der Produktion. Sie sollten mir stets Rapport erstatten, wie die Arbeit an den verschiedenen Produktionen sich entwickelte. Auch die Schauspieler hatten das Recht, sich zu melden, wenn aus ihrer Sicht etwas auf die schiefe Ebene geriet. Das geschah manchmal erst bei den allerletzten Abläufen, sodass ich mich dann mit auf die Proben setzte.

Ich liebte solche Probenbesuche, betrachtete ich doch jede Produktion, ob gelungen oder nicht, auch als Teil meiner Arbeit. Klappte die Aufführung nicht, war ich ebenso mitverantwortlich wie im Falle eines großen Erfolges. Ob ich nicht eifersüchtig sei, wurde ich oft gefragt, wenn in Köln und später in Hamburg, Salzburg, bei der Triennale andere Regisseurinnen und Regisseure Erfolge feierten. Das war nie der Fall, immerhin waren sie ja bei mir tätig, auf meinen Vorschlag hin. Ich war eben stets auch ein Teil aller dieser Arbeiten. Immer und bei allen Belangen ansprechbar zu sein, für jedermann im gemeinsamen Haus, ob Künstler oder Techniker, war mir wichtig, und alle waren mit ihren Sorgen gleich.

Als »Pinky«, ein immigrierter Techniker aus Nordafrika, in Köln auf meinem Sofa saß und bittere Tränen über seine untreue Frau weinte, habe ich begriffen, wie sehr er, sonst so fröhlich, mich brauchte – als Schulter und Trost. Als ich Jahre später in Bayreuth arbeitete, sprang er mir plötzlich entgegen, es war sein Ferienjob, er rief laut »Willkommen« und umarmte mich.

Ich erfuhr damals aber auch, dass Macht Zustimmung, Nähe und Anerkennung bewirkte. Ich lernte, auf welch tönenden Füßen all dieses daherkam. Und doch genoss ich die Abende in den Kneipen mit Schauspielerinnen und Schauspielern in fröhlicher, alberner Runde, Lachen und Witze, Sottisen und Spott; auch die ausufernden Feiern nach den Premieren, wenn wir nach Walzerklängen unsere Runden drehten und ich angeheitert auf Tischen balancierend zu Lobreden anhob. War das nicht eine verdiente Belohnung für die ganze Plackerei und das Gebrassel am Offenbachplatz? Und dann der kölsche Fastelovend! Unvergesslich, wie wir am Donnerstag, dem Wieverfastelovend, in der Damenschneiderei schwoften und lauter kölsche Lieder sangen.

Was mir aber als Regisseur in meinem Seelenleben immer mehr fehlte, war die kostbare Zeit für die Vorbereitungen auf meine eigene Regie-Arbeit, auch Zeit für die Lektüre neuer Texte. Früher saß ich wochenlang am Schreibtisch und machte, wie bei »Eduard II.«, ausführliche Studien, dann kam es zu ausführlichen Treffen mit Dramaturgen, Bühnenbildnern und Kostümbildnerinnen. Das waren Debatten wie bei einem Seminar, mit Empfindlichkeiten und Streitereien: Wie sieht der Schwerpunkt unserer Inszenierung aus, in welche historische Periode wollten wir eintreten? Fassungsfragen, Besetzungsprobleme, musikalische Ebenen. Oder: Wie weit wollen wir uns vom vorliegenden Text entfernen? Gibt es vielleicht ganz neue Schwerpunkte zu setzen? Wie viel Kommentar verträgt ein Autor?

Selbst die Wochenenden waren in einem ausufernden Betrieb wie dem Schauspiel Köln schon vergeben, zumeist mit Premieren. Ich habe in Köln lernen müssen, dass so weit oben zu sein, oft auch bedeutet, ziemlich einsam zu sein. Ja, ja, witzelte Volker gern, auch der Olymp ist einsam ohne Liebe ... Das sollte von Kleist sein. Oder wie Otto Schenk Nestroy zitierte: »Ich fühlte mich viel weniger einsam, als wenn ich allein bin.« Das war mir freilich zu misanthropisch.

Dann: Am Vormittag probieren, am Nachmittag regieren und am Abend – schon ziemlich müde – wieder probieren, dabei hellwach sein und besonders gut gelaunt den Schauspielern gerecht werden, stets mit innerer Unsicherheit, ob ich auf dem richtigen Weg bin.

Die Doppelrolle hatte aber auch einige unschätzbare Vorteile. Der Regie-Intendant lernt schnell das gesamte Haus kennen, er fährt wie mit einem Aufzug von oben bis zur Unterbühne an allen Abteilungen vorbei und weiß – im besten Falle – um alle Probleme der Verwaltung, Technik und Werkstätten.

Schauspieler sind dabei als vornehmste Partner des Regisseurs einzigartige Geschöpfe: Sind sie doch beides gleichermaßen, Produzent und Produkt einer Aufführung.

Von Hans Schweikart habe ich gelernt, mit Schauspielern sorgfältig und behutsam zu verfahren. Sie sollten einfach das, was sie abends auf den Brettern darstellen, gerne und überzeugt tun.

Nach einer umjubelten Premiere kam ich noch außer Atem auf die große, nun leere Bühne des Schauspielhauses – die Luft war noch voller Energie und Erfolg –, und da stand sie und schaute sich suchend um. Mein Herz setzte kurz einmal aus, das war die schönste Frau, die je auf unseren Brettern gestanden hatte. Was machte sie da? Als wäre sie aus dem Schnürboden auf Erden geschwebt, ein Traum.

Die anschließende Premierenfeier von Robert Wilsons »Civil Wars« hatte in der Schlosserei begonnen. Dort wandte sich die schöne Dame an mich, ich stand starr und stumm. Ich kannte sie schon lange aus Geschichten und von Fotos: Bianca Jagger! Wo denn Mr. Wilson zu finden sei, fragte sie. Ich fand mich wieder, nahm sie an den Arm und führte sie. Hochgezogene Augenbrauen begleiteten unseren Auftritt. Bob Wilson stand auf der Treppe und hielt eine Ansprache. Er grüßte Bianca und Jürgen und bedankte sich mit riesigen Pausen, in denen die Feier fast versank, bei allen Beteiligten für diese tolle Arbeit. Bei »Black Rider« später in New York sah ich sie auf dem Premierendinner wieder und in Salzburg bei Thaddaeus Ropac, dem bewundernswerten Galeristen.

Nachdem Wilson beim »Theater der Welt« mit »Man in the raincoat« gastiert hatte, erzählte er uns von einem großen Projekt, dessen deutschen Teil er in Köln aufführen wollte: »Civil Wars – a tree is best measured when it is down«. Anlässlich des »Bicenntaniels«, der Feier zum zweihundertsten Geburtstag der USA, wollte er in mehreren Ländern die US-Geschichte auf seine Weise thematisieren. Heiner Müller sollte ihn beraten, Müller, der begnadete Mitmacher. Es sollte die bislang größte Unternehmung des Schauspiels Köln werden.

Wir überlegten nicht lange, hatten wir doch alle »Einstein on the beach« erlebt. Allerdings ahnten wir, was da auf uns zukommen würde, die ultimative Herausforderung. Im üblichen Betrieb unseres Stadttheaters würde solch ein Monsterprojekt nicht funktionieren. Und ob unser Geld ausreichte? Schnell rechneten wir aus, dass zusätzliche Mittel vonnöten waren!

Warum denn Volker nicht zu seinen alten Kameraden vom WDR ginge, rief Ludwig in die Runde. Ja, geh betteln, Volker, riefen wir alle im Chor. Das tat er und hatte tatsächlich Erfolg. Aber wir hatten alle eine Ahnung von den ungewöhnlichen Arbeitsbedingungen des Großmeisters aus Waco in Texas. Wie sollten wir das bewältigen? Wir müssten die Bühne freiräumen, wie lange wohl? Könnte man trotzdem abends spielen? Wohl kaum! Wann soll's denn sein? »Please January!« So schwirrten die Überlegungen durch die Lüfte, und manche Tür flog zu. Peng!

Schließlich schlug ich den »Civil Wars«-Knoten entzwei: Wir machen das Haus einfach drei Wochen zu! Basta!

Wilson konnte mit seinem Zauber beginnen, und es wurde ein Abend voller Wunder, mit der betörenden Musik vom »Einstein«-Komponisten Philip Glass.

Regie, Bühne, Licht: Wilson. Kostüme: Yabara. Ingrid Andree spielte den Preußenkönig Friedrich den Großen. Die zierliche Anna Henkel und die flirrende Ilse Ritter waren dabei, und ganz viele andere wie Georg Peter-Pilz, Fred Hospowsky, die alten Herren, und Rainer Philippi. Auf zum Theatertreffen!

Auf meiner Liste standen noch einige herausfordernde Stücke, die ich nun ohne Scheu abarbeitete. Es begann mit »King Lear« vom Shakespeare! Der »Eduard« im Thalia von Marlowe 1974 war meine erste Annäherung an diese ursprüngliche elisabethianische Theaterwelt gewesen, in der es bloß um Wirkung und Zuschauer ging, und das mit Schnelligkeit, ohne psychologische Begründungsgrübelei. Es gab in dieser Epoche kein Bühnenbild, selten Kostüme, allein die Kraft der Schauspieler machte den Erfolg. Die Konkurrenz in dieser Epoche war groß, das nächste Theater war nur einen Steinwurf entfernt, da hieß es sehr wach sein und Text abliefern, die alten Lieder und Witze wieder aufwärmen, immer zum Vergnügen der Einwohner von London.

Alles das wusste ich natürlich und konnte es doch nicht, die Versuchungen in den Stücken des großen William für Bühnenbildzauber und Kostümwandel sind zu verführerisch für Vollbluttheaterfritzen. Also: Lear, elisabethanisches Hochgebirge. Das alte Stück ist in vielerlei Hinsicht ein Modell für viele andere Theaterstücke: der Generationenkonflikt, die Machtspiele, die Kriege, Vaterliebe, Zerstörung und Verderb der Guten und der Bösen … Am Ende angekommen, bleibt alles leer und ohne Hoffnung. »Wir haben das Beste unserer Zeit gesehen«, sagt Gloucester, der Blinde, zu Lear, dem Blöden.

Danach kam der Uhrmachermeister der erbarmungswürdigen Menschenkinder, der Doktor und Herzensoperateur Anton Pavlowitsch Tschechow. Zwei seiner Stücke standen in Köln auf dem Spielplan, beide solche

Meisterwerke, dass ich immer wieder voller Staunen bin. »Onkel Wanja« hatte ich mir für die erste Kölner Saison vorgenommen – als Melancholiker, wie Canaris das ein übers andere Mal in seinen Bart murmelte.

Der unerbittliche Zeitfluss in diesem Stück, der ewig gleiche Sommer auf dem Gut, der Schrecken vor den langen Wintermonaten, die Ausweglosigkeit und Endgültigkeit: Wenn die letzten Worte angeschlagen sind, wie eine Coda: »Sie sind weg...«, stellt sich der ganze Jammer einer verlorenen Gesellschaft ein. Die fleißige Sonja versöhnt ihr Schicksal mit dem ihres kreuzunglücklichen Onkel Wanja dort am Rande der Welt. Im Himmel sind dann alle Zwänge verflogen und »wir werden ausruhen« ... Tschechow, welch ein Seelenmaler, auch in »Kirschgarten«: der zwitschernde Auftritt der Ranjewskaja, zurück aus dem brausenden Paris auf dem Gut ihrer Kindheit. Bis zum dumpfen Abholzen des Kirschgartens können diese Menschlein ihr Schicksal nicht in die Hände nehmen, selbst die drängende Liebe zwischen der zerbrechlichen Warja und dem robusten Lopachin bleibt ungesagt und unerfüllt.

Der alte Firs bleibt im Gut zurück, die Kirschbäume weichen den künftigen Parzellen des Lopachin, gewöhnlicher Wohnraum für eine andere, bürgerliche oder proletarische Zukunft.

Wieder im Thalia!
1985–2000

Die Kölner Zeit, die fröhlichen Jahre eines theatralischen Aufbruchs, endete ein wenig ernüchternd. Die Bürokratie der Genossen zierte sich, und die christlichen Demokraten wollten die Frechdächse am Theater erst recht nicht mehr. Peter Nestler, der Dezernent für alle kulturelle Kölner Angelegenheiten, konnte sich nicht durchsetzen. Inzwischen gab es freilich schon konkrete Anfragen aus Hamburg. Peter Striebeck wollte sich wieder seinem eigentlichen Beruf widmen und sich von dem täglichen Mühsal der Intendanterei zurückziehen.

Die nette Hamburger Senatorin, Helga Schuchardt, fragte nach meinem Interesse. Wir trafen uns in einem italienischen Restaurant in Altona und besprachen uns. Zurück in der Domstadt teilte ich Peter Nestler sogleich mit, dass ich mit den Hamburgern verhandle. Nun waren die Kölner beleidigt ... eine bemerkenswerte Reaktion!

»Hamburgs gute Stube« wurde das Thalia Theater in der Hansestadt genannt. Schaut man alte Abbildungen des Hauses an, versteht man dies gut. Aber in den Zuschauerraum war leider eine britische Bombe hineingekracht und hatte ihn komplett zerstört. Allein das Eingangsfoyer war gerettet worden. Ganz aus poliertem braunem Holz, ist es von feinem Geschmack. Auch der sogenannte »Teeraum« im ersten Geschoss hat in seiner alten Form und Ausstattung überlebt. Dann kam der Wiederaufbau. Der Architekt des alten Hauses hieß Kallmorgen, dann kam aber sein Sohn, ein schwacher Baumeister, der vielleicht seinem Vater zeigen wollte, wie man zeitgenössisch baut. Der Zuschauerraum ist ein hässliches Bauwerk geworden. So kann man bis heute unansehnliche Fifties begutachten, anders als das Schiller Theater oder gar das Bochumer Schauspielhaus.

In seiner Grundausrichtung aber ist das Thalia seit den Neubauten 1836 und 1960 stets unverändert geblieben. Das Verhältnis von Bühne zum Zuschauerraum ist geradezu ideal. Das Theater ist kurz und die Bühne nicht zu breit. So sind die Schauspieler – im Vergleich zum Schauspielhaus an der Kirchenallee – in entspannter Nähe zum Publikum. Sie kommen ohne sprachlichen Druck aus. Auf der Bühne kann man das kleine Konversationsstück wie auch die großen Klassiker wie Schiller oder Goethe und besonders die atektonischen Stücke von Shakespeare und Zeitgenossen spielen. Everything goes, auch die großen Theaterzaubereien von Robert Wilson und seinen musikalischen Partnern wie Tom Waits oder Lou Reed, moderne, aufregende Musicals. Ähnliche ideale Proportionen findet man übrigens auch im »Deutschen Theater« in Berlin, am Schiffbauerdamm, im Wiener Akademietheater oder in der Züricher Oper.

In Hamburg gab es freilich großen Unmut über meine Bestellung: Christoph von Dohnanyi, der Chef und Dirigent der Hamburger Staatsoper, hatte mir Anfang der 80er-Jahre angeboten, Offenbachs »Hoffmanns Erzählungen« zu inszenieren. Das hatte mich gefreut – eine feine Aufgabe. Der Bühnenbildner Glittenberg, seine kluge Frau Marianne und ich hatten zuerst überlegt, die ganze, doch ziemlich willkürlich zusammengestellte Szenenfolge in einem alten, zerstörten Opernhaus spielen zu lassen. Inmitten der Trümmer sollte Hoffmann, der Dichter, verkommen dahinleben, im Alkohol versunken, nur noch von den Dämonen seiner Erinnerungen heimgesucht. Dann legte mir meine Mitarbeiterin Karin Bock die Besprechung einer »Hoffmann«-Aufführung in Stuttgart auf den Schreibtisch: Dort spielte die Oper in einem alten, zerstörten Opernhaus ... wie peinlich!

Also hatten wir unsere Aufführung flugs umgebaut.

Nun lag da der arme Hoffmann – brillant gesungen und toll gespielt von einem jungen Tenor aus Brooklyn, dessen Vater dort Kantor an der Synagoge war, Neil Shicoff, der bald danach eine Weltkarriere machte – umstellt von leeren Weinflaschen in einem Krankenbett. Ein desolater Künstler in einem leeren Saal, im Hintergrund ein riesiges Fenster, das auf eine Hinterhofwand ging. Große, gläserne Schränke mit Lebensmittelresten standen an den Wänden. Und immer wieder kommen durch die Saaltüren und das große Fenster neue Figuren mit ihren Geschichten: die traumatischen Begegnungen mit Hoffmanns drei angebeteten Geliebten, der Maitresse, der Künstlerin und der Puppe, der perfekten Schönheit. Wie eine böse Teufelsfigur steht der Widersacher als Beobachter immer dabei. Das waren sehr ungewöhnliche

Regie-Überlegungen, bei der der junge geniale Tenor mit Witz und Intelligenz begeistert mitmachte. Die Sänger waren alle leidenschaftlich bei der Sache, endlich mal etwas anderes als der sonstige übliche Plüsch und die kitschigen Girlanden der repräsentativen Opernästhetik.

Als bei der schunkeligen Barkarole der Chor aufgereiht nach vorne schritt und es zu allem Überfluss noch schneite – Schnee in Venedig, des Touristen Sehnsuchtsort –, rebellierte aber doch das Publikum, das war zu viel! Als ein Smokingträger »Auch das noch« rief, brach der Unmut sich lauthals Bahn. Beim Verbeugen am Schluss schrie das ganze Haus aus voller Kehle, die Buhs deckten die mutigen Bravos zu. So etwas hatte ich bis dato nie erlebt. Es hatte etwas Faszinierendes, wie diese feine Hamburger Gesellschaft außer Rand und Band geriet. Ich ging das eine über das andere Mal vor den Vorhang, ich konnte mich an den Smokings und Abendkleidern in solch wogender Empörung nicht sattsehen.

»Herr Flimm, warum nehmen Sie uns unseren Hoffmann weg?«, fuhr mich so eine Perlenpaula an der Bühnentür an. Was war bloß geschehen? Als wir auf der Premierenfeier ankamen, nahm niemand Notiz von uns. Wir waren ziemlich aufgekratzt, fühlten uns wie aussätzige Parias, wie ausgeschlossen. Aber das war auch schon egal!

Im Vorübergehen hörte ich, wie der Tagesschau-Sprecher Wilhelm Wieben eine Dame des gehobenen Standes besänftigte, nein, der Jürgen ist wirklich ein netter Kerl, sagte er gütig. Wir tranken mit dem Chor das eine und andere Gläschen, bis ich in einer Ecke den damaligen Manager des HSV, den verehrungswürdigen Günter Netzer, entdeckte. Schon etwas unsicher stolperte ich an seinen Tisch. Dass ich ihn bewundere, sagte ich, und ich wollte ihm einmal Guten Abend sagen, ich sei der Regisseur, der eben ausgebuht worden sei, und im Übrigen ein großer Fan von ihm. Seine bezaubernde Elvira neben ihm lächelte mich an – sie hätten nicht gebuht, sondern Bravo gerufen, und sie seien nun Fans von mir. Günter nickte heftig, und so war der Abend mehr als gerettet!

Ich schnappte mir meinen Tenor Neil und eilte hinunter zur Alster auf das Restaurantschiff von Paolino, dem guten Geist und vieler Freunde Freund. Von den dort sitzenden üblichen Verdächtigen wurden wir mit großem Hallo begrüßt und mit lautem Lob bedacht. Rudolf Augstein geizte nicht mit Anerkennung und begann bald zu singen. Shicoff stimmte mit ein, und so feierten wir, bis der Morgen sich auf der Alster breitmachte. »Auf das Ende des Opernmuffls!«, prostete Herr Dr. Karasek uns das ein und andere Mal zu.

Aber der Schock von diesem »Hoffmann« war eben immer noch groß und dauerte für die gebildeten hanseatischen Stände an. Flimm ante portas am Alstertor, der zerstöre doch das Thalia Theater. Die konservativen Hamburger Bürger schüttelten sich. Alle meine vorigen erfolgreichen Regietaten in der guten Stube hatten sie vergessen. Auch innerhalb des Thalia, wo ich zuvor ja wohlgelitten war, bildeten sich Fraktionen. Trotz meiner neun Inszenierungen in der Zeit von Gobert gab es heftige Debatten um den Herrn aus Köln, sein Erfolg am Rhein wurde konsequent ignoriert. Aufkommender Wind an der Elbe ...

Als ich von der Senatorin nach Hamburg zur entscheidenden Sitzung des Aufsichtsrates gebeten wurde, stellte ich ihr die Frage nach einer Mehrheit für mich. Kein Problem, antwortete sie, und ich flog wohlgemut los. Für den Abend hatte ich in Köln eine Probe für den »Faust« angesetzt. Ich wartete im Büro von Peter Striebeck auf meine Vorladung, die Zeit wurde lang und länger. Ich sagte die Kölner Probe ab und begann nervös zu werden. Nach meinem Telefonat machte sich meine Ungeduld breit, und ich kippte aus Versehen die kleine Schreibtischlampe des Intendanten um. Die Sekretärin kam sogleich ins Zimmer gerauscht, stellte das Designer-Gerät wieder auf und tadelte mich sehr streng: »Machen Sie doch nicht jetzt schon alles kaputt, Herr Flimm!« Das saß. Was war bloß los, warum dauerte das so lang? Ich roch Verdruss im Aufsichtsrat.

Endlich kam der Referent und bat mich in das Sitzungszimmer. Dort war die Stimmung angespannt, Schwaden dicker Luft waberten. Ich sei zum Intendanten gewählt, eröffnete mir gut gelaunt die Senatorin. Allerdings mit der Stimme der Senatorin, sagte Herr Kilzer, der Theaterreferent der Behörde, mit protokolligem Ernst. Die anderen wichtigen Herren schauten auf ihre Notizen. Ja, wie denn sonst, dachte ich etwas irritiert. Ja, sagte Frau Schuchardt, es war Stimmengleichheit, da zählt meine Stimme doppelt. Sie schaute fröhlich und couragiert in die finstere Herrenrunde. Schweigen. Ich bedankte mich artig bei der Runde und bedankte mich bei der Senatorin und sauste mit dem nächsten Flieger zurück nach Köln. Dort traf ich meine Theaterfreunde und trank viele kleine Kölsch, mit einigen Körnchen garniert.

In Köln wurden noch die letzten Runden eingeläutet. Ein Intendant und Dramaturg aus Baden-Württemberg wurde mein Nachfolger. Er war leider keine besonders glückliche Wahl, ihm haftete eine provinzielle Arroganz an, er ließ sich nicht helfen auf dem Weg in diese Stadt, obwohl ich ihm eine ganze Reihe von Angeboten machte, bis zu Ratschlägen für seine Verhandlungen mit Schauspielern und Regisseuren. Manche Nachfolger überkommen merkwürdige Anwandlungen. Als gelte alles, was zuvor war, nicht mehr. Plakate werden abgehängt, Vorstellungen verschrottet, alte gelungene Inszenierungen neu produziert. Genug Geld scheint dann zur Verfügung zu stehen. Schauspieler werden gekündigt, neue Spielorte eingerichtet, andere geschlossen. Als ich einmal im Kulturausschuss in Köln ungehalten über meinen Vorgänger gesprochen hatte, wies mich der alte weise Dezernent Dr. Hackenberg zurecht. Tun Sie das nie, über ihren Vorgänger so zu reden, denn erstens war er so schlecht nicht, wie Sie ihn gerne hätten, und zweitens könnte es geschehen, dass Sie ihn nicht übertreffen werden. Das ließ ich mir eine Lehre sein. Und lobte.

Die Band BAP vom Südstädter Wolfgang Niedecken mit seinen Kompagnons von der Kunstakademie hatte ihre ersten Schritte bei uns im Schauspiel Köln getan, mit einem sich stets steigernden Erfolg. Wir waren befreundet und konnten ihre Lieder mitsingen: »Wenn et Bedde sich lohne däät« war mein Lieblingssong zu der Zeit. Ja, wenn!, seufzt da der rheinische Katholik, aber auch der Protestant von der rechtsrheinischen schäl Sick.

Eine der rührenden kölschen Liebesgeschichten ist die von »Jan und Griet«: Jan liebte die Griet, beide waren Knecht und Magd am Kölner Kümpchenshof. Sie aber verschmähte ihn und wollte reicher heiraten, worauf er in den Krieg zog, der ganze dreißig Jahre währte. Als General ritt er zurück in seine Heimatstadt, am Eigelsteintor zügelte er sein stolzes Ross. Da saß im Schatten des verwitternden Gemäuers eine alte Frau und verkaufte Äpfel. Jan traute seinen Augen nicht: »Griet«, rief er. Die alte Frau schaute auf und lächelte ihm ein erstauntes Erkennen zu. Der prächtige General gab seinem Pferd die Sporen: »Griet, wer dat jedonn hätt«, sagte er in schmerzensvoller Erinnerung. »Ach Jan«, erwiderte sie mit ihrem immer lieblichen Antlitz: »Ach Jan, wer dat jewoss hätt.«

Zu dieser berühmten Kölner Geschichte schlossen Niedecken und seine BAP-Band mit dem Schauspiel einen Vertrag über ein kölsches Musical. Jeschwadt, jetan, Lob, Lachen und Schulterklopfen! Die BAPs machten sich sogleich ans Werk und schrieben Texte und Musik. Leider kam es wie so oft bei Auftragsarbeiten zu Verzögerungen. Inzwischen war BAP berühmt und füllte immer größere Säle. Ich war inzwischen Hamburger geworden und musste schweren Herzens »Jan und Griet« zurücklassen, als ich an die Elbe wanderte.

Als ich meinem Nachfolger von unserem schönen Plan erzählte, runzelte er die Stirn wie ein Arzt nach einem bösen Befund. Er hielt mich augenscheinlich für einen hoffnungslosen rheinischen Folkloristen und schüttelte streng den Kopf.

Ich fuhr nun öfter nach Hamburg und hielt bald eine Ensembleversammlung mit den Schauspielern, die mich ziemlich reserviert empfingen, ab. Es gab keine langen Schmusereien. Aber nun, liebe Leute, sagte ich, finge etwas Neues an. Und ich erwartete wohl, dass die Kollegen, die gegen mich gewesen seien, nun auch die Würde hätten, ohne große Formalien zu gehen – was tatsächlich geschah.

Stattdessen lud ich zahlreiche Kölner Kollegen an das Thalia ein, fuhr ein bisschen durch die Lande und hielt natürlich auch einigen alten Kollegen die Treue: Katja Matz, Manfred Steffen, Günther Heising und andere. Striebeck spielte später Kleists Richter Adam und den Narren Probstein in Shakespears »Wie es euch gefällt«. Ich war sicher, dass unsere Kölner Direktion zusammenbleiben sollte, aber Volker Canaris hatte dann doch andere Pläne. Er leitete anschließend zehn Jahre das Haus in Düsseldorf, eine nervenaufreibende Aufgabe. Später, in unseren beiden letzten Jahren am Thalia, kam er zurück zu uns. Ich hatte Volker in all diesen nordischen Jahren sehr vermisst, seine zugeneigte Art und seine Aufrichtigkeit, sein entspanntes Laisser-faire, seine Intelligenz, die ihm erlaubte, fünfe gerade sein zu lassen. Er war ein rechter Freund.

Die beiden letzten Kölner Saisons waren aber, trotz aller Abschiedsschizophrenien, immer noch sehr zufriedenstellend. Jürgen Gosch war inzwischen ein von Publikum, Kollegen und, oho!, auch den Kritikern bewunderter Künstler geworden. Es war für mich nicht ganz einfach, ihn in der Logik einer solchen betriebsamen Stadttheater-Institution festzuhalten. Er war sehr sprunghaft, auch unzuverlässig in den Verabredungen, aber ich konnte ihn letztlich immer, wenn auch häufig mit viel Geduld und Gelassenheit – nicht meine herausragenden Tugenden –, von unserem System überzeugen.

Jürgen machte zu dieser Zeit selten schöne Theaterabende, die mir und vielen unvergesslich geblieben sind, in erstaunlicher Zusammenarbeit mit dem geniösen Axel Manthey, der wie wenige seiner Kollegen eine ganz eigene Bilderwelt erschuf, reduzierte farbige Formen, abseits des damals Üblichen – den dekorativen Kopien realer Welten –, wie die endlose Treppe im »Menschenfeind«, die sich aus dem Orchestergraben nach weit oben drehte, oder die große »Woyzeck«-Wand.

Jürgens größter Erfolg – auch untrennbar verbunden mit Manthey – war der »Oedipus«. Ein Kunststück! Mit großen Schauspielern – Ulrich Wildgruber, Elisabeth Schwarz, Hans-Christian Rudolph, Horst Mendroch, Stephan Otto Bissmeier, Peter Siegenthaler, Walter Stickan. Die Faszination dieser genialischen Aufführung waren die Masken. Manthey hatte verschiedene Arten entworfen, sie waren so beeindruckend, dass die Zuschauer den Eindruck hatten, sie veränderten sich mit dem Verlauf des Textes von Sophokles. Das war wahrlich fantastisch und wurde allüberall gezeigt und geehrt mit vielen Preisen! Sicherlich war diese Aufführung eine der Höhepunkte der Kölner Jahre.

Was blieb von diesen Jahren, die zu rasch vorbeigerauscht sind? Der Enthusiasmus der Macher und Zuschauer, die Festivals, die Entdeckung des großen und noch jungen Robert Wilson als Regisseur für unser eigentlich doch biederes Stadttheater? Waren es die Siege der Kunst über die allseits gefürchtete Bürokratie und die engen technischen Zwänge? War es die Versöhnung mit dem Publikum? Der Gang in die Stadt, in ihre Ecken und Plätze? Waren es die strukturellen Errungenschaften, die für die Frauen erfolgreich geführte Gagendebatte, die überfälligen Angleichungen? Viele Frauen haben zum ersten Mal in Köln inszeniert, zehn an der Zahl, in diesen Zeiten immer noch ziemlich unüblich.

Die hochbegabte junge Regisseurin Andrea Breth war von allem Anfang dabei. Mit einem festen Vertrag ausgestattet, sollte sie in der Leitung mitarbeiten. Sie aber zog eine von allen institutionellen Zwängen freie künstlerische Arbeit vor. Sie wurde eine grandiose Regisseurin, wichtig für uns alle. Später arbeiteten wir wieder zusammen, z.B. bei der erfolgreichen Aufführung »Eugen Onegin« mit Daniel Barenboim am Pult in Salzburg.

Verabschiedet habe ich mich aus der so beglückenden Zeit am Rhein mit einer sehr barock anmutenden »Jungfrau von Orleans« von Schiller, die Aufführung hatte in der katholischen Stadt großen Zulauf. Zum guten Ende gab es eine große Party auf allen Etagen. Kurz vor dem endgültigen Aufbruch ließen die lieben Kollegen von der Technik ein Schild der Deutschen Bundesbahn aus dem Schnürboden niederschweben. Darauf stand: »Kölner! Alle zwei Stunden fährt ein Zug nach Hamburg«.

Die Geschichte der Hamburger Theater ist lang und beginnt früh. Das älteste Theater, am Gänsemarkt, war die heutige Oper, hieß Stadttheater und war 1765 das erste von Bürgern errichtete Haus. Hier wirkte Lessing und schrieb 1796 seine »Hamburgische Dramaturgie«, zur neuerlichen Lektüre empfohlen. Das Thalia wurde wohl 1893 gegründet, da variieren allerdings die Angaben. Zur Wende des vorvorigen Jahrhunderts zählte die Stadt an die zwanzig Theater. Jahre später, in den Dreißigern, gab es immer noch, mit Kinos, siebzehn Häuser. Die Nazizeit überdauerte das Thalia in geduckter Haltung. Der Schauspieler Peter Danzeisen, ein beliebtes Mitglied unseres Ensembles, fand heraus, dass im Thalia Theater zu dieser Zeit im Keller oder auf dem Schnürboden gefährliches Gut versteckt war: das Archiv der illegalen KPD.

Wir brachten auf Vorschlag von Danzeisen neben dem Eingang eine zweisprachige Tafel an, die auf diese Heldentat hinwies: »Im Thalia Theater versteckte der Bühnenbildner Otto Gröllmann während der nationalsozialistischen Herrschaft im Oktober 1942 das Archiv der kommunistischen Widerstandsorganisation um Bernhard Bästlein, Franz Jacob und Robert Abshagen. Diese größte Widerstandsgruppe in Hamburg bestand aus ca. 200 Mitgliedern, die in über 30 Betrieben und Werften organisiert waren. Der Widerstand konnte bis Mai 1945 aufrechterhalten werden. 70 Frauen und Männer wurden von den Nationalsozialisten ermordet.« Die Tafel hängt heute noch, schließlich ist Hamburg die Stadt Ernst Thälmanns, der in Buchenwald umkam.

Das Thalia wurde am 14.5.1945 durch mehrere Bomben zerstört. Das langjährige Ehrenmitglied des Thalia, Willy Maertens, wurde nach den Nazijahren beauftragt, das Theater wieder zu beleben. Seine Frau Charlotte, eine jüdische Schauspielerin, hatte er durch die Jahre des »3. Reiches« gerettet. Er ging mutig ans Werk und man begann, unter anderem im Gymnasium in der Schlankreye und in einem alten Saal im Besenbinderhof, wieder zu spielen. Das Thalia selbst wurde notdürftig wieder eingerichtet, die Schauspieler spielten auf einem Podest im Zuschauerraum, es waren kalte Zeiten. Dann betritt der Mäzen Kurt Körber die Ruine am Alstertor.

Körber hatte viel Geld mit Erfindungen verdient: die Zigarettenwickel- und Zigarettenstopfmaschine, bald mit vorgeklebtem Filter. Seine letzte Maschine, die er mir einmal stolz vorführte, spuckte in der Minute 6000 Zigaretten aus ... Er soll, so erzählt man, Ende der 50er ein leeres Blatt Papier mit einem Strich in der Mitte versehen haben. Oben links schrieb er »Körber« und oben rechts 100.000. Mit diesem wertvollen Papier sei er durch die Hamburger Unternehmen gegangen und habe so in der oberen Hälfte 3 Millionen Spenden beigebracht. Damit eilte er ins Rathaus und legte es auf den Schreibtisch von Bürgermeister Brauer: »Und du, Max, zahlst die andere Hälfte!« Also wurde das Thalia Theater für 6 Millionen wieder aufgebaut und am 3. Dezember 1960 wiedereröffnet. Willy Maertens inszenierte Shaws »Die heilige Johanna« mit Luitgard Im. Ein Herr Raeck wurde sein Nachfolger und leitete das Theater zusammen mit dem Berliner Renaissancetheater. Das ging nicht gut und nicht lange. Dann kam von der ehrwürdigen Burg in Wien der junge Schauspieler und Regisseur Boy Gobert, ein Hamburger Junge und Senatorensohn, und blieb elf erfolgreiche Jahre. Er führte das Theater in moderne Zeiten. Er war ein empfindsamer Künstler, eitel und treu, zuverlässig und schnell gekränkt.

Meine Thalia-Jahre waren eine erfüllte Zeit, schon die ersten Jahre mit herausragenden Produktionen. Am Schauspielhaus in derselben Stadt war inzwischen Peter Zadek auf den Intendantensessel geplumpst.

Canaris war leider, wie erwähnt, als Intendant in Düsseldorf geblieben, Ludwig von Otting ging aber mit ans Thalia, Hamburg war auch seine Lieblingsstadt. Er stand als Geschäftsführer lange und unersetzlich an meiner Seite. Auch die unermüdliche Karin Bock war wieder »mein Büro«. Und ich? Ich hatte mir immer das Thalia gewünscht, das kleine Haus passte zu mir.

Als ich Anfang der Siebziger zum ersten Mal in Hamburg gewesen war, hatte ich den Germanisten Professor Manfred Brauneck kennengelernt. Er baute an der Hamburger Universität einen Schwerpunkt Theater auf und kümmerte sich um die Theatersammlung. Immer schon wollte ich – von eigener leidvoller Erfahrung bestimmt – eine Ausbildungsstätte für Regisseure entwickeln. In Brauneck fand ich einen kenntnisreichen Gesprächspartner, der ähnlich dachte, ein sehr kluger Kopf. Die Sache war aber dann im Sande verlaufen. Als ich nun 1985 zurückkam, nahmen wir unsere Gespräche wieder auf.

Als ich als junger Theaternarr Regisseur werden wollte, hatte ich mich nach einer Ausbildung umgesehen und war nicht fündig geworden, ob nah, ob fern. Allein in der DDR gab es so etwas, das freilich war mir zu dogmatisch und viel zu fern. Der Weg zum Theater oder gar zum Film führte allein über Assistenzen bei alten Meistern. Solche Stellen gab es aber nicht viele, Beziehungen mussten den Weg dahin ermöglichen oder zumindest begleiten. Meine zufällige Begegnung beim WDR mit Hans Schweikart, dem ehemaligen Intendanten der Kammerspiele, ist ein solches Beispiel. Die deutsche Kultur- und Unterhaltungsindustrie, die nach dem Krieg einen enormen Aufschwung genommen hatte, mit Milliarden staatlicher Unterstützungen, leistete sich noch bis in die 70er-Jahre, ohne eine Ausbildungsstätte für Regisseure, Produzenten, Intendanten auszukommen. Das gesamte Wissen um diese höchst komplizierten Berufe wurde der Praxis überlassen, learning by doing. Ein höchst zweifelhafter Luxus, eigentlich unbegreiflich.

Der kluge Brauneck ging nun ans Werk und organisierte die Grundlagen für ein Institut für Schauspielregie. Wir hatten beide die Idee, mit dem Opernregie-Zweig an der Musikhochschule und mit dem neuen Filminstitut von Hark Bohm zu kooperieren und die Abteilungen zu einer integrierten Ausbildung zusammenzufügen. Diese sinnvolle Idee scheiterte an den Interessen der anderen beiden Leiter, Hark Bohm und Götz Friedrich von der Oper.

Als ich viele Jahre später in den Hochschulrat der Berliner Universität der Künste gebeten wurde – eine der größten Hochschulen dieser Art –, gab es fast das entgegengesetzte Problem: inzwischen hatten sich zahlreiche Ausbildungsinstitute für Musik, Theater und Film in Deutschland etabliert, vielleicht schon zu viele? Mein Vorschlag war: man solle doch einmal erheben, wer von den Diplomanden nach dem mehrsemestrigen Studium in dem hier erlernten Beruf überhaupt arbeitete. Das nennt man Evaluation. Der Präsident, ein Gitarrist, geriet sogleich in Wallung, so eine Untersuchung habe es schon gegeben. Ich bat um dieses Papier, bekam es nicht, stattdessen wurde ich bei nächster Gelegenheit an die Luft gesetzt. Ich war in diesen Rat wegen meiner Erfahrungen in den verschiedenen Disziplinen berufen worden: als Lehrer an der Falckenberg-Schule in München, Leiter des Regie-Instituts an der Hamburger Universität, langjähriger Schauspiel-Intendant in Köln und Hamburg, Schauspielchef und Direktor der Salzburger Festspiele, Präsident des Deutschen Bühnenvereins, Leiter der Ruhrtriennale, Intendant der Staatsoper Unter den Linden. Warum wurde dieses Thema nicht behandelt? Vorhang zu.

Zu Beginn der Spielzeit 1987 begannen wir in den Räumen des Thalia mit der Arbeit an unserem »Institut für Schauspielregie« der Hamburger Universität. Wir hatten sehr viel geworben, bis es so weit war. Manfred Braunecks wertvolles Wissen um die Regularien der Universitäten war von hohem Nutzen, ohne ihn wäre unser Plan niemals aufgegangen! Zudem war er ein glänzender Theaterhistoriker, seine fünfbändige europäische Theatergeschichte sei jedem zur fleißigen Lektüre empfohlen. Er war die Seele unseres Instituts.

Die Nähe zum Thalia tat den Studenten gut, einige blieben als Assistenten und später als Regisseure bei uns, andere stürzten sich mutig in die Weiten der freien Gruppen. Es gäbe viel zu erzählen von dem so aufmüpfigen wie begabten Nicolas Stemann, der später an unserer Staatsoper einen Text von der Jelinek inszenierte, oder von Falk Richter, dem hoch veranlagten Autor und Regisseur. Dessen »The disconnected child« wurde eine Zusammenarbeit zwischen Staatsoper und Schaubühne. Markus Dietze wurde ein sehr guter Intendant, Friederike Heller und der Dramaturg Bernd Stegemann sind heute Professoren an der Ernst-Busch-Schule in Berlin.

Es war eine gute Zeit mit diesen jungen Studentinnen und Studenten, die so enthusiastisch in ihre künftigen Aufgaben gingen. Ich habe viel von ihnen gelernt, später auch, dass meine Zeit in Hamburg abgelaufen war und dass ich Neues beginnen sollte. Das Thalia am Alstertor brauchte einfach nach 15 Jahren einen Aufbruch und fand einen guten Nachfolger: Ulrich Khuon. Der Abschied schmerzte aber trotzdem sehr, der Schmerz hielt lange an, manchmal stach mich auch – völlig grundlos – eine Eifersucht über die vielen fremden Leute in meinem alten Wohnzimmer.

Das war ein tiefes Loch, in das ich nach dieser Zeit abgekippt bin, nach dem Abschied von dem lieb gewonnenen Raboisen 67. Was bedeutete mir das Thalia? Diese Frage stellte ich mir oft in meiner Niedergeschlagenheit: War es die Sehnsucht nach der abendlichen Begeisterung unserer Zuschauer? Waren es die Schauspieler? Der eigene Ruhm ist eine rasch verblühte Pflanze.

Ich erinnerte mich daran, dass ich aus der S-Bahn am Jungfernstieg gestiegen und fast vor Glück erstarrt war: Um das Thalia Theater stand eine lange Schlange von Besuchern von »Black Rider« an der Theaterkasse. Waren es die Zuschauer, die mir fehlten? Aber vielleicht hatte Max Reinhardt auch recht, als er in der bösen Emigration vor der Columbia-Universität eine Vorlesung hielt, in der er die Kindheit beschwor, die wir in die Tasche gesteckt hätten, um bis an unser Ende immer weiter spielen zu können. Gehe ich also immer wieder die steile, hölzerne Treppe auf unseren staubigen Dachboden hoch, hocke mich mit meinen lieben Puppen hinter meine blaue Kasperlebude mit dem roten Vorhang und warte auf Großmutter Elsbeth, Tante Gerta, Mutter Ellen, Bruder Dieter und Nachbarskinder. Meine Hände in die Puppen gespannt, stieg mir damals das Lampenfieber bis zum Hals, wenn sie endlich lärmend die Treppen hochpolterten. Seid ihr alle da?

Eines der ältesten Stücke der Weltliteratur ist die Tragödie »Die Perser« von Aischylos. Er schrieb es nach der Schlacht von Salamis. Welche Botschaft hat es? Diese Frage stellte sich auch der unübertreffliche Dichter Lessing im 80. Stück seiner Hamburgischen Dramaturgie: »Wozu die ganze Arbeit der dramatischen Form? Wozu ein Theater erbauet, Männer und Weiber verkleidet, Gedächtnisse gemartert, die ganze Stadt auf einen Platz geladen?« Die dramatische Form, schreibt er, ist die einzige Form, mit der sich Mitleid und Furcht erregen lässt ...

»Die Perser«, 472 v.Chr. uraufgeführt, schildert die Niederlage der Perser in der Seeschlacht von Salamis von 480 v.Chr. Der alte Text hat eine ungewöhnliche Struktur. Aischylos hatte selbst an der Seeschlacht teilgenommen, hatte also eingehende Erfahrungen mit dem Krieg zwischen Athen und den Persern. Das Thema seiner Tragödie ist die böse Niederlage der Persischen Flotte, nicht der Triumph der Athener. »Susa« – so heißt die Stadt der persischen Könige – »nun sieht tot und öde seine Straßen, seufzet laut«. So beschreibt Atossa, die alte Königin, dem Dareios den Zustand ihrer Heimat. Aischylos spiegelt das persische Desaster im Taumel der Sieger, als wolle er »haltet ein« rufen: seht, wie der Krieg für die ehemaligen Gegner grausige Folgen zeigt. So fordert er Mitleid, Furcht und Erkenntnis ein! Begriffe, die sich durch die Theaterliteratur der Jahrhunderte ziehen: »Das Leid zu Leid, unvergessliches mir weckt: Es schreit, es schreit in der Brust mein Herz vor Jammer«, trauert der Verlierer Xerxes.

So hockte ich im Wirrwarr meiner Niedergeschlagenheit und dachte über den Sinn meines Tuns nach. Und mir fehlten die Schauspieler und Schauspielerinnen, mit denen ich so viele Reisen angetreten hatte – Hans Christian Rudolph, der hochbegabte »Platonov«, begabt und gefährdet Anette Paulmann, unsere Thalia-Prinzessin, so impulsiv und empfindsam der alte Barde Quadflieg, der auch so witzig sein konnte, Fritz Lichtenhahn, der so gerne irrlichterte, Wolf Sprenger, ein kratzbürstiger, genialer Komiker, Christoph Bantzer, nobel und eloquent, Sven-Eric Bechtolf, hochbegabt als Schauspieler und Regisseur, Jan Josef Liefers, schnell und intelligent, Christoph Waltz, der mittlerweile zwei Oscars gewonnen hat, Stefan Kurt, »He ist the best comedian, I know. He is better than Keaton, than Chaplin«, sagte Tom Waits. Der liebenswerte Justus von Dohnanyi, die kluge Elisabeth Schwarz und Hildegard Schmahl, die ich vor langen Jahren schon als wunderbare Emilia in Berlin gesehen hatte, Hans Kremer, ein ewiger Leonce, Horst Mendroch, fleißig und treu, und auch der kluge Peter Danzeisen, Klaus C. Schreiber, Heinz Schacht. Mit ihnen und so vielen anderen hatte ich Erfolge genossen und Niederlagen verschmerzt.

Ich erinnerte mich daran, dass Will Quadflieg einmal in die NDR-Talkshow eingeladen und mich gebeten hatte, ihn zu begleiten. Dort gab es das Thema »Ausländer«, mit dem sich Will sehr beschäftigt und zu dem er eindeutig Stellung bezogen hatte. Unter den disputierenden Gästen waren ein Graugans-Biologie-Professor und die würdevolle Vanessa Redgrave. Dr. Graugans-Prophet hub zu abenteuerlichen, biologistischen Theorien über

»natürliche« Fremdenfeindlichkeit an, die mich aufregten. Als er den deutschen Abscheu vor Ausländern mit einem Baby auf dem Arm der Mutter erklärte, das sich eben vor einem unbekannten Menschen – also Ausländer – an den Hals der Mutter verkrieche, rief ich dazwischen, dass das wohl ein ausgemachter Blödsinn sei. Nach dieser Runde saß man noch zusammen. Die Redgrave kam auf mich zu, und wir erregten uns nun gemeinsam über diesen reaktionären Professor. Es müsse etwas geschehen, war unser Beschluss – und bald!

Wir trafen uns in der Folge in London, in Hamburg und diskutierten, wie, was und wer, und machten lange Listen von Kombattanten. Das Thalia räumte ein Wochenende frei, und wir konnten mit der genauen Planung beginnen. So kam es am 30./31.1.1993 zu einem einzigartigen Ereignis im Thalia Theater, nachdem 1991 in Hoyerswerda und im November 1992 in Mölln und in Rostock-Lichtenhagen schreckliche, rassistische Ausschreitungen gegen ausländische und inländische Mitbürger stattgefunden hatten. Der Mob randalierte, Brände wurden gelegt, so viel Hass, Terror – allüberall, es war tief erschütternd. Zumal viele brave Bürgersleute an den Straßenrändern standen, mit anfeuernden lauten Zurufen. Der Schoß war tatsächlich fruchtbar noch, das war unser großer Schreck.

Vanessa Redgrave hatte alle ihre Verbindungen genutzt und ihre Freunde nach Hamburg geladen, um eine mächtige Manifestation gegen diesen bedrohlichen Terror der Neonazis von »Republikanern« und NPD auf die Beine zu stellen.

Heute sind die Aktivisten der AfD zum parlamentarischen Arm der Rechtsradikalen geworden, ein bedenklicher Erfolg dieser radikalen Unvernunft. Die Morde des NSU haben zu Recht höchsten Alarm ausgelöst. Deshalb müssen wir auf die Gefährdung durch die Feinde unserer Grundordnung mit dem Finger zeigen und »Arsch huh, Zäng ussenander« rufen – wie Niedeckens BAP sang! Hintern hoch und Zähne auseinander, bewegt euch und protestiert! Sie wird nie enden, diese politische Pflicht.

Auch viele Freunde aus Deutschland kamen auf unsere Bitte hin. Wir hatten Gelder vom Verlag Gruner und Jahr und seinem Vorstand Schulte-Hillen besorgt, vom Spiegel-TV des Stefan Aust und vom NDR, der alle Veranstaltungen übertrug. Der Samstag war gefüllt mit Diskussionen und Vorträgen. Wir versammelten eine große Schar von Journalisten und Publizisten wie Michael Naumann, Historiker wie Hans Mommsen, Rolf Seelmann-Eggebert, Dieter Wild, Michel Friedmann, Beate Klarsfeld, Robert Leicht, Romani Rose, Arie Goral, David Ruiz, Michail Uljanow. Es waren über vierzig Teilnehmer vor einem interessierten Publikum im vollen Haus. Am Sonntag gab es dann im Thalia ein Konzert mit vielen tollen Kollegen: Bono und U2 kamen mit ihrem Privatjet aus Irland, Harvey Keitel und Kris Kristofferson aus Kalifornien. Burt Lancaster und Whoopi Goldberg, Leo Schapiro, Angela Winkler, George Tabori schickten Botschaften. Franco Nero, Roger Moore, der 007, Martin Sherman, John Berger, Ariel Dorfman, Robert Wilson, Corin Redgrave, John Trudell, Stanley Walden, Giorgio Strehler und Andrea Jonasson, auch

Marie-Luise Marjan waren dabei und das gesamte Thalia-Ensemble. Kris Kristofferson sang auf unser altes Haus: »There is a place not far from here, a magic place, it's called Thalia«.

Es wurde ein aufregender, einzigartiger Abend. Er sollte vier Stunden dauern, es wurden sieben daraus. Mittendrin rief eine legendäre Berühmtheit beim Inspizienten an: Er fragte mich leicht missgestimmt, warum wir ihn nicht eingeladen hätten, er gebe doch gerade ein Gastspiel am Schauspielhaus. Ob er denn rasch herüberkommen könne? Wenig später stand er beim Inspizienten, er, der Traum meiner Jugend. Ich ging auf die Bühne, die gerade Andrea Jonasson mit Georgio Strehler verlassen hatte, und bat um Ruhe: Er sei unser aller langjähriger Freund, er zaubere aus der Luft ganze Schlösser und erzählte auf behände Weise traurige und fröhliche Geschichten – jetzt sei er hier – rief ich laut – da kommt er, Bip, Marcel Marceau!

Das Haus platzte vor Jubel, manche Zuschauer hatten Tränen in den Augen. Er, ein Elsässer Jude, hielt eine anrührende Rede, machte am Ende noch ein kleines seiner vielen Kunststücke. Dann ging er schnell, ich fragte noch rasch, ob meine Ankündigung genehm gewesen sei. Er klopfte mir sanft auf die Backe, ganz wunderbar, antwortete er mit schönem Akzent.

Wolfgang Niedecken verzog sich nach seinem Auftritt mit dem genialen Saxofonisten Klaus Doldinger in eine Kammer neben der Kantine zurück – sie dachten sich neue Musik aus, kamen wieder und spielten sie gleich vor. Harvey Keitel zitierte Walt Whitman, Bono und The Edge sangen einen neuen Text auf ein Lied aus ihrem Repertoire, das Thalia-Ensemble sprach das Hölderlin'sche Chorlied aus der »Antigone« von Sophokles: »Ungeheuer ist viel, nichts ungeheurer als der Mensch«, der hochmütig und eitel sich die Welt untertan denkt. Vanessa Redgrave las gemeinsam mit Franco Nero. Armin Müller-Stahl spielte meisterlich auf seiner Geige, Charlotte Kerr las Dürrenmatt.

Es war auch ein anstrengender Abend mit diesen vielen Freunden gewesen, aber bei allem Ernst doch fröhlich, im Sinne von Lessings »Minna«: »Kann man nicht auch lachend sehr ernsthaft sein!« Vanessa Redgrave wurde zu einer guten Freundin. Wir sahen uns nun häufig in London, in Berlin, auch in Hamburg und vor allem in New York, wo ihr Schwiegersohn Liam Neeson mit Tochter Natasha lebte. Dort sah ich sie in »Eines langen Tages Reise in die Nacht« von O'Neill mit Philip Seymour Hoffman als einem ihrer Söhne und eilte am Ende gleich in ihre Garderobe. Dort war die ganze Familie versammelt, um bald gemeinsam zu speisen. Wir wollten immer einmal zusammenarbeiten, sie hatte »Onkel Wanja« im Thalia gesehen, die Aufführung hatte sie sehr beeindruckt.

Eines Tages rief sie mich an und fragte, ob ich das Buch von Joan Didion »The Year of Magical Thinking« kenne. Joan Didion beschreibt in »Das Jahr des magischen Denkens«, wie ihr Leben sich nach dem Tod ihres geliebten Ehemannes, des bekannten amerikanischen Schriftstellers John Gregory Dunne, von einem Moment zum anderen geändert hat – »in einem alltäglichen Augenblick« – die Sprachlosigkeit der so bitteren Trauer … Ein ergreifender Text.

Joan Didion hatte David Hare, den bekannten britischen Autor und Regisseur, gebeten, aus ihrem Buch einen Monolog für Vanessa Redgrave zu gestalten. Diesen Monolog hatte er auch mit ihr inszeniert. Auf ihre Bitte hin schaute ich mir die Aufführung in New York an. Sie stand allein auf der kahlen Bühne und erzählte die tieftraurige Geschichte der Didion. Das war anrührendes, großes Theater, kein Regie-Klimbim, einfach nur große Schauspielkunst. Schnurstracks lud ich die Aufführung 2008 nach Salzburg ein, zur hellen Freude von Joan Didion und Vanessa Redgrave, auch David Hare war erschienen. Ich besorgte Dollars von einem reichen Freund aus New York, und im August spielte sie nach einigen Querelen mit dem Produzenten vom Broadway bei den Salzburger Festspielen im vollen Landestheater drei Vorstellungen. Nach der letzten Aufführung lasen sie und ich – zum Missbehagen der Festspielautoritäten – Gedichte von Gefangenen aus dem schrecklichen Gefängnis der amerikanischen Armee in Guantanamo vor.

Auch an meine Arbeit mit Will Quadflieg dachte ich mit Wehmut zurück. Er war der letzte Faust in Gründgens' letzter Faust-I-und-II-Inszenierung am Schauspielhaus in Hamburg gewesen. Er spielte oft bei uns, und wir alle verehrten und liebten ihn. Seine Kenntnis von Literatur, sein schier unerschöpfliches Gedächtnis – den Faust konnte er auswendig, auch viele Gedichte und Balladen deutscher Literatur. Seine Leseabende waren beeindruckend, die Hamburger hielten ihm jahrzehntelang die Treue. Wir liebten seinen Sarkasmus: »Bei Nazis war ich zu eitel und viel zu blöd, schrecklich!«, oder: »Wenn Bernhard Minetti damals in die Kantine kam, haben wir geschwiegen.« Regieanweisungen beantwortete er flugs mit Zitaten der Klassiker, die er aus dem Effeff kannte. Er spielte in »Rappaport« ebenso wie im »Entertainer« Archies Vater, den »Lear« und Konsul Werle in der »Wildente«. Er wurde endlich auch Mitglied unseres Ensembles.

Eine andere Erinnerung aus dem Thalia: Der weltberühmte Geiger Pinchas Zukerman stand nach einer Probe für »Through roses« auf unsere Bühne, die Kollegen von der Technik räumten ab und auf, liefen hin und her, rein und raus und riefen laut und leise – ein geheimnisvolles Ballett der Umbauer. Zukerman hatte selbstvergessen seine Geige hochgenommen und begann zu spielen. Wie auf ein Zauberwort hin blieben die geschäftigen Arbeiter stehen und lauschten dem wohltuenden, unverhofften Klang dieses Meisters, der Bach aufsteigen ließ. Es war ein kleines Wunder mitten im alltäglichen Geschäft der Theaterleute, eine magische Pause. Die Oper »Through Roses« erzählt die berührende und sehr betrübliche Geschichte eines jüdischen Meistergeigers, der beim Gastspiel in Paris seine Liebe kennenlernt und sich mit ihr auf baldiges Wiedersehen in Berlin verabredet. Sie wollen heiraten. Auf der Rückreise nach Berlin, an der deutschen Grenze, wird er aus dem Zug geholt und in ein KZ transportiert. Dort kommandiert die SS ihn in das Lagerorchester. Während andere Häftlinge in das Gas geschickt werden, spielt er. Entsetzt sieht er dann durch die Rosenhecke im Zug der Todgeweihten seine verschwundene Geliebte wieder. Er setzt seine Geige nicht ab, er spielt weiter und spielt weiter. Er wird gerettet, aber die Gedanken an jenen Moment der Erkenntnis peinigen ihn ohne Unterlass. Er hätte doch etwas tun müssen, doch er geigte weiter und weiter und weiter. Ein bestürzendes Musikwerk, der alte Mann erzählt von seinen unerträglichen Traumata, hat er doch sein gerettetes Leben verloren.

In unserer Aufführung am Thalia hatte Christoph Bantzer den zerrütteten Geigenvirtuosen gespielt, Marc Neikrug dirigierte seine Oper, Pinchas Zukermann spielte den Solopart auf der Geige. Glittenberg baute durch die Bühne einen Schienenstrang, verwies so auf die grausamen Deportationen. Das Stück war so beeindruckend, dass der anwesende Produzent Wolfgang Esterer spontan nach der Aufführung anregte, eine Filmfassung zu erstellen. Das Ganze sollte in Köln in einem Studio für den WDR gedreht werden. Ich war dann mit Susanne nach New Mexico geflogen, wo Marc Neikrug in einem Reservat bei Santa Fé mit seiner Frau, einer Indianerin, lebte. Wir arbeiteten streng am Drehbuch, nachts heulten die Coyoten. Welch ein Erlebnis, die Orte der Indianer betreten zu dürfen! Wir sahen auf einem Fest den Snowbird-Dance. Die Trommel schlug einen Rhythmus, der von den zahlreichen Tänzern aber gerade nicht aufgenommen wurde – und doch tanzten, sprangen, stampften diese alle im gleichen Takt. Marc erklärte uns: Die Trommel hat rhythmisch nichts mit dem Tanz zu schaffen, sie erzählt die Geschichte des Snowbirds, die alle kennen – der Tanz aber ist die kreisende Verbindung aller Einwohner und geht bis zum Sonnenuntergang.

Später, als ich in Berlin an der Staatsoper war, setzte ich »Through Roses« auf den Spielplan unserer »Werkstatt«. Udo Samel spielte den Geiger, anrührend und großartig. Die Zuschauer waren, wie damals in Hamburg, von dieser schrecklichen Erzählung tief bewegt.

Fehlten mir nach meinem Weggang vom Thalia die Regisseure? Die Gespräche? Die Streitereien? Die glücklichen Premieren? Wie die von Ruth? Die Regisseurin Ruth Berghaus hat für uns fulminante, erregende Aufführungen gemacht: »Die heilige Johanna der Schlachthöfe«, »Dantons Tod« und »Dickicht der Städte«. Als ich sie gebeten hatte, für uns noch den »Baal« auf die Bühne zu bringen, lehnte sie, wie immer lächelnd, ab, ich wusste nicht, dass sie damals schon schwer erkrankt war.

Anfang Januar 2000 hatten unsere »Drei Schwestern« Premiere. Nach »Kirschgarten«, zwei Mal »Onkel Wanja« und »Platonow« sollte dieses Stück meine Beschäftigung mit dem bewundernswerten Anton Pawlowitsch Tschechow zu einem Ende bringen. Die Aufführung war zudem meine letzte Regie am Thalia.

In »Onkel Wanja«, den ich Jahre zuvor in Köln inszeniert hatte, vergeht ein Sommer wie ein Tag, die Menschen auf dem Hof der Sonja sind allesamt unglücklich aus der Bahn gerutscht, sie sind töricht und zugleich überheblich. Und der Seelendoktor Tschechow liebt sie dennoch. Die Bühne war damals ein roter Kasten, lediglich mit einer langen Bank, einem Sofa und Stühlen möbliert. Im Hintergrund wurden in kaum wahrnehmbarem Tempo farbige Wände geschoben, die Fenster und Türen freigaben, in denen dann die Schauspieler erschienen und Sonnenuntergänge zu bewundern waren. Ein heller Schlitz in der Wand, der sich mit der Wand bewegte, warf Licht auf diesen Schauplatz – eine großartige Erfindung von Erich Wonder. Und komisch sollte die Inszenierung sein. »Komödie« nennt Tschechow seine Stücke in der französischen Tradition der »vaudevilles«, er liebte ja auch den Zirkus und das Varieté. Für meinen »Kirschgarten«, auch in Köln, hatte Bühnenbildner Rolf Glittenberg eine fünfzehn Meter hohe Holzkiste auf die Bühne geschoben, durch einen Lichtkasten im Hintergrund fiel fahles Licht auf einige weiße Möbel. An den Wänden blätterte alte Seide ab, ein beeindruckendes Bild.

Meine Freundin Ingrid Andree hatte die lebensfaule Ranjewskaja gespielt, Gert Voss den Gajew, Ilse Ritter, Susanne Lothar, Ignaz Kirchner waren dabei. Ein Erfolg war es leider nicht geworden, das Ganze war wohl ein bisschen zu ambitioniert.

Mein »Platonow« am Thalia wurde ein besonderer Triumph für den Hauptdarsteller Hans Christian Rudolph, der sich in ungeahnte Höhe spielte, bald gab es scheinbar keinen Unterschied mehr zwischen seiner Rolle dieses Dorf-Juans und ihm selbst. Eine vierstündige Aufführung mit einem fulminanten Ensemble! Wir hatten damit alles eingesammelt, was es damals so gab: 90 Vorstellungen, Theatertreffen, Wiener Festwochen, »Aufführung des Jahres«, TV-Aufzeichnungen.

Die »Drei Schwestern« waren dann vielleicht ein vermeidbarer Fehler der Konzeption, wir waren wieder zu einer Art illusionistischem Bühnenbild mit Wänden, Fenstern, Türen und einer Schräge zurückgekehrt – viel Theateraufwand für dieses komplizierte Seelengemälde des Doktors. Da war ich mit den »Wanjas« und »Platonow« schon viel weiter gewesen.

Eine besondere Thalia-Geschichte hatte mit einem großzügigen Angebot zu tun: Ich könnte, hörte ich mit großem Staunen, 200.000 Mark für das Haus bekommen, um den etwas mageren Etat – verglichen mit dem Schauspielhaus an der anderen Seite des Bahnhofs – aufzupolstern. Was wohl die Bedingung sei, fragte ich den netten Vermittler. Nun ja – ich sollte lediglich auf all unseren Drucksachen, Plakaten, Programmheften, Einladungen, Leporellos das Firmenlogo dieser kurz zuvor auf der anderen Seite der Elbe gegründeten Firma drucken. Das aber hatte lautstarken Unmut ausgelöst: Messerschmitt, Bölkow, Blohm – M.B.B. Ich hatte gedacht: so viel Geld für so einen kleinen Service. Also stiefelte ich in eine unserer regelmäßigen Ensembleversammlungen und verkündete die frohe Botschaft. Beifälliges Gemurmel. Dann stand Eva-Maria Voigtländer, genannt Eva-Maria Marineblau, auf und sprach in einem sanften Ton, als spräche sie mit einem schwer kranken Chef. Sie fragte, ob ich wohl wisse, was sich hinter M.B.B. verberge, das sei einer der größten deutschen Waffenschmiede und Rüstungsexporteure. Das wäre doch wohl ein falsches Etikett für unsere Arbeit.

Sie hatte recht, die Marineblau, und ich lud den Anbieter wieder ein und erklärte ihm die Situation: Wir könnten unter dieser Überschrift wohl kaum noch »Frieden« oder die »Lysistrata« von Aristophanes aufführen, auch keine Stücke von Toller, Brecht und Feuchtwanger ... Die Liste ist lang, bis »Draußen vor der Tür« von Borchert. Er sah das ein, und wir trennten uns in fröhlichem Einvernehmen. Eva-Maria sei gedankt! Einige Wochen später erschien allerdings im »Stern« ein Bericht über Sponsoring mit einem Interview des Anbieters. Er erzählte auch, dass das Thalia Theater aus besagten Gründen eine Unterstützung abgelehnt hätte. Unsere Ablehnung war aber aus Sicht der Stadt ganz und gar nicht opportun, so was tut man im feinen Hamburg nicht. So waren die Zeiten! Es erhob sich ein sehr unangenehmer Wind. Der Senator, der sonst so famose Professor von Münch, tadelte mich mit dem Hinweis auf die Subventionsbedingungen der Hansestadt, Kollegen zeigten sich besorgt, die Presse maulte, es wurde zugig im liberalen Hamburg. Das aber war noch nicht so schlimm aushaltbar. Es kam allerdings noch der Fehler des Herrn Intendanten hinzu: Er hatte nämlich schon eine erhebliche Summe von diesem M.-B.-B.-Angebot ausgegeben, mehr als ein Viertel für Plakate mit Logo, die nun nicht mehr benutzbar waren, mein lieber Schwan!

Ich war im Sommer sehr schlecht gelaunt in die umbrischen Ferien gefahren und machte mir Sorgen, hatte keine Idee, wie ich dieser Blamage entkommen konnte. Da klingelte das Telefon, an der anderen Seite meldete sich Herr Dr. Hellmuth Karasek, der Feuilletonchef des Magazins »Spiegel«. Ich solle doch mal mit Rudolf reden, dem mächtigen Spiegel-Chef. Ihn kannte ich schon seit meiner ersten Premiere in Hamburg, seit meiner »Bremer Freiheit« im Thalia im Dezember 1971. Ich erzählte ihm vom Missverständnis und von meinem Missgeschick, das 60.000 Mark teuer war. Er hörte sich das an und sagte: »Du hast sie, ich kann diese Waffenkäufer nicht ausstehen.« Ich solle alle Details mit Hellmuth klären. Da war der Himmel über Umbrien mit einem Mal wieder blitzeblau, der gute Rudolf.

Ich dachte auch zurück an den Tag, als ich auf dem Balkon des Thalia-Eingangsfoyers gestanden und auf die Hamburger heruntergeschaut hatte, die rasch das Thalia verließen. Sie hatten eine Voraufführung besucht und waren offensichtlich enttäuscht. Ludwig trat neben mich, was meinst du? Schau doch, wie sie die Schultern heben, die Arme ausbreiten, den Kopf schütteln, Körpersprache, mein Lieber! Das sieht nicht gut aus, verdammt. Wir beide hatten uns in der Direktion für diese Produktion vehement eingesetzt und gegen den Oberspielleiter, den Chefdramaturgen, Ausstattungsleiter und den Verwaltungschef durchgesetzt. Wie das denn finanziell machbar sein soll, war die Frage gewesen. Wie sollten die Proben disponiert, organisiert werden, wie die Bühnenproben? Die Beleuchtungsproben?

Unser Freund Robert Wilson hatte vorsichtig angeklopft, ob wir wohl Lust verspürten, mit ihm ein Musical aufzuführen.

Er wollte den »Freischütz«, eine sehr deutsche romantische Oper von Weber, in ein rockiges Musical verwandeln: THE BLACK RIDER.

Die Musik sollte vom weltberühmten Popstar Tom Waits geschrieben werden. Ein kühnes Unternehmen, vor dem die Kammerspiele in München und die Schaubühne in Berlin gescheut hatten. Wir aber erinnerten uns an die grandiosen »Civil Wars« in Köln und legten los. Ich ging in den Aufsichtsrat und trug vor, was unsere Absicht war, dass ich allerdings zunächst mit einem Defizit von etwa einer Million rechnen müsste. Und wenn Sie es nicht schaffen, das Geld einzuspielen, wurde ich gefragt. – Dann, erwiderte ich schnell, müssen wir dieses Geld nächste Saison einsparen. Ende der Diskussion. Der »Black Rider« war losgetrabt.

Dann aber hatte es bitter ausgesehen. Wir sahen das Publikum gelangweilt, gar verärgert, aus der Vorpremiere kommen. Das waren keine guten Vorboten. Ich machte auf dem Absatz kehrt und eilte in Bobs Loge. Der saß da, das Gesicht hinter seinen Händen verborgen. Im Hintergrund saß Wolfgang Wiens, der Dramaturg, und zuckte mit den Achseln. Er war ein treuer Wilson-Mitarbeiter, hatte den Meister aus Texas stets mit Elan begleitet, bei unserem »Rider« war er mit dem Beat-Giganten William Burroughs für die deutsch-englischen Texte verantwortlich: »easy said und schwergetan«. »Jürgen, what are we going to do about this show?« – »Everybody should immediately please come to my office.« Ich lief hinunter in die Kantine, da saßen die Schauspielerinnen und Schauspieler erschöpft vor ihrer Brause und guckten ziemlich kariert aus der Wäsche von Frida Parmeggian, der Kostümbildnerin. »Kinder«, sagte ich, »das wird schon noch, keine Sorge, wir kümmern uns!« Ich küsste und streichelte: »Na denn mal ran!«, sagte der müde Stefan Kurt, und es klang wie »Das kannst du doch deiner Großmutter erzählen«. »Geht nach Hause, morgen um neun geht's weiter, also ab!« Ich lief in den zweiten Stock, traf unterwegs auf H. W. Köster, unseren guten Geist in der Verwaltung, er solle sich um die Schauspieler und unsere Damen kümmern, dass alle nach Hause gingen.

In meinem Büro hockten alle, die von der leeren Probebühne bis zu den Hauptproben an dem erstaunlichen Werdegang des »Black Rider« mitgewirkt hatten.

Ich wollte jetzt nicht über die Vergangenheit und die Fehler reden. Also: Wolfgang, der eifrige Dramaturg, müsse sich mit Bob gleich hier in mein Büro setzen und neue Striche überlegen, der erste Teil sei zu lang. Ludwig wollte mit Tom Waits und seinem Arrangeur Greg Cohen in das kleine Studio in die Gaußstraße fahren. Wir benötigten noch mindestens zwei Songs, bitte schön, please! Morgen um 9:00 Uhr sei eine Probe anzusetzen.

Als ich endlich in mein Bett kroch, murmelte meine

Susi, ob ich mit Bob wohl noch gefeiert hatte. »Schön wäre es«, sagte ich noch, aber sie war schon wieder eingeschlafen. Am nächsten Morgen fuhr ich an der Gaußstraße vorbei, besuchte Tom, Ludwig und Greg und fuhr dann in aller Eile ins Theater. Dort saßen die Schauspieler verzweifelt in der Kantine und blätterten im Text mit den neuen Strichen. Ob ich die sehen wollte, fragte mich der Dramaturg Wolfgang. »Nein, danke«; sagte ich, »ich glaube dir!« In der Kantine saß Annette, mein und Bobs Liebling. Ich umarmte sie. »Mon Colonel, mon colonel«, flüsterte sie, »wie soll das noch enden?« »Du wirst sehen, Schatzi«, sagte ich, »alles wird gut. Und dein weißes Gesicht, deine gespreizten Finger und schwarzen Augen wirken Wunder. Außerdem hast du Stefan Kurt an deiner Seite.« Sie klapste mir auf den Hintern, tänzelte davon in das Zentrum für Rekreation, genannt Maske, und wedelte mit den Seiten.

Ich setzte mich in die Kantine, legte die Beine hoch und trank einen Becher mit heißem Tee.

Ludwig kam aufgeregt vorbei und beugte sich zu mir herunter: Tom habe einen neuen, wenn ihn nicht alles täusche, Supersong geschrieben. »Some lucky day …« Stefan solle ihn singen, er gucke gerade, wann und wo das ginge. Greg wollte eine Ouvertüre draus machen. Am Nachmittag hatte ich einen Termin in Bremen.

Auf meinem Rückweg hielt ich an der Raststätte in Hittfeld und rief aus der Telefonzelle beim Thalia-Pförtner an, wo Wolfgang schon auf mich wartete. Ja, es sei gut gegangen, die beiden neuen Songs hätten funktioniert, besonders »Lucky day«. Ich fuhr weiter, schaute noch einmal im Raboisen vorbei. Stefan war gut gelaunt: »Kann klappen«, murmelte er.

Am nächsten Tag der Premiere lud sich das Haus langsam, aber stetig, mit Energie auf. Jeder war an seinem Platz mit Ruhe, Genauigkeit und Konzentration. Es war immer wieder faszinierend, wie so ein Theatertanker sich auf die Abfahrt vorbereitete. Jeder nimmt seine Tätigkeit wahr. Wie Magnetspäne sich nach dem Zentrum ausrichten, so richtet sich alles auf den magischen Moment aus, wenn das Licht im Zuschauerraum auf die Ansage des Inspizienten hin über dem Publikum verdämmert und das plappernde Geräusch der Zuschauer wie auf ein geheimes Zeichen versiegt: »Vorhang auf!«, zischelt der Inspizient und … endlich, nach wochenlangen Proben, zittert das Licht auf, und der Wunderlappen gibt den vielen Leuten den Blick in eine neue – nie gesehene – Welt frei! Wer spricht? Wer singt? Wer tanzt? »Es soll heute Abend eine wundersame Reise in unentdeckte Gefilde geben«, sagen sich die aufgeregten Leute, »und wir sind dabei.« Das mag auch an diesem Abend manche und mancher gedacht haben.

Ich hatte noch auf der Treppe im Foyer gestanden und Ausschau nach Spätlingen gehalten – zu solchem Zweck hatte ich stets einige Billets in der Westentasche. Die Türen zum Publikum schlossen sich vorsichtig und sanft. Ich machte mich auf den Weg hinter die Bühne, als ein aufgeregtes Rufen »Herr Flimm, Herr Flimm« mich aufhielt. Eine Gruppe junger Leute, die an der Kasse auf Karten gewartet hatten, liefen hinter mir her. »Wir müssen da noch rein! Wir sind Fans von Tom

Waits! Bitte helfen Sie uns!« Sie sollten warten, rief ich und sauste auf die Bühne zu Renate, der Inspizientin. Sie solle nicht eher anfangen, bis ich wiederkäme! Zurück zu den jungen Fans. »So«, rief ich ihnen schon von Weitem zu, »ihr geht jetzt rein und hockt euch auf die Treppen oder sonst wo, und wenn ihr nicht sofort einen enormen Radau macht, ziehe ich euch einzeln an den Ohren wieder heraus!« »Auf uns können Sie sich verlassen!«, antworteten sie und stoben die Treppen hoch. »Und los!« Renate gab die Kommandos: »Oh lucky day!«

Auf die jungen Leute hatten wir uns tatsächlich verlassen können – es pfiff und lärmte vom ersten Ton an und klatschte und jubilierte! Und das griff um sich und wollte nicht enden! Der »Black Rider« ritt in gestrecktem Galopp zu einem Welterfolg.

Als Stefan Kurt nach seinem letzten Song sein Mikro ablegte, nahm ich es beim Applaus an mich und drückte es Bob in die Hand. »Push him«, rief ich und zeigte auf Tom. Er gab Tom Waits das Mikro, schubste ihn nach vorn an die Rampe und das Haus explodierte: »Come along with the black rider!«

Wir fuhren mit dem Reiter durch die ganze Welt, nach Wien zu den Festwochen, zu der tapferen Co-Produzentin Ursula Pasterk, nach Berlin zum Theatertreffen und nach New York zu Harvey Lichtensteins BAM zur Brooklyn Academy of Music und nach Rio …

Auf der Suche nach finanzieller Hilfe für »Black Rider« war ich damals auch bei der Staatsrätin für die

Wiener Kultur, bei Ursula Pasterk, gelandet und konnte sie von der noch sehr unfertigen Idee des Riders überzeugen. Sie war eine selten mutige Politikerin, eine austriakische Seltenheit. Ursula holte den ORF ins Boot, und unsere düsteren Wolken in Bezug auf die Finanzierung verzogen sich bald. Sie lud uns zu ihren »Festwochen« ein.

Die Autobahn von Schwechat, dem Flughafen in die Stadt Wien, war mit großen Plakaten geschmückt: Tom Waits for you! Das gefiel uns sehr. We're coming, buddy! Und wir bezogen die Messehalle.

Bald sollte unsere Dekoration folgen, und wir wollten eine Probe abhalten. Aber der Transport könne nicht auf den Hof gelangen, sagte mir unser sonst so bedächtiger Technische Direktor Peter Haenle aufgeregt, der Lastwagen sei zu hoch, das Portal zum Messegelände zu niedrig. Jetzt hieß es, die einzelnen Teile der Black-Rider-Welt, die ganze Wilson'sche Romantik per Hand in die Halle zu schleppen. Das war nur der Beginn einer Strähne: Auch der Lichtcomputer habe dazu noch seinen Geist aufgegeben und der Ersatzcomputer dito. Und wie wir das dann schaffen wollten? Das wisse er auch nicht, stammelte er.

Ich hielt eine Versammlung aller Thalia-Leute ab, erklärte die missliche Situation und dass ich glaube, dass wir jetzt trotzdem sofort starten müssten und dass wir die ganze Nacht durcharbeiten müssten. Der Computer fürs Licht sei übrigens auch kaputt sowie der Ersatzcomputer.

Wir arbeiteten die ganze Nacht durch und den nächsten Tag und die nächste Nacht. Unser Geldverwalter Rolf kam aus Hamburg mit Umschlägen geflogen und verteilte Überstundenpauschalen. Die Premiere wurde verschoben, trotzdem feierten wir in der ersten Nacht ein kleines Fest und tranken weißen Spritzer und aßen Wiener Würste.

Und dann hat alles geklappt und wir hatten einen großen Erfolg, auch in Wien.

Zuvor waren wir in Berlin gewesen, beim Theatertreffen.

Wer jemals das Glück hatte, mit Wilson arbeiten zu können, hat erlebt, dass er ein manischer Lichtsetzer ist, der nie ein Ende fand. So auch in Berlin.

Als wir endlich in der Berliner Messe theatralisch alles eingerichtet hatten, verzog sich Bob hinter sein geliebtes Lichtpult und wollte mit der Einstellung des Lichts nicht aufhören. Das Publikum stürmte langsam vor die Saaltüren, ich musste ihn vertreiben. Er rührte sich nicht vom Fleck: »You will be happy, if we start at ten!!«, raunzte er Volker an.

Ich trat also mehrmals in den Fluren der Halle auf und erfand ein über das andere Mal abenteuerliche Geschichten, die unsere Verspätungen erklären sollten. »You will be happy, if we start at all.« Das war die letzte ultimative Drohung des Künstlers aus Waco.

Dann griffen wir zum letzten Mittel und rissen die Türen auf. Die Leute strömten herein. Die Vorstellung begann um 22:00 Uhr mit einem begeisterten, staunenden Publikum, das einem genialen Lichtsetzer zuschauen durfte.

Im Sommer 1985 hatte sich im Thalia eine ungewöhnliche Geschichte zugetragen, durchaus unüblich für gewöhnliche Stadttheater. Die Zeiten waren durch den Terror der RAF und die heftigen Reaktionen des Staates aufgeladen mit einer ungewöhnlichen, ungesunden Mischung aus Verachtung, Enttäuschung, Häme. Stefan Aust, der brillante Journalist und Rechercheur, hatte ein grundlegendes Buch über die Ereignisse geschrieben, »Der Baader-Meinhof-Komplex«, ein Standardwerk, mit Recht.

Die erste RAF-Gründertruppe war gefasst worden und stand dann in Stuttgart-Stammheim vor Gericht, in einem Hochsicherheitsgefängnis, in dem sie später durch Selbstmord in ihren Zellen zu Tode kamen. Sie sollten durch eine Geiselnahme freigepresst werden. Eine Lufthansamaschine war gekapert worden, eine Geisel erschossen. Nun stand die »Landshut« nach langem Irrflug auf einem Wüstenflugplatz in Mogadischu, der Hauptstadt von Somalia.

Die Entführer drohten mit Sprengung, wenn die RAF-Häftlinge nicht sofort freigesetzt würden. Die deutsche Regierung blieb hart. Dann kamen die Polizisten der GSG9 und räumten auf – fast alle Entführer waren tot und alle Passagiere gerettet. Ich saß an dem Tag wieder einmal im Flugzeug auf dem Weg nach New York, als wir unplanmäßig in Frankfurt landeten und in eine andere Maschine gebeten wurden.

Weshalb diese Prozedur?, fragte ich einen Offiziellen. Wegen des Mogadischu-Dings, sagte er knurrig. Mit unserer ursprünglichen Maschine wurden die entführten

Passagiere später nach Deutschland zurückgeflogen. Als ich in New York ankam, begrüßten mich meine Freunde Cindy Rosenwald und ihr Peter mit einer Zeitung in der Hand: Die Schlagzeile der »Daily News« verkündete, dass alle Inhaftierten der RAF tot seien. Welche Tragödien für die Republik! Helmut Schmidt musste nicht zurücktreten. Als der erlösende Anruf von seinem engen Mitarbeiter Wischnewski kam: »Der Job ist getan...«, sei er vor die Tür getreten und habe geweint, erzählte er mir später bei einer Lesung im Thalia, er, der harte, harte Schmidt.

Der Prozess gegen die RAF hatte monatelang gedauert und viele Meter Protokolle zurückgelassen, die Aust für sein Buch penibel durchgearbeitet hatte.

Er hatte die gute Idee, mit Schauspielern des Thalia auf der Basis seines Buchs einen Film über das Gerichtsverfahren in Stammheim zu drehen. Das überzeugte mich, welch ein kühnes Projekt! Unsere erste Spielzeit hatte noch gar nicht begonnen, es waren noch Ferien. Die Gelegenheit war günstig. Ich war immer schon an diesen Grenzüberschreitungen interessiert, schließlich waren doch Theater und Film Geschwister.

Die Besetzung war schnell beschlossen: Außer Ulrich Tukur, der vom Schauspielhaus kam, spielten Hans Kremer, Sabine Wegner, Marina Wandruszka, Ulrich Pleitgen, Therese Affolter, Hans Christian Rudolph.

Als dieser Plan bekannt wurde, wies mich die Kultur-Behörde auf eine Regelung in den Subventionsbestimmungen der Hansestadt hin, nach der die Unterstützung durch die Stadt Hamburg an das Theater gebunden sei –

Filme zu drehen, sähe der Etat nicht vor. Was tun? Ich fuhr zu meinem Freund George Tabori nach Wien und machte ihm einen Vorschlag, um aus dem Ganzen ein Theaterprojekt zu machen.

Mein Plan war, Tabori um einen »Epilog« zu bitten. Wir wollten in der Kampnagel-Fabrik den Sitzungssaal von Stammheim nachbauen. Mein Bruder Dieter, der Bühnenbildner und Architekt, wurde damit betraut. Dort sollte der Film gedreht werden.

Nach der Vorführung dieses Films sollte am Ende die Leinwand verschwinden, dahinter stand dann noch der Set von den Dreharbeiten. Hier sollten dann auch die Tabori-Szenen, ein »Epilog«, stattfinden. Zweitens kommt es aber anders, als man denkt. Die Dreharbeiten in der Fabrik Kampnagel verliefen ruhig und problemlos, die Schauspieler waren gut und vorbereitet, präzise und verlässlich. Alles ging einen guten Gang, dessen Richtung Reinhard Hauff, ein sehr erfahrener, politisch gesinnter Regisseur, der viele gute Filme gedreht hatte, bestimmte.

Der Plan war: An die Vorführung des Films und den »Epilog« sollte sich eine Diskussion anschließen: »Hat Stammheim die Republik verändert?«

Die Frage und die Antwort hatten sich freilich erübrigt, schneller als mir lieb war. Alles war parat, als plötzlich ein wütender Stefan Aust durch den Raum fegte: der Film sei weg! Der Film ist weg? Er hatte beim Pförtner des Thalia zur Abholung bereitgelegen. Wer hatte ihn abgeholt? Egal, er war weg! Es gab noch eine Kopie, dann mal los! Die Kopie war falsch gewickelt, musste erst zurückgerollt werden! Das wird dauern! Was tun? Ich trat, ganz und gar kühler Pragmatiker, vor das illustre Publikum und schlug vor, die geplante Diskussion schon einmal zu beginnen, und bat die Teilnehmer auf die Bühne, darunter Klaus Bölling, Helmut Schmidts Regierungssprecher. Da erhob sich ein Mann aus dem Publikum und schlug Klaus Bölling geradewegs ins Gesicht. Sofort brach Unruhe aus, viele Zuschauer wie Günter Grass drängten sich aus dem Saal. Ich brach sofort die Veranstaltung ab und ärgerte mich sehr. Tabori, der hinter der Bühne mit seinen Schauspielern saß, war schreckensbleich. »Schon wieder«, murmelte er, »schon wieder.« Er, der ungarische Jude, der zurückgekehrte Emigrant.

Als ich aus der Halle nach draußen trat, pöbelten mich einige aufgeregte junge Protestierer an. Ob wir nicht mehr miteinander reden könnten, fragte ich fassungslos. Sollte man doch? Oder?

»Misch dich nicht ein mit deinem bürgerlichen Scheißtheater«, hieß es aus den Kehlen der RAF-Sympathisanten. Am nächsten Abend wurden vor der Aufführung Stinkbomben geworfen. Es stank abenteuerlich. Ich wollte aber nicht aufstecken. Ludwig unterstützte mich, wo kämen wir denn dahin, zurückzuziehen? Auge um Auge? Ludwig wusste von einem Rockkonzert-Sicherheitsdienst mit viereckigen Ordnern und rief bei den »Contros« an. Beim nächsten Abend bezogen sie Posten. Dieser Abend blieb ruhig, und der Film beeindruckte. »Stammheim« bekam in Berlin beim Festival den Goldenen Bären für Regie, Buch und Produktion.

In Hamburg rumorte es politisch immer weiter – St. Pauli, die Schlump, die Rutschbahn waren Viertel mit starkem Drall nach links. In der Hafenstraße standen leere Häuser, die besetzt wurden. Auch das »Flora-Theater« wurde besetzt. Und das übliche, schon seit Jahren geübte Ritual begann einmal mehr. Besetzung, Klagen, Polizei, ein gefährlicher, gefürchteter Dreiklang. Und jede Seite sah sich im Recht!

Ich war auf den Proben zu einem ziemlich deutschen Stück, Hebbels »Nibelungen«, als ein Anruf von Hark Bohm, dem bekannten Filmregisseur, kam: Ob ich nicht rasch einmal in die Hafenstraße kommen könnte?

Dort war inzwischen die Situation eskaliert. Die Stadt hatte mit der Räumung der Häuser gedroht, und die Spirale begann sich zu drehen. Auf die Drohungen der strengen Obrigkeit hatten die Besetzer – keine Kinder von Gesetzestreue – reagiert und quer über ihre Straße eine Barrikade gebaut. So sollte dem Sturm der Polizisten auf ihre Häuser ein Riegel vorgeschoben werden. Wir taten uns zusammen, Hark Bohm, der Filmregisseur Thomas Mitscherlich und ich. Wir wollten diese geplante Begegnung, die sicherlich nicht besonders nett zu werden drohte, verhindern. Eine solche Konfrontation – Beispiele gab es schon genug – konnte ziemlich blutig enden. Die Besetzer hatten inzwischen die Eingänge, Türen, Fenster verbarrikadiert, mit vielen Eisen!

Wir drei gingen ins Rathaus zum Bürgermeister Klaus

von Dohnanyi, der stand in seinem Büro und schaute aus dem Fenster auf den Markt. »Hier sind drei besorgte Bürger«, sagte Bohm. Klaus von Dohnanyi rührte sich nicht und sagte: »Und hier ist ein Bürger, der sich nicht meisterlich verhält.« Er war in seinen Jahren an der Spitze des Senates sehr erfolgreich und kundig gewesen, aber wie jetzt weiterkommen mit der verflixten, gefährlichen Situation, wie ihr begegnen?

Wir unterbreiteten ihm unseren Plan. Wir wollten mit den Besatzern reden, dass sie die Barrikaden abräumen – und im Gegenzug sollten die Einsatzkräfte der Polizei abgezogen werden und die angedrohte Räumung, also der Angriff, ausbleiben. Der Bürgermeister stimmte zu!

Hark Bohm nahm Kontakt mit einer befreundeten Regisseurin auf, die in einem der besetzten Häuser lebte, und bat um ein Treffen. In der Kneipe »Zapfhahn« auf der Hafenstraße hatten wir uns zuvor mehrere Male getroffen und beratschlagt, wie wir die drohende Konfrontation verhindern könnten, und dabei auch einige Bewohner der besetzten Häuser kennengelernt. Bei diesen Beratungen war auch Dieter Kosslick dabei, der spätere Berlinale-Chef in Berlin, ein kluger Kenner der Verhältnisse im Rathaus. Ich telefonierte mit Henning Voscherau, dem Vorsitzenden der SPD-Fraktion in der Bürgerschaft, und erzählte ihm von unserem Plan, den er guthieß – keinen Straßenkampf bitte. Wir wurden von den Besetzern eingelassen und verhört: Was das denn für ein merkwürdiger Vorschlag sei, sie sollten ihr antikapitalistisches Bollwerk abbauen? Wer ihnen denn garantiere, dass die Bullen stillhielten? Wir gehen alle auf der

Hafenstraße spazieren, sagten wir, mit Kind und Kegel, groß und klein, dann wollen wir doch mal sehen ... Dieser Vorschlag kam in die Vollversammlung der Besetzer und wurde mit Knurren akzeptiert. Wir unterrichteten Thomas Mirow, den Mitarbeiter des Bürgermeisters, und hofften, dass alle Pläne und Wünsche aufgehen würden. Wir organisierten eine Telefonkette durch alle Theater Hamburgs und die Filmstudios. Es kamen so immer mehr dazu, auf zum Spaziergang. An dem Feiertag waren Hunderte vor den Barrikaden, mit Kindern auf den Schultern und in den Kinderwagen. Sie flanierten und genossen die frische Elbeluft. Wir beobachteten die Brücken, und tatsächlich kam dort eine Kolonne der Polizei angerollt. Nun hieß es flink sein: die Barrikade musste weg! Kräftige Theaterleute halfen beim Räumen, und schließlich war die Straße frei! Die Polizei zog ab, und die vollen Mannschaftswagen rollten über die Brücken zurück, dahin, wo sie hergekommen waren! Ahoi Kameraden, ahoi! Auch die schweren Geräte mit den hungrigen Schaufeln vor der Nase, die von ehrgeizigen Politikern auf den Schauplatz geschoben wurden, machten kehrt und rumpelten zurück zu ihren Garagen. Der Landfriede blieb gewahrt. Ich kehrte zurück zu den »Nibelungen« und zu dem grausamen deutschen Gemetzel.

Duck oder Dog
1988

In meine Zeit als Intendant am Thalia fiel auch eine bemerkenswerte Reise nach China. Ende der 80er taute es in Rotchina, das war trügerisch, aber so leicht kann man die Abendländer täuschen, begierig, wie sie sind, unbekannte Gelände zu erforschen. Das Goethe-Institut bat eine Reihe deutscher Journalisten, Germanisten und Theaterleute nach Hongkong zu einem Brecht-Kongress. Der alte Herr war bei uns inzwischen aus der Mode gekommen und verstaubte in unteren Regalen. Es war die Zeit kurz vor dem Massaker auf dem Tian'anmen-Platz vor dreißig Jahren, wo die unerbittlichen Ideologen, die einmal die Befreiung der Menschheit verkündet hatten, dann ihre hohen Ideale in einem Meer von Blut erstickten.

Von dem noch davor liegenden Tauwetter begünstigt, wollte das Goethe-Institut herausfinden, ob es eine Möglichkeit für ein deutsches Kultur-Institut im roten China geben könnte. Mit Peter von Becker und anderen deutschen Kritikern reisten wir deswegen von Hongkong nach Peking. Dort gab es Gespräche und ein Essen mit dem Botschafter und bald auch Verbindungen zu den Theatern der Alten Opern – die falsch als »Peking«-Opern firmieren, es sind tatsächlich musikalische Aufführungen aus vielen Landesteilen in den vielen Sprachen dieses großen Landes. Es sind einfache Geschichten mit hochartifiziellen Darstellern und berückender Musik von einer kleinen Gruppe von Musikern, die auf der Bühne sitzend die Handlung begleitet und kommentiert. Aber auch Aufführungen westlicher Art konnten wir sehen – einer der hervorragenden Künstler war ein Regisseur namens Lin, mit dem ich mich sogleich verstand. Er arbeitete am Volkskunsttheater, einem der größten Schauspielhäuser Pekings. Wir verabredeten uns auf ein baldiges Wiedersehen, er lud mich ein, in seinem Theater zu arbeiten, ich schlug »Woyzeck« vor. Das sollte gehen, eine universell verständliche Geschichte – im Zentrum Eifersucht und Mord. Er nickte. Er sollte dafür bei uns in Hamburg arbeiten. Goethe war zufrieden.

Als Peter von Becker und ich von Hongkong aus mit einem feinen altmodischen Zug mit Polster und Deckchen nach Peking getrödelt waren, waren wir auf Rat von Freunden sogleich in den Speisewagen gestürzt und hatten uns ein Bier und etwas zu essen bestellt. Die Speisekarte war freilich nicht zu deuten, die entzückende Kellnerin deutete fragend auf einige Zeichen, wir nickten ergeben, was sollten wir auch machen? Der Herr am Nebentisch beugte sich zu uns herüber, wir hätten gerade »Hund« bestellt. Schreckensbleich stammelte ich, dass wir kein »Dog«, sondern »Duck« wollten. Sie guckte entgeistert, wie sollte sie uns Langnasen verstehen. Dann stand Herr von Becker auf: »Wau, wau«, machte er und schüttelte den Kopf, »Gack, gack, gack«, schnäbelte er und nickte. Die Holde lachte und eilte in die Küche. Der Herr nebenan klatschte, und ich war erleichtert: Endlich einmal ein Kritiker, der etwas von Theater versteht!

Einige Monate später probierten wir tatsächlich »Woyzeck«. Lin saß dabei, auch unsere flinke Dolmetscherin Lie. Aber irgendetwas stimmte nicht. Dabei war eine Reihe sehr begabter Schauspielerinnen und Schauspieler zusammengekommen, fröhliche und quicklebendige junge Leute, die den lauten und immer aufgeregten, zwitschernden Italienern aus dem Mezzogiorno ähnelten. Wir hatten, weil so viele junge Männer dabei waren, den »Woyzeck« dreifach besetzt. Aber etwas war falsch. Ich fragte unsere Dolmetscherin, die sich daraufhin mit dem Kollegen Lin beriet. Wir prüften noch einmal den Text der Übersetzung, und dabei ergab sich Wunderliches – die Geschichte des armen Barbiers Franz war ein unverständliches Gewirr geworden. Wir machten uns also ans Werk und übersetzten neu. Und jetzt konnten sie spielen! Einige hatten auch eine Ausbildung in der klassischen Oper und hofften auf Fensehkarrieren. Ich war über die Verve verwundert. Eifersucht?, lachte die Dolmetscherin Lie, eine Berliner Studentin, von Eifersucht verstehen wir etwas. Die alten Opern sind voll von Eifersuchtstragödien der Prinzen und Prinzessinnen aus der Mongolei und Mandschurei!

Morgens kamen sie nie ganz pünktlich, sie waren bis zu zwei Stunden mit dem Fahrrad unterwegs, im unübersehbaren Pulk von Tausenden Radlern, die damals in die große Stadt rollten. Anschließend gab es noch Schwatzen und Kichern, dann aber legten sie los. Lin war ein aufmerksamer Helfer, sprang ein, wenn meine Erklärungen nicht ausreichten. Es war ein Abenteuer der schönsten Art, viel lief einfach über eine gemeinsame Körpersprache.

Des Mittags waren sie erschöpft und leer – sie waren ja zumeist schon um sechs Uhr aufgestanden. Zum Essen hatten sie sich etwas mitgebracht, andere machten sich in der Theaterküche etwas zurecht. Das Volkskunsttheater war wie eine kleine Stadt, viele Künstler wohnten dort in ihren Garderoben, auf den Fluren hing Wäsche wie in einer italienischen Gasse. Heute Abend wollen die Schauspieler, sagte Lin, dich und deine Susanne zum Essen einladen. Ich war verblüfft. Wohin? Das wirst du schon sehen, raunten sie fröhlich.

Am Abend bogen wir hinter einem traditionellen Gebäude in einen gepflasterten Hof ein und stiegen eine Treppe hinunter, durchquerten zwei Kellerräume und betraten sodann einen kleinen Saal, wo wir alle an einem großen, runden Tisch Platz fanden. Und dann wurde aufgetischt – es war das köstlichste Essen, was wir je gegessen haben, und damit schließe ich die Chinatowns in New York, Amsterdam und London ein. Dabei war solches Speisen streng illegal. Wo sie denn diese Köstlichkeiten kochten, fragte Susi erstaunt. Dort, sagte Lin, da hinter der Tür, sei eine Wäscheküche.

Lie und Lin kannten sich schon lange, sie waren Aktivisten bei der Kulturrevolution gewesen. Das war nicht richtig, sagte Lin, wir haben große Fehler gemacht. Ich berichtete ihm von 68, der Apo und der RAF.

Wir probierten den »Woyzeck«, so weit wir kamen. Susi und ich mussten irgendwann abreisen. Die Bühne war uns verwehrt worden, so richteten wir uns auf der Probebühne zu einer kleinen Vorpremiere ein. Ob wir in der Mitte unseres Raumes vielleicht ein rotes, wattiertes Tuch ausbreiten könnten? Lin lächelte mitleidig: wenn es solche gäbe, würden Jacken und Mäntel daraus gemacht. Gut, sagte ich, langnasig und hochmütig, nehmen wir einfach ein großes, rotes Tuch und nageln es auf den Boden. Aus solchem Stoff machen wir Kostüme, sagte sie. Langsam dämmerte Scham in mir, und ich bat um ein Stück Kreide und zog ein großes Rechteck auf den Boden. Wir waren zufrieden, die Szenen wurden bemerkenswert, und Lin versprach, die restlichen Bilder nach Maries Ermordung weiterzuführen.

Die Schauspieler kochten noch einmal köstlich für uns zum Abschied, und wir prassten auf der Probebühne. Sie schenkten uns schönste Dinge, und am Ende sangen sie aus den alten Opern Arien. Wir sollten auch singen. Aus Opern? Mozart? Gar Wagner? Also traten wir mit am Brunnen vor das Tor an, eine feste Burg, wenn die Welt voll Teufel wär, kein schöner Land, jenseits des Tales, Abend wird es wieder – und dann am Ende ließen wir den Mond aufgehen. Aufmerksam summten sie mit.

Am nächsten Nachmittag brachten sie uns mit dem Bus zum Flughafen, einer, der ein wenig Englisch konnte, sagte leise, »Thank you, Master«.

Wir haben die meisten nie wiedergesehen. Unsere Marie soll eine Filmkarriere gemacht haben. Lin kam tatsächlich zu uns nach Hamburg, inszenierte ein Stück des späteren chinesischen Nobelpreisträger Moyan, »Der Yeti«, eine fremde, beeindruckende Arbeit.

Ein Minister muss her!
1988

Es war wieder einmal Wahlkampf in der Republik, 1998. Hatte ich in Köln noch auf dem Roncalliplatz gestanden und gegen Strauss gewettert, kam es nun zu einer ganz anderen Art von Engagement. Ich stand an einem Abend ziemlich wuselig auf der Bühne des wunderschönen Schwetzinger Barocktheaters herum, lief hierhin und korrigierte dort ein bisschen, schickte die Schauspieler zu ihren Auftritten, schimpfte den Lichtsetzer. Am Abend sollte unsere Thalia-Aufführung von »Was ihr wollt« über die dortige Barockbühne gehen! Da klingelte das mittlerweile unersetzliche Handy in meiner Jeans. Ich schlich auf leisen Gummisohlen in die Seite. Gerhard Schröder, der künftige Bundeskanzler der Republik, meldete sich: er habe nun darüber nachgedacht, ob ich nicht sein künftiger Kultursekretär werden wolle. Ups!

Manfred Bissinger hatte in Verabredung mit dem Kanzlerkandidaten einige Kulturmenschen zusammengerufen: Oskar Negt, Erich Loest, Günter Grass, ich brachte noch den lokalen Rockbarden Westernhagen mit, und wir entwickelten für den zukünftigen Kanzler die Position eines Kulturbeauftragten des Bundeskanzlers, des späteren Kulturstaatsministers.

Den drei Politikern Schröder, seinem engsten Mitarbeiter Bodo Hombach und seinem Pressechef Uwe-

Karsten Heye leuchteten unsere Reden ein. »Wir hören voneinander«, und sie setzten sich in ihre Karossen und brausten davon! Das ist gut gelaufen, meinte Manfred, das geht weiter. Wir waren wohlgemut, und nun also Schröders Anruf! Ich wand mich, verbog mich und krampfte – ich könne nicht in Gremien sitzen. In Kürze sollte ich nach Bayreuth, um den »Ring« zu inszenieren, und daneben noch Staatsaufgaben?

Kurze Zeit später rief ich ihn wieder an. Ich schlug ihm vor, eine Expertengruppe zusammenzustellen, die sich erst einmal grundsätzlich Gedanken über die zukünftigen Aufgaben einer solchen Position machen sollte. Das fand er gut und verzieh mir.

Es fand sich eine respektable Gruppe zusammen: für die Literatur der Verleger Arnulf Conradi – nachdem Michael Krüger absagen musste –, für die Politik Freimut Duve, der als kulturpolitischer Sprecher der SPD schon alle Wege und Schliche in der Bonner Bürokratie gegangen war, für die Musik Ingo Metzmacher, für die Museen Uwe Schneede von der Hamburger Kunsthalle, für Kunst und Gewerbe Dieter Gorny, damals ein Chef von VIVA, Oskar Negt, der Soziologe und Philosoph, Richard Schröder von der Humboldt-Uni in Berlin.

In mehreren Sitzungen erarbeiteten wir eine Grundstruktur: Der kundige Freimut Duve spürte aus den verschiedenen Ministerien »kulturoffene« Abteilungen auf, die wir zu einem Gebilde zusammenfügten und es in die Kulturabteilung des Kanzleramtes einbauten. Die Position sollte die eines Staatsministers sein: Staatsminister und Beauftragte des Kanzlers für Kultur und Medien. Das klang nach Zukunft.

Aber wer wäre der Kandidat für solche neuen Aufgaben? Manfred und ich wälzten Namen. Michael Naumann wurde genannt. Aber ihn hatte ich zuvor gerade in New York besucht. Er schien so glücklich in seinem Townhouse unten in Manhattan, und nun zurückkehren in die Bonner Bürokratie? Das konnte ich mir nicht vorstellen. An einem Abend hatten wir in einem Jazzlokal downtown zusammengesessen, und er sprach begeistert von seinen neuen Aufgaben als New Yorker Verlagschef.

Als ich mich mit unseren Papieren unter dem Arm mit Stefan Aust, der damals Chefredakteur des »Spiegel« war, zum Essen traf, um ihn zu überreden, unseren Plan im »Spiegel« zu promovieren, tauchte diese entscheidende Frage wieder auf: wer solle es denn machen? Frag doch mal unseren Freund Naumann. Muss ich nicht, ich habe ihn ja gerade in New York getroffen, der war im Übermaß happy im Big Apple. Aber ich habe gerade mit ihm telefoniert – er hat Lust, Schröder den Minister zu geben, sagte Stefan. Und er hatte recht, er wolle das machen. Aber du warst doch so glücklich im Apple? Das sei vorbei, erklärte er mir später.

So geschah es, und endlich hatten wir einen kompetenten, eloquenten, klugen Minister im Kanzleramt. Erst Monika Grütters wirkte wieder ebenso überzeugend und erfolgreich in diesem Amt.

*Ein kleiner Ausflug ins liebliche Frankenland
zu Zwergen und Riesen*

2000–2005

Guiseppe Sinopoli sollte in Bayreuth den »Ring« dirigieren, suchte einen Regisseur und schlug mich vor. Gudrun Hartmann, die beste Mitarbeiterin der westlichen Welt, und mein ehemaliger Student, der heutige Regisseur und Intendant Markus Dietze, begleiteten mich ins fränkische Land der Zwerge und Riesen, zum »Ring 2000«. Bücher könnte man vollschreiben über diese Festspiele in Bayreuth, damals geleitet von drei gespenstischen Lemuren: dem fröhlichen und klapprigen Wolfgang Wagner, altersvergesslich, und seiner ihm angetrauten zweiten Ehefrau, besonders lebensverdrossen, oft bitterböse und nachtragend. Im Hintergrund geisterte noch Frau Dorothea Glatt, in Fachkreisen »böse Fee« benannt, ein geheimnisvoller Grauschleier umwehte sie. Diese Festspiele zeigten sich damals kleingeistig und aus der Zeit gefallen, hügelige Provinz. Es roch immer noch nach Nazi. Wieland Wagner, Wolfgangs Bruder, der große Reformator, wurde als Leiter der Außenstelle Bayreuth des KZ Flossenbürg enttarnt. Wolfgang Wagner – er nannte den Führer »Onkel Wolf« – und Wieland hatten von Hitler zum Geburtstag einen offenen Mercedes geschenkt bekommen. Wolfgang und Gudrun waren eine autoritäre und stets beleidigte Leitung, die ihren Künstlern, besonders den Regisseuren, das Leben schwer machte, aber auch Sängern wie Placido Domingo oder Künstlerinnen wie Waltraud Meier. Sie schürten Krisen, um dann wieder eingreifen zu können.

Mit dem Nebel sollten wir sparen, ihn am besten ganz zudrehen. Der Sänger des Hagen, John Tomlinson, könne dann nicht singen. Nun war ich wieder einmal in New York gewesen und hatte John nach einer Aufführung von »Moses und Aron« hinter der Bühne der MET dazu befragt. So toll wäre der Nebel tatsächlich nicht – aber auch das ginge. Und? – Was sei mit dem Nebel?, fragte mich der Herr der Ringe später streng. Als ich von meinem Gespräch in Übersee mit Tomlinson berichtete, wandte er sich abrupt ab – er war gekränkt.

Wie ich denn geschlafen habe, fragte er ein anderes Mal. »Gut«, sagte ich artig, »tolle Luft über den Hügeln.« – »Ja«, schmunzelte er in fränkischer Melodie, »der Hitler hat hier auch immer gut geschlafen ...« – »Warum haben Sie ihn nicht öfter hier schlafen lassen«, fragte ich zurück, »da wäre uns vieles erspart geblieben.« Da klapperte er schnell davon, not amused.

Die Disposition dieser vier Teile des »Rings« war viel zu eng und deswegen fahrlässig. Wir probierten alle Teile durcheinander, zeitweilig drei Szenen aus den verschiedenen Stücken an einem Tag, zusammenhängende Szenenfolgen waren die Ausnahme. Es gab drei Monate keinen Tag, um Luft zu schnappen. Als Pfingsten kam, floh ich regelrecht und fuhr mit der befreundeten Gaby Auenmüller, unserer Souffleuse, in ein benachbartes Dorf, wo eine herzensgute Pastorin unter freiem Himmel zu einem Festgottesdienst geladen hatte. »Oh, welche Last, in freier Luft/dem Atem leicht zu haben! Nur hier, nur hier ist Leben...«, singt der Chor im Fidelio, und so fühlte ich mich kurz wieder frei in der Natur.

Ich sollte nach Vollendung des Marsches durch die germanischen Mythen – dieser wohlfeilen Mischung aus Edda und dem »Nibelungenlied« – meine Regiebücher, vier an der Zahl, bei dem Regime abgeben, was ich nicht tat. Wahrscheinlich wollte man verhindern, dass ich durch die Welt fahre, um einen »Ring« mit Bayreuther Heiligenschein zu verhökern. Auch Gudrun sollte ihre Notizen hinterlegen, sie aber vorher mit Bildern ergänzen: dazu saß ein gelangweilter Fotograf neben seiner Kamera und drückte gedankenverloren alle zwei Minuten (2!) auf den Auslöser – die Grundlage für die künftigen Wiederaufnahmen. Das hieß wohl, dass in früheren, glücklicheren Zeiten nur alle 2 Minuten etwas Neues geschah, etwa dass Wotan seinen Speer von der einen zur anderen Hand wechselte. Rätselhafter Hügel!

Die Unternehmung war für uns, besonders für Gudrun, Markus und mich, eine riesengroße Anstrengung – wir haben uns mit den Sängern bestens verstanden und uns strikt gegen das Regime abgegrenzt. Der neugierige Alte trödelte gerne durch die Proben, spionierte auf der Suche nach Abweichungen von Großvaters Werk. Wir hatten miteinander verabredet, bei seinem Auftauchen immer innezuhalten, Gudrun und ich tuschelten dann längere Zeit miteinander – offensichtlich gab es

Regieprobleme –, bis der alte Ländler uns wieder verließ. Dann ging es munter weiter.

Das Abenteuer hatte schon merkwürdig begonnen. Kurz vor Probenbeginn – am 20.4., des Führers Geburtstag – hatte Wagner zu einer großen Sitzung gebeten. Alles verlief zufriedenstellend. Dann bat er alle, den Raum zu verlassen, nur Gudrun, Markus und ich sollten bleiben. Monate zuvor hatte er mich gebeten, die Tochter seiner zweiten Frau Katharina als Assistentin zu akzeptieren. Ich müsse mich nicht besonders um sie kümmern, hatte er mir anvertraut, Sie wissen schon – Zwinker. Ich wusste um die Querelen im Hause Wolfgang. Eine gräuliche Saga. Natürlich hatte ich seinen Wunsch akzeptiert. Umso erstaunter waren wir drei, als er uns nun Intrigen gegen seine Tochter vorhielt, deshalb werde sie nicht mehr mitarbeiten. Ich wollte ruhig bleiben, nahm wortlos einen Rucksack und ging zur Tür. Ich hatte mir vorgenommen, mir nichts gefallen zu lassen – bei der ersten Gelegenheit durfte ich deswegen jetzt um eine Antwort nicht verlegen sein. Ich holte tief Luft: Es sei ja eine Unverschämtheit, mit solchen blödsinnigen Verdächtigungen aufzuwarten – wenn hier ein solcher Umgang gepflegt würde, dann könne er in den nächsten Monaten viel Spaß mit uns bekommen, darauf würde ich mich schon freuen! Dann knallte die Tür hinter mir zu. Danach war Ruhe in der Scheune. Wie im Feindesland, sagte Markus. Warum sind sie so fies, wenn sie uns doch engagiert haben, fragte ich mich. Auch die beiden freundlichen Regie-Kollegen, die ich später im Kantinengarten traf, die Herren Guth und Schlingensief, waren ratlos. Als Intendanten bemühten wir uns doch immer aus ganzer Kraft um unsere Gäste, versuchten ihnen die schwierige Tätigkeit leicht zu machen. Und hier?

Was wir wohl gedacht hätten, fragte Sibylle Zehle, die sich an unseren Tisch setzte. Sie hatte für den »Stern« über unseren »Ring« berichtet und uns mehrmals guten Mut zugesprochen. Ihr seid Untertanen am Hofe des Königs Wolfgang, nur von seiner Huld und Gnade abhängig, wie in den alten Dynastien.

Abzüglich der knappen Endproben – Orchesterproben, Hauptproben und Generalproben – gab man uns 17 Probentage – für jedes der vier Stücke. Das war knapp, sehr knapp, die wenigsten Proben hatte »Siegfried«, zudem auch Wagners dürftigster Teil. Vor dem Beginn der musikalischen Proben kam kein Durchlauf zustande. So wurde »Siegfrieds Tod« nicht der lebendigste Abend und auch mein schwächster Teil der Trilogie.

Die Premieren, mit Hoffen und Bangen erwartet, haben uns dann überrascht. »Rheingold« und auch die lange, schwierige »Walküre« wurden überraschend akklamiert, der »Siegfried« erhielt einige Gruppenbuhs – Mitte rechts saßen die Bösen –, »Götterdämmerung« wurde akzeptiert. Die Fürstenfamilie Wolfgang und Gudrun standen nach den Buh-freien ersten beiden Abenden – für die fliegenden Walküren gab es sogar Szenenapplaus – stocksteif und stumm an der Seite ... Kein Gruß oder gar Glückwunsch. Doch als nach dem »Siegfried« die Buhs auf die Bühne wehten, kam Wagner zu mir, gab mir die Hand und fränkelte: »Jetzt ham Se die Baireitr Weihn«. Ja, mei, du Wagnerianer, dachte ich, freust dich also über unsere Buhs, das ist doch ganz und gar neben der Mütze!

Die Arbeit mit Guiseppe Sinopoli war wunderbar, der kluge Feuerkopf starb leider ein Jahr nach unserem Probenbeginn bei einem Dirigat von Verdis »Aida« im Graben der Deutschen Oper, dessen Generalmusikdirektor er einmal gewesen war. Sein Nachfolger wurde Adam Fischer, eigentlich eher ein großer Mozart-Dirigent, der sich auch in der deutschen Romantik sehr gut auskannte. Er leitete die nächsten vier Jahre den »Ring« und reüssierte.

Neben Gudrun und Markus saßen noch zwei kundige Wagnerianer neben uns auf den Proben: Hermann Schreiber, der berühmte Bestsellerautor, war Reporter beim »Spiegel«. Es zog ihn schon immer zur Oper, und er war fleißig an unserer Seite, ein ungemein angenehmer und freundlicher Berater und Kenner der Rezeptionsgeschichte des großen Spektakels. Und Professor Udo Bermbach, ein leidenschaftlicher Wagnerforscher, er wusste eigentlich alles über den Sachsen, allerdings kaum etwas über die Gesetze unserer Profession. Theater ist eben kein Seminar. Wonder kam uns leider unterwegs abhanden, er flüchtete nach dem ersten unserer fünf Jahre – wir wussten nicht warum – und ward nicht mehr gesehen. Ende einer Dienstfahrt, ein trauriger Abgang nach einem gemeinsamen Weg, der 27 Jahre gedauert hatte. Die notwendigen Änderungen im Bild entwickelte ich mit seiner Assistentin Magdalena Gut. Und das gelang uns hervorragend, so geht es eben auch …

Jahre später feierte der greise Wolfgang Wagner einen hohen Geburtstag. An seinem Tisch versammelten sich Tankred Dorst, Alfred Kirchner, Patrice Chéreau und ich, allesamt »Ring«-Regisseure. Ich tuschelte Patrice zu, er solle als Dienstältester »Ring«-Regisseur eine kleine Rede auf »Wowa« halten. Das tat er, stand auf und richtete rührende Worte an den alten Mann, der, selig lächelnd, versunken in seinem Stuhl saß. Er verstand augenscheinlich nichts mehr von dem, was ihm gesagt wurde, und hatte uns zuvor auch nicht mehr erkannt. Da tat er mir tatsächlich leid, solch ein dunkler Abschied.

In meine Arbeitskladde schrieb ich meinen eigenen Titel für die vier Stücke der Wagner-Festspiele auf: »Da wo die Liebe erbleicht ...«.

Schöne Wochen an der Salzach
2002–2004

Ich hatte also nach 15 Jahren am Thalia aufgesteckt, den Theaterdirektor zu geben. Es ging nicht mehr, ich war der ewig widrigen Umstände mürbe und müde geworden. Zu viel geriet in den berühmten Trott, in die Routine, trotz der unbestreitbaren Erfolge. Ich war also zum ersten Mal seit langer Zeit wieder frei, Herr meiner Zeit und meines Kalenders, sehr ungewohnt. Ich war fest überzeugt, dass mich das Schicksal am Wickel hatte und meine Laufbahn zumindest als Intendant nun verstrichen sei, rien ne va plus.

Aber Fortuna war wieder einmal an meiner Seite. Peter Ruzicka, dieser kluge Komponist und Dirigent, engagierte mich als Schauspielchef nach Salzburg, wo ich ja schon mehrere Male gearbeitet hatte: 1987 zum ersten Mal mit »Der Bauer als Millionär« von Ferdinand Raimund und Nestroys »Das Mädl aus der Vorstadt«. Zuletzt – schon bei Gerard Mortier – mit Nikolaus Harnoncourt »Die Krönung der Poppea« von Monteverdi.

Danach hatte es eine lange Pause gegeben. Dr. Mortier mochte mich wohl nicht und der Schauspielchef Peter Stein erst recht nicht. Ich war ein wenig gekränkt gewesen, Mortier hat sich jeglichem Gespräch verweigert. Von Stein konnte ich sowieso nichts erwarten, er arbeitete zu Beginn eng mit dem Doktor zusammen und hat mich ausgesucht schlecht behandelt. Ich weiß bis heute nicht, wieso er sich zu mir so missgünstig und verletzend verhielt.

Ich hatte mich bis dahin stets als seinen Freund gesehen. Das war ein Irrtum. Als ich in Salzburg einmal den »Jedermann« neu einrichten sollte, wollte er meine Bedingungen nicht erfüllen: den »Jedermann« in die Nacht zu führen, auf dem gesamten Platz vor einer beweglichen Tribüne. Wenn das Stück in den sakralen Raum gerät, wollten wir vor dem Dom ankommen und dort im Fackellicht verharren. Wenn das alles ginge, meinte er, würde er es ja selbst machen.

Später wurden er und der Doktor bittere Konkurrenten, und Stein verlor manch saure Bemerkungen über seinen Ex-Chef. Zu viele Egos im Salzburger Spiel. Ich habe es leicht amüsiert überlebt.

Mir stand nun als Salzburger Schauspielchef die treffliche und einlässliche Ulli Stepan zur Seite, die sich um Abläufe und Finanzen kümmerte, sie hatte schon für uns am Thalia gearbeitet, eine loyale, perfekte Mitarbeiterin von großer Klugheit.

Als ich dann Jahre später, von 2006 bis 2010, Intendant der Festspiele wurde, hätte ich sie mit der Leitung der Schauspielabteilung betrauen sollen, trotz widriger Umstände. So aber hatte ich einen schwerwiegenden Fehler gemacht, wie sich dann rasch zeigte. Aus der Perner-Insel wollte ich ein Tanzhaus machen, aber Sasha Waltz sagte mir kurzzeitig wieder ab – damit war meine langfristige Programm-Planung schon früh geplatzt!

Allein der rabiate Johann Kresnik machte auf seine starke Weise einen überzeugenden und akklamierten »Peer Gynt« auf dieser Insel.

Meine erste Zeit in Salzburg, als Schauspielchef, war leider kein Feuerwerk. Ich mühte mich, wie später auch als Intendant, dieses voluminöse Festival aus seiner selbstzufriedenen Beliebigkeit zu lösen und ihm jedes Jahr thematisch ein Profil und Zusammenhang zu geben. Wenn du es nicht am Anfang machst, dann machst du es nie wieder, hatte mir der Vorgänger Frank Baumbauer, der erfahrene Intendant des Hamburger Schauspielhauses, geraten. Er meinte tatsächlich, ich sollte sogar einmal die heilige Salzburger Milchkuh, den »Jedermann«, in den Ruhestand schicken. Die Einnahmen aus diesem »Spiel vom Sterben des reichen Mannes« waren aber stets ein stabiler Pfeiler der Festspielfinanzen. Dieser alte »Jedermann« von Max Reinhardt! Helene Thimig, Reinhardts Frau, hatte das Stück, als sie aus der Emigration zurückgekehrt war, wieder in seine ursprüngliche Form gebracht, das war nun schon lange her. Ein Mitglied des Kuratoriums, Dr. Fehle, wies mich auf Christian Stückl hin, den Regisseur der Oberammergauer Festspiele, die dieser gegen trotzige Widerstände reformiert hatte. Ich hatte allerdings schon zwei Hauptdarsteller für die Buhlschaft und den Jedermann im Sinn: Veronica Ferres und Peter Simonischek. Vroni kannte ich aus Köln, wo sie – das rheinische Mädchen aus Solingen – in Walter Bockmayers Kneipentheater »Die Filmdose« sehr komisch und großartig die Geierwally gespielt hatte. Auch Peter kannte ich schon lange, er hatte mir einmal erzählt, wie gerne er den Jedermann spielen wollte. Stückl stimmte dieser Besetzung zu und ging ans Werk, und siehe da, es wurde ein sehr überzeugender, neuer »Jedermann«, der sehr lange Jahre gezeigt wurde. Nebenbei gab die Kuh also auch bei mir prächtige und fette Milch – auch wegen der schönen Musik von Gunar Letzbor und seiner Ars antiqua!

Die Zeit mit Peter Ruzicka war allerdings ein bissl enttäuschend; es muss wohl am dauernden Schnürlregen oder an der in der schönen Stadt eingesperrten, sommerlichen Hitze liegen, dass so wenig miteinander entstand.

Im kleinen ehemaligen »Stadtkino«, dann »Republik« geheißen, gründeten wir immerhin ein kleines Festival – »Young Directors Project«, kurz YDP genannt. Es kamen dort jedes Jahr zwei ausgesuchte Produktionen, die wir co-produzierten, zur Aufführung. Das war nur möglich durch Ingrid Roosen. Sie war bei dem Hamburger Füllfederhalter-Unternehmen »Montblanc« tätig … Als ich ihr von meinem Plan »YDP« erzählte, war sie spontan dabei und überzeugte ihren Chef Norbert Platt, einen Preis zu stiften, den »Max Reinhardt-Pen«. Das brachte frischen Wind, ebenso die Inszenierungen der Stücke der Preisträger der Mühlheimer Theatertage, die im Landestheater ihre Taten zeigten. Die Reihe »Dichter zu Gast« hatte ich deutschen Autoren gewidmet: Robert Gernhardt von der neuen Frankfurter Titanic-Schule, dann Christa Wolf, die uns verwundert fragte, wer sie als Ex-DDR-Autorin wohl eingeladen habe? Waren denn die Festspiele so westlich-kapitalistisch, dass über den Künstlern aus Ostdeutschland ein Bann gelegen hatte? Das war mir total fremd, zumal ich in den langen Jahren der Teilung immer den Kontakt mit Kollegen und Freunden in Dresden oder Ostberlin gepflegt hatte, bis zu Einladungen ganzer Ensembles. Sie kam und las und brachte auch zwei vorzügliche Schauspielerinnen mit, die in der DDR bekannt geworden waren: Jutta Hoffmann und Johanna Schall. Der dritte Schriftsteller war Tankred Dorst, einer der erfolgreichsten Dramatiker des deutschen Theaters. Er stellte einige seiner Studenten vor, las aus neuen Werken und präsentierte sein wichtigstes Stück, »Merlin«, ein voluminöses Werk, das nur mit gewaltigen Strichen aufgeführt werden konnte, so von Dieter Dorn in München. Wir trommelten alle Schauspieler der Festspiele zusammen und lasen das gesamte Werk vor, es brauchte dafür acht (8!) Stunden.

Intendant Peter Ruzicka hatte bald eine Königsidee, er wollte zum Mozart-Jubiläum, dem 200. Geburtstag, die gesamte Theaterwelt, auf die sich die Arbeit des Meisters aller Klassen beziehen ließ, präsentieren. Ein ehrgeiziges Unterfangen. Für dieses Projekt der Stücke hätte es viele Räume gebraucht, das Landestheater, die Felsenreitschule, das große Festspielhaus. Ich hatte also eine lange Liste dieser Schauspielvorhaben bei dem Intendanten eingereicht – er fand das alles sehr gut und reichte sie mir trotzdem alle zurück. Ein Plan war gewesen, die Molière-Stücke auf ihre Patenschaften zu Da Ponte zu untersuchen, von Beaumarchais »Der tolle

Tag« bis zu Horvaths »Figaro lässt sich scheiden«. Eine Auftragsarbeit sollte an einen deutschen Autoren, den hellköpfigen Moritz Rinke, vergeben werden. Aber solche und andere Ideen brauchten natürlich: Bühnen, Räume. Ich bekam lediglich den Hinweis auf die Perner-Insel. Ein bisschen wenig – ein altes Kino und eine ehemalige Halle, die in routiniertem Guckkastensystem zu bespielen waren ...

Ich war düpiert. Und so kam es, dass meine Augen sich alsbald auf die Ruhrtriennale richteten. Gerard Mortier, der Gründungsvater dieses »Fests der Künste«, war nämlich mittlerweile an die berühmte Pariser Oper berufen worden, das war wohl sein Lebenstraum, nun war da die Not groß in der ehemaligen Montanlandschaft. Und guter Rat! Auftritt Thomas Wördehoff, Dr. Mortiers Dramaturg. Er war Jahre zuvor mein Assistent bei den »skandalösen« Hoffmanns Erzählungen in Hamburg gewesen, nun knüpfte er den Kontakt zu Kulturminister Michael Vesper. Diesen traf ich mehrere Male, dann bei einem Fußballländerspiel den Ministerpräsidenten Steinbrück im neuen Stadion von Dortmund. Steinbrück kannte mich, er war vor einiger Zeit noch Besucher im Thalia Theater gewesen. Aufnahmeprüfung bestanden!

Ou est la Rühr?
2005–2008

Ich verabschiedete mich brav vom schönen Salzburg, von den Freunden, die ich als Schauspielchef endlich gefunden hatte, und zog mit frischen Kräften an die Ruhr, »très interessante la Rühr, mais où est la Rühr«, war Mortiers ständige Redensart gewesen. Mortier hatte dieses Festival aus der Taufe gehoben, das alle drei Jahre in den alten, restaurierten Fabriken von Duisburg bis Dortmund stattfinden sollte: die »Ruhrtriennale« – ein Glücksgriff der dortigen Ministerpräsidenten, von dem Ex-Buchhändler Johannes Rau und seinem Nachfolger Peer Steinbrück. Der Architekt Norbert Ganser hatte sich nach dem Ende der Montanindustrie energisch für den Erhalt der alten, zum Teil ehrwürdigen Industriekultur eingesetzt, viele Gelder wurden in den Erhalt der Gebäude gesteckt. Und was nun? Was tun? Eine Kommission zusammenrufen! In dieser saß dann auch Alexander Pereira, der umtriebige Opernhauschef aus Zürich. Mortier, nach ständigen Querelen mit Salzburger Traditionalisten erschöpft, hatte sich sogleich mutig ans Werk gemacht und ein grundsätzliches Programm für die »Ruhr« entworfen, das erhebliche Konsequenzen hatte. Es gab hier überall die fantastischen Hallen und Spielorte, alle in nostalgischem Gewand der alten Industrien, die Vergangenheit war noch zu spüren.

Der kluge Kulturdezernent Peter Rose aus Gelsenkirchen, ein Ruhrgebietssprössling, mahnte uns später, dass unsere Begeisterung nicht zu einer romantisierenden Verklärung führen dürfe. Es waren doch zumeist Orte der brutalen Ausbeutung gewesen, der Boden von Blut, Schweiß und Tränen getränkt. Aber alle diese bösen Zeiten könnten doch durch die Kunst – mit Schauspiel, Tanz, Gesang, Musik, mit Bildern und Skulpturen, mit Menschen von heute, deren Großväter noch unter der Knute dieses rigiden Kapitalismus gelitten hätten – in einen versöhnlichen Dialog treten. Das war auch meine Antwort, als ich nun dort anheuerte. Er war zufrieden.

Das Vorbild für diese Hallen war die Spielstätte von Ariane Mnouchkine im Wald von Vincennes: In der ehemaligen, todbringenden Munitionsfabrik, der »Cartoucherie«, traten mit Mnouchkines Truppe Shakespeare, die Heroen der Revolution von »1789«, Klaus Manns »Mephisto«, Euripides, Aischylos und Molière auf. Auch das eine Art später Versöhnung mit dem Tod auf den mörderischen Feldern Europas.

Als ich dort anfing, wurde ich begleitet von Andrea Kaiser, die bislang beim »Berliner Ensemble« gearbeitet hatte und nun auf der Suche nach neuem Gelände war. Thomas Wördehoff war dabei und als Produktionschefin, auch mit der Leitung des Betriebsbüros betraut, Ulli Stepan. Das gab mir Sicherheit. An meiner Seite war auch Jürgen Krings, als fröhlicher Verwaltungschef. Er starb sehr früh, wie haben wir ihn alle vermisst!

Allerdings überlastete ich mich doch sehr mit dem Beginn bei der »Triennale«, nach all den Mühen und

Missstimmungen in Salzburg. Die gesundheitliche Rechnung kam bald, wie stets ganz unverhofft. Mach Pause, hatte Prof. Kuck mir geraten. Wie, Pause? Bin ich denn in einer Fabrik?

Es gab viele gelungene Aufführungen an der Ruhr. Immer dann, wenn diese Orte auch Anlass zu anderen Sichtweisen und Darstellungsformen gaben, wurde es spannend und aufregend, wie bei den »Soldaten« von David Pountney oder bei Andrea Breth, Albert Ostermaier und Christian Boltanski, dem französischen weltberühmten Künstler. Der leider schon verstorbene Boltanski gab mit seinen Kleiderbergen, die ständig durch einen mächtigen Trichter auf ein unteres Stockwerk fielen und dort auf der Dauer der Vorstellungen einen stets wachsenden Berg bildeten, einen eindringlichen Anlass zum Nachdenken. Seine Produktion des Stationendramas »Nächte unter Tage« hatte Schwierigkeiten und Probleme, die aber alle geklärt werden konnten, und das bei den starken Egos der beiden Künstler. Es wurde trotzdem eine berückende Veranstaltung.

Wenn wir genug Labyrinthe und Erinnerungen an alte Reviermythen durchschritten hatten, öffnete sich der Weg zu einem kleinen, doch langen Kanal, an dessen Ende Elisabeth Leonskaja saß und spielte, in weiter Ferne auf einem Flügel, der langsam auf den Wassern zu schweben schien.

Unvergessliche Augenblicke, die sich wie zu einem Requiem auf die abweisenden Mauern, Dächer, Tore, Fenster und alten Maschinen verdichtete.

Das, dachte ich damals, war der richtige Umgang mit der Umgebung, freilich brauchte es dazu die Kunst der Leonskaja und den Blick der Breth. Ein kreisrundes Bühnenbild stand mitten in der Gebläsehalle in Duisburg, Willy Decker und sein Bühnenbildner Wolfgang Gussmann hatten Frank Martins »Le vin herbé«, eine »Tristan und Isolde«-Erzählung, inszeniert. Willy Decker zeigte hier, dass er einer der bedeutendsten Opernregisseure ist.

Als meine Nachfolgerin, die fröhliche Marie Zimmermann, zu unser aller tiefen Erschrecken plötzlich verstarb und wir nach einem Intendanten suchten, überredete ich Decker. Er wurde ein überzeugender und beliebter Chef.

Am Ende dieser tollen Jahre an der Ruhr drohte allerdings das Unheil der Provinz. Das große Revier mit seinen vielen und auch großen Städten wurde als Kulturhauptstadt Europas ausgerufen.

Das war mutig, denn das Revier hat – außer im Bochumer Theater – kaum überregional geleuchtet. Es gab auch einige anregende Museen wie Folkwang und Lehmbruck mit einer beispielhaften pädagogischen Abteilung von Cornelia Brüninghaus-Knubel. Doch sonst?

Aus den drei Jahren Triennale sollten dann vier werden – wie kam das denn? Die »Kulturhauptstadt Ruhr« hatte viele Begehrlichkeiten geweckt. Jeder Kunz und jeder Hinz, meistens nicht aus dem professionellen Kulturbereich, fühlten sich berufen, dieses umspannende Festival zu leiten. Frank und frei, das gefiel mir nicht.

Mit Billigung des Staatssekretärs für Kultur, dem überaus kundigen Hans-Heinrich Grosse-Brockhoff, fuhr ich nach Wien. Mir war klar und nicht nur mir, dass die Migration ein großes Problem für uns, unser Gemeinwesen werden würde. Als Leiter der Triennale hatte mich der rührige Ministerpräsident Jürgen Rüttgers mit vielen anderen, u. a. der bewundernswerten Alice Schwarzer, zu den Beratungen einer »Zukunftskommission« eingeladen. Dort ging es um dieses Thema. Im schönen Wien traf ich mich mit Peter Sellars, einem der wichtigen Regisseure des Welttheaters. Er hatte mit seiner Gruppe, zu der später der berühmte Schauspieler Philip Seymour Hoffman gehörte, im Thalia gespielt: »I am looking to the ceiling and I saw the sky« mit Musik von John Adams und »The Merchant of Venice«, das in einem Vorort von Los Angeles spielte.

Ich fragte Peter, ob ihn eine Aufgabe im Ruhrgebiet interessieren würde. Das könne er gerne machen, ihn interessiere freilich nur, die Migrantenfrage bei einem solchen Festival in den Mittelpunkt zu stellen. Ich wusste, dass ihn diese Problematik schon lange umtrieb. Und das Ruhrgebiet war seit dem 19. Jahrhundert durch seine gewaltige Industrialisierung ein Ziel für Einwanderer gewesen. Ich kehrte zufrieden nach Gelsenkirchen zurück, auf seine Reaktion hatte ich gehofft!

An der Ruhr löste die Nachricht aber eine leichte Panik aus, die absurde Erscheinungen zeitigte. Denn es wurden schon seit Langem Pläne geschmiedet, die Triennale für das Weltspektakel »Kulturhauptstadt Europa« zu nutzen – mit Programm und, wer hätte das gedacht, mit dem Etat. Wie heißt es im Ring? »Das, Alberich, schlug fehl …«

Es erschien in den Medien ein offener Brief zahlreicher, bekannter Kulturfunktionäre mit der wenig verschlüsselten Mitteilung, ein Engagement von Sellars in Abrede zu stellen. Tenor: das können wir selbst, so gut sind wir schon lange. Der Schrieb sollte als Promotion für einen Kulturkollegen aus einer großen Stadt an der Ruhr dienen. Peter Sellars war verschnupft und zog sich zurück. Die Argumentation war abenteuerlich, die Provinzhäuptlinge gegen einen Weltstar, der gerade in Wien ein viel beachtetes Projekt über »Migration« kuratiert hatte. Dieser Brief war zweifellos ausländerfeindlich und blamabel. Ich schämte mich.

Ich erhielt bald danach eine Einladung von Werner Müller, Chef der RAG, einem der letzten Revierbarone, zum Abendessen im hohen Turm der Firma, 24. Stock. Das Abendessen war exzellent. Müller, ehemaliger Minister bei Kanzler Schröder, war ein Mann von Geschmack und ein Klaviermusikliebhaber. Betrat man sein Büro hoch über dem Revier, war der Raum stets voll feinem Pianoklang, ob Barenboim oder Martha Argerich, András Schiff und Radu Lupu, er hörte und kannte sie alle.

Während wir aßen und über die Triennale plauderten, rückte er bald mit einer überraschenden Frage heraus: Ob ich nicht Lust verspürte, die Kulturhauptstadt Ruhr zu leiten? Ich war baff. Wahrscheinlich hatte mein alter Freund Manfred Bissinger, der bekannte Journalist und überragende Netzwerker, ihm die Idee ins Ohr geflüstert.

Als ich 1973 nach Hamburg gekommen war, habe ich mich, Manfred sei Dank, gleich angenommen und wohlgefühlt. Er erfand »Die Woche«, wohl die beste Zeitung, die ich kannte.

Ich aber hätte doch einen Vertrag mit den Salzburger Festspielen als Intendant in der Tasche, bedeutete ich Herrn Müller, ich befände mich schon in vielen Vorgesprächen für mein Programm, das könne ich nicht allen absagen, und bedankte mich artig.

Ihre Gage in Salzburg? Wie viel?, fragte er, das verdoppeln wir! Ich könnte doch meinen Vertrag nicht so mir nichts, dir nichts auflösen, das ginge doch nicht. Er hörte jedoch nicht auf, zu verhandeln, bis zum Nachtisch und Kaffee!

Schließlich waren wir bei einer Summe angekommen, wo die Moral, unsere alte Freundin, sich eigentlich maulend verabschiedet. Vier Jahre lang eine horrende Summe von jährlich einer Million: Schnappatmung. In Salzburg hat mir später niemand diese Geschichte geglaubt. Ein solches Angebot war offensichtlich für dort erfunden, um mich wichtig zu machen. Ich sagte Herrn Müller den Vier-Millionen-Deal nach gründlichen Überlegungen ab. Trotz meiner Absage hat er die Triennale weiterhin großzügig unterstützt. Später, als die Belastungen und Miesigkeiten der Salzburger Nomenklatura sich in schwer erträgliches Maß steigerten, habe ich oft darüber nachgedacht, ob ich mich damals richtig entschieden hatte.

Um eine Übernahme der Triennale durch die Hintertür durch die Kulturhauptstadtleitung zu vereiteln, hatte der Staatssekretär Grosse-Brockhoff einen blitzgescheiten Einfall: Ich sollte sozusagen als Bollwerk die Triennale vor unsauberen Gelüsten schützen und bitte ein Jahr länger dabeibleiben. So kam es, dass aus der Triennale, schwups, eine Quadriennale wurde.

Die Leitung der Kulturhauptstadt übernahm dann der kundige, kluge Fritz Pleitgen, ehemaliger honoriger Intendant des WDR. Ich traf ihn bald und habe ihm meine Ideen für dieses Großereignis verkauft, Währung Grappa. So auch meinen besten Einfall: quer durch das Revier einen langen Tisch zu bauen, die ganze A 43, längs, und alle Inländer und die vielen anderen Nationen an diesen Tisch zu laden, jeder und jede mit seinen diversen Nationalspeisen und Getränken. Essen und Singen und Feiern war die Devise.

Pleitgens Anruf kam später aus dem Helikopter, als er, der Boss, über den Tisch knatterte und mir schilderte, wie unglaublich dieser Anblick war: Tausende waren gekommen und saßen und aßen und machten Musik. Currywurst und Döner im trauten Einvernehmen, Ouzo und Körnchen, Pils und griechischen Wein nicht vergessen.

Für die letzte, vierte Spielzeit der Ruhrtriennale mit dem Titel »Aus der Fremde« hat unser Avantgardeprinz Christoph Schlingensief eine bewegende Aufführung gezeigt. Er, der schon sehr krank war, führte uns in die nachgebaute Kirche seiner Jugend in Oberhausen: »… von dem Fremden in mir …«. Wir wurden damit zu dem Berliner Theatertreffen eingeladen und waren glücklich.

Ein Fehler? Ein Fehler an der Salzach
2006–2010

Als Schauspielchef hatte ich Salzburg also verlassen und kam nun als Intendant zurück. Und das war ein Fehler, der größte in meiner langen Laufbahn. Ich hätte mich erinnern sollen an Beispiele wie Claus Helmut Drese an der Wiener Staatsoper oder Claus Peymann am Burgtheater. Ich hatte nicht umsonst stets Anfragen aus der schönen Stadt Wien abgelehnt, aber meine Eitelkeit machte mich jetzt dumm: Auch: das größte Festspiel, die Versammlung der allerbesten Künstler, Ostern, Pfingsten, Sommer, Hunderttausende Zuschauer, abendliche Treffen mit den Künstlern unter den Kastanien der Landgasthäuser, das waren schönste Aussichten. Ich fühlte mich ganz überragend und sollte bald auf das Maß des rheinischen Piefkes zurückgestutzt werden. Also Hofstallgasse für fünf Spielzeiten!

Meine fleißige, kluge und zuverlässige Mitarbeiterin Claudia Maier stöberte mich auf – meine Kanzlerin Frau Dr. Merkel käme gleich zu Besuch: »Geh doch schon mal runter.« Ich rannte auf die Hofstallgasse und lungerte abseits der Menge von Fotografen und der Präsidentin der Festspiele mit Gefolge herum, als der Wagen mit Frau Dr. Angela Merkel um die Ecke bog und neben einem Gully neben dem Betriebseingang hielt. Meine Kanzlerin auf einem Gully? Ich lief zum Auto, half ihr heraus, schob sie am Gully vorbei und stellte mich vor. Sie schien erfreut, kannte sie mich doch aus Bayreuth. Hinter mir stürzten die Fotografen herbei. Ich versuchte, diesen Schwarm auf Distanz zu halten, und schubste auch den die Merkel begleitenden österreichischen Wirtschaftsminister zur Seite, was fast zu einer Neuauflage der Schlacht bei Königgrätz geführt hätte. Wie die ausging, ist ja bekannt. Die Kanzlerin war amüsiert und schlug vor, wir sollten doch – wie bei »Eugen Onegin«, den sie gleich besuchen wollte – zu einem Duell antreten. Ich fand dies einen trefflichen Vorschlag und freute mich über meine Kanzlerin. In die aufkommende Fröhlichkeit konnte die Präsidentin Helga nicht einstimmen, sie war nachhaltig verschnupft, dass ich meine Kanzlerin vor ihr begrüßt hatte. Daran aber war allein der Salzburger Gully schuld gewesen.

Die Präsidentin – Frau Dr. Rabl-Stadler – hatte einen anregenden Lebenslauf hinter sich, als sie 1995 von der ÖVP – der starken Partei in Salzburg – für dieses Amt benannt wurde. Aber wie sie auch immer, in Proporzmanier, auf diesen begehrten Posten gekommen ist, hat sie sich zu einer machtbewussten Präsidentin gemausert, die über Jahrzehnte an der Spitze blieb, mit den besten Beziehungen zu den Zentralen im hauptstädtischen Wien. Ich habe ihren Weg, der nicht einfach war, stets mit Bewunderung verfolgt: welches Geschick und welche Energie bis zum letzten Tag, und welche Kenntnisse hat sie sich erarbeitet!

Die Intendanten kamen und gingen: Helga blieb und verabschiedete Mortier, Ruzicka, Flimm, Pereira, alle keine Leichtgewichte. Unbestrittener Chef des Salzburger Klüngels war Herr Wiesmüller, seine Betätigung als graue Chef-Eminenz machte ihm offensichtlich gute Laune, er schien mir ein stets fröhlicher, spurensicherer Strippenzieher zu sein.

Zu Beginn meiner Zeit freundete ich mich mit Helga an, was argwöhnisch betrachtet wurde. Man sagt mir nach, ich sei ein durchaus geselliger Mensch, und das stimmte wohl auch! Sogar nach Proben fühle ich mich im Kreis meiner Freunde und Mitarbeiter sehr wohl – das war in Köln, Hamburg stets so und sogar an der Ruhr. Hier war das anders. Ich fühlte mich allein gelassen in den lieblichen Gassen. Die barocke Idylle wurde ein kalter Ort. Meine frisch engagierten Mitarbeiter Markus Hinterhäuser – Konzertchef – und Dr. Oberender – Schauspielleiter – dünkten sich von Beginn als etwas Besonderes. Für sie war ich lediglich eine Quantité négligeable. Hinterhäuser hatte ich energisch gegen die misstrauischen Philharmoniker durchgesetzt, ich musste sogar in einem Telefongespräch mit dem Geschäftsführer, dem Hinterhäuser beiwohnte, mit meinem Rücktritt drohen. Aber meine Erfahrung zeigte wieder, dass Undank dieser bitteren Mühe Lohn war. Hinterhäuser, der ein tüchtiger Konzertchef war, hob offensichtlich während meiner Intendantenzeit schon seine Startlöcher für meine Nachfolge aus, und der Herr Doktor Oberender hatte vergessen, was in seinem Vertrag stand: dass er nämlich alle seine programmatischen Pläne mit dem Intendanten abzustimmen hatte. Von Freundschaften keine Rede, stattdessen Bedauern, schlechte Nachreden. Bei ihm machte ich genervt von meinem Recht Gebrauch, ihn wieder nach Hause zu schicken. Daraufhin ein Riesengezeter mit blöden Verdrehungen. Mein anschließender Entschluss, Salzburg zu verlassen, sicherte ihm dann trotzdem seine Position. Als wir uns Jahre später in Berlin wiedertrafen, vertrugen wir uns wieder, Erleichterung.

Eines Abends stand ich mit Markus Hinterhäuser auf dem Balkon des kleinen Festspielhauses, wir rauchten eine Zigarette und ich eröffnete ihm, dass aus Wien eine Anfrage vorläge, ob ich noch mal zwei Jahre verlängern wollte. Da wurde er sehr schmallippig. Ich bemerkte sein abruptes Stimmungstief und versicherte ihm, wie sehr ich seine Arbeit schätze – das meinte ich ganz aufrichtig –, und wir sollten uns in den nächsten Tagen doch einmal treffen, um über die gemeinsame Zukunft zu reden.

Ich hätte ihn auch – falls ich nach Essen gewechselt wäre – als meinen Nachfolger vorgeschlagen. In den nächsten Tagen hatte er aber keine Zeit für einen Kaffee … Freunde sahen ihn allerdings im Café Bazar sitzen und auf einen ihm wohlbekannten Journalisten des Salzburger Blättchens, das als besonders einflussreich im Städtchen galt, heftig einzureden. Tatsächlich erschien kurz darauf eine ganze Seite im Feuilleton über die Causa Flimm. Auf der linken Hälfte ein Porträt des Intendanten, auf der rechten Seite ein ebenso großer Kasten mit den tollen Aktivitäten unseres Konzertchefs. Fazit des Musikspezialistenschreibers: Man solle doch den Flimm nicht einfach durchwinken, das sei doch sehr unüberlegt!

Der Leser sollte offensichtlich seinen Schluss ziehen: Der Salzburger Markus könne doch auch ein Kandidat sein! »Und die Bosheit nahm an Kräften wieder einmal zu«, wie Brecht schrieb. Ich wurde geschnitten, die kalte Schulter war ein bevorzugtes Gut. Markus schien von einer Panik ergriffen, die Angst, dass er nun das lang erstrebte Erbe nicht antreten könne, schien ihm auf die Stirn geschrieben. Helga und unser Verwaltungsdirektor Gerbert Schwaighofer waren wie stets freundlich und hilfreich.

Die Findungskommission, die später meinen Nachfolger, als ich mich von Salzburg abgesetzt hatte, ausgucken sollte, fand im fernen Innsbruck unter der Vorsitzenden, der Intendantin Brigitte Fassbaender, statt. Es sollte schon klappen, schließlich hatte Markus vor einiger Zeit die große Sängerin Fassbaender bei Liederabenden auf dem Klavier begleitet. Aber Schock, oh Graus, der Pianist rasselte durch. Dann kam noch das Pech dazu, dass die Kommission sich für Alexander Pereira entschied. Und es wiederholte sich alles, was ich kannte. Ich hatte Pereira gewarnt: Er solle vorsichtig agieren, Fallen stünden überall, dazwischen waren Fettnäpfchen aufgestellt und Maulwürfe wühlten im Verborgenen. Er sei doch Wiener, lachte er, sei durch alle Wirren gegangen und ziemlich unverwüstlich. Ziemlich? Er bot dem Konzertchef an, ihn an das renommierte, ehrwürdige Konzerthaus Tonhalle in Zürich zu vermitteln. Das wurde brüsk abgelehnt. Überraschung!

Markus war nach seiner Niederlage zu den Wiener Festwochen emigriert. Als die Salzburger Festspiele Alexander Pereira endlich los waren – er wechselte entnervt an die Mailänder Scala –, kehrte Markus zurück. Der Fehler mit der Findungskommission passierte nun nicht noch einmal. Das Kuratorium, eine Art Aufsichtsrat, ernannte sich selbst flugs zur Kommission, eine Salzburger Variante. Das Ergebnis ist bekannt.

Es war mir neu und ungewohnt, dass sich enge Mitarbeiter so offen gegen mich wandten. Und plötzlich wurde mir klar wie ein weißer Spritzer beim Heurigen: der Masterplan von Wiesmüller und von Hinterhäuser, mittlerweile war dieser auch in den Familienclan als werdender Vater eingerückt, war ein klassisches Konstrukt: Lasst den Intendanten Flimm seine Tätigkeit zu Ende bringen, aber nicht zu erfolgreich. Zumindest erschien es mir so! Im Bremserhäuschen des Festspielzuges waren Herr Wiesmüller und Markus Hinterhäuser erfolgreich eingestiegen. »König Lear« von Reimann kam nicht mehr – zu teuer? Stattdessen sollte ich »Blaubart« machen. »Lear« und auch »Blaubart« kamen dann bei meinem Nachfolger Hinterhäuser ins Programm. Überraschung!

In Salzburg war es stets üblich, die Überschüsse der einen in magerere Produktionen zu schieben. So geschah es jahrzehntelang mit dem »Jedermann«, das Cashcow an der Salzach.

Meiner Lieblingsproduktion, der Oper »Al gran sole« von Luigi Nono, wurden trotzdem immer wieder neue Steine in den Weg gerollt. Auf Nono erhob dazu Hinterhäuser einen Anspruch. Wenn hinter diesen Finanzkabalen nicht der fröhliche Wiesmüller steckte! Sein Schwager – der mächtige Chef der gleichnamigen Bank, Herr Spängler – verweigerte mir eine finanzielle Hilfe der Festspielfreunde für den »Nono«. Dabei hatte ich die Auskunft bekommen, dass eine Hilfe sehr wohl möglich sei. Oh, mein Salzburg!

Schon 1978 hatte ich, bereits als Schüler und Student gründlich vertraut mit der damaligen Avantgarde der Musik, das Angebot erhalten, in Frankfurt die deutsche Erstaufführung von Luigi Nonos zweiter Oper »Al gran sole carico d'amore« zu inszenieren. Das hatte mir eine unerwartete Begegnung mit einem großen Musiker eingebracht, aus der eine Freundschaft erwuchs. Bei den Festspielen war bislang nur wenig von Nono zu hören gewesen. Ganz früh, gleich nach dem Krieg, gab es Ligeti, von Einem, Stockhausen und Nono. Nonos letztes großes Werk »Prometeo« war in Salzburg von Ingo Metzmacher konzertant aufgeführt worden. Verantwortlicher Leiter des Minifestivals »Zeitfluss«, in dessen Rahmen das stattfand, war Markus. Ich kannte »Prometeo«, diese Musik mit verschiedenen Texten, zusammengestellt von Massimo Cacciari, dem ehemaligen Bürgermeister von Venedig, sehr gut seit seiner Entstehung: Nono hatte mich einst in die Gruppe gebeten, die ihm bei der Verwirklichung dieses ehrgeizigen Projektes zur Seite stehen sollte. Claudio Abbado war dabei, Renzo Piano, Massimo Cacciari, der Maler Vedova, Klaus Zehelein, der Dramaturg, und Dr. Bilter, beide aus Frankfurt.

Die enge Freundschaft mit Luigi Nono hat seinen »Prometeo« überdauert, obwohl Nono sich während der Gespräche damals immer weiter von einer »theatralischen« Struktur abgewandt und sein enormes Werk sich immer mehr zu einem minimalistischen Konzert entwickelt hatte. Die Aufführung damals hatte ich dann erst in Mailand erlebt, zur Premiere nach Venedig konnte ich nicht reisen. Renzo Piano hatte dafür in Venedig ein großes Boot, das wie eine Art urtümliches Menschheitssymbol durch die Welt segelt, bis auf die Planken und Spanten skelettiert. Die Musik kam aus dem Raum, von überallher, wie bei den von Nono so verehrten Musikern der Renaissance und Barockzeit.

Wie in Venedig dirigierte auch in Milano Claudio Abbado, eine allerdings neue Fassung. Heiner Müller kam mit seiner damaligen jungen Freundin Margarita Broich, sie lasen in der Inszenierung die gesammelten Texte von Cacciari.

Es war ein Abend mit berückender Musik des Venezianers Nono, der aber eben leider etwas zu konzertant ausgefallen war.

Doch diesen »Prometeo« hatte ich daraufhin immer wieder auf meiner Liste. Ich wollte es endlich als wirkliches Bühnenstück inszenieren! In Berlin an der Staatsoper scheiterte es später an der musikalischen Leitung, meine Bühnenbildidee gab es freilich schon. Die Besuche bei Gigi Nono auf der Guidecca in der Lagune von Venedig gehörten zu meinen feinsten Erinnerungen. Einmal standen wir in einer kleinen Gasse. Ich solle mal die Augen schließen, sagte er. Hörst du es? Diese Stadt

Venezia ist voller Musik, die motorsurrenden Boote, der Gesang der Gondoliere, das Hupen der Schiffe und das schwappende Wasser, die Chöre und die feine Musik in den Kirchen, der Wind und die ferne Industrie in Mestre. Der Lärm aus den Restaurants, die Klänge vom Markusplatz, von den Stehgeigern vor den Cafés und ihren Kollegen, diese vermooste Musik zum Cappuccino, sie musizieren im nie endenden Wettbewerb. Alles das klingt zusammen wie eine vielfarbige aufgefächerte Symphonie …! Und inmitten dieser Klänge stand ich da im wunderbaren Venedig neben einem der größten Komponisten des 20. Jahrhunderts und war glücklich.

Sag zum Abschied leise Servus, singt der selige Wiener. Professor Kuck war besorgt: Mein Zustand, meine Werte, Herzrhythmus und Blutdruck seien katastrophal! »Ich schreibe dich gleich arbeitsunfähig.«

Als ich dann wieder auf meinem Salzburger Sofa saß und Herzflattern und extremen Blutdruck verspürte, dachte ich an seine Warnungen. Bei all dem Durchstechen, bei allem Mobbing, bei all dem Bremsen und Misstrauen im Kuratorium oder dem Verhalten der engen Mitarbeiter machte mir die Arbeit im schönen Salzkammergut kaum noch Freude. Stand das dafür? Nein! Ich machte darauf der Präsidentin und dem Vorsitzenden des Kuratoriums meine Aufwartung und teilte, auch schriftlich, meinen Entschluss mit. Die Reaktionen waren sonderbar: Der Konzertchef, der sich schon als Intendant fühlte, geriet in eine Krise. Die Präsidentin war gefasst, der Vorsitzende, ein eleganter Redner, nahm es zur Kenntnis, höflich lächelnd gab er meinen Abschiedsbrief den anderen Kuratoren zur Kenntnis! Und das Chamäleon, der Ober-Strippenzieher, lud mich mit den goldenen Worten, dass wir uns doch immer verstanden hätten, zum Kaffee ein … Bei diesem Kaffee im »Tomaselli« eröffnete ich ihm, dass ich seine Winkelzüge schon längst durchschaut hatte. Das fand er nicht komisch. Der Konzertchef wurde mein Nachfolger für ein Jahr, er übernahm bis auf eine Ausnahme das Programm meiner fünften Saison. Ich hatte angeboten, diesen Sommer ohne Gage zu betreuen, und zugesagt, dass ich für Reise und Unterkunft die Produktionen überwachen und an allen Sitzungen selbstverständlich teilnähmen würde. Darüber sollte es einen Vertrag geben, der auch zwischen meinem Anwalt Peter Raue und der neuen Vorsitzenden des Kuratoriums, Frau Goldmann, in Wien ausgehandelt und in meinem Beisein paraphiert wurde. Pro forma sollte dieser Vertrag dann auch von dem Kuratorium in Salzburg genehmigt werden – und siehe da, in bester Tradition lehnten die Salzburger ihn ab. Das war der endgültige Beweis und die Bestätigung, dass mein Entschluss richtig war zu gehen, und zwar rasch.

Es wird Zeit, dachte ich, nach 25 Jahren musste die dicke Akte Salzburg zugeklappt, dieses Lebenskapitel geschlossen werden. Vor Jahren hatte es begonnen mit dem »Der Bauer als Millionär« von Ferdinand Raimund, ein mir völlig unverständliches Feenstück. Ferdinand Raimund war kein Vormärzianer – im Vergleich zu seinem Kollegen Johann Nepomuk Nestroy war er eher ein versponnener Märchenonkel aus dem unerschöpflichen österreichischen Volkstheater. Davor hatte ich damals Bammel gehabt. Aber das Stück ist doch auf deiner Seite, hatte mich mein alter Lehrer Otto Schenk aufgemuntert. Er hatte zu meiner hellen Freude die große Rolle des Fortunatus Wurzel gespielt. Glittenberg hatte, nach üblichem Murren, ein sehr schönes farbiges Bild und seine Frau Marianne ganz ungewöhnliche, sehr fantasievolle Kostüme alter ländlicher Herkunft entworfen. Als »Entjodelung« lobte die spätere Festspiel-Präsidentin Helga Rabl-Stadler diesen und andere Abende wie Nestroys »Mädel aus der Vorstadt« und Hofmannsthals »Der Schwierige«, der später auch über die Bühne in Peymanns Burg stolzierte. Angezogen waren die Schauspieler dabei vom fashionablen, klugen Karl Lagerfeld. Das alles hatte noch zu Karajan-Zeit begonnen – der Meister empfing mich sogar einmal zu einem Gespräch! Drei Jahre war ich Ruzickas Schauspielchef. Bei Dr. Mortier gab ich mein Salzburger Debüt als Opernregisseur mit »Krönung der Poppea« von Monteverdi, mein Freund Nikolaus dirigierte. War das ein Vergnügen mit dem Concentus Musicus, dieser grandiosen Salzburger Besetzung. Und alle sangen so schön: Sylvia McNaire, eine berückende kaiserliche Kebse, den Nerone sang der sehr stolze Philip Langridge, Ottone war Jochen Kowalski, Kurt Moll der weise Seneca, Oliver Widmer, Anna Steiger, Scot Weir, Elisabeth von Magnus. Das klang ...

Letztlich war es doch eine lange und gute Zeit mit Freundinnen und Freunden.

Im Stillen begann ich, Gespräche zu führen, zwei besondere Anfragen weckten mein Interesse. Ara Guzelimian hatte ich in meiner Zeit in New York kennengelernt – er war damals stellvertretender Leiter der Carnegie Hall und wurde wenig später Dean der Juilliard School in New York, ein weltweit berühmtes Institut für die Künste, Musik und Theater. Ich hatte eh ein Angebot, an der MET »Faust« von Gounod zu inszenieren.

Im Anschluss daran, so der Plan, wollte ich mit Susi in New York City bleiben und das Angebot von Ara annehmen. Er wollte mich als Dozent für Regie, für Oper und Schauspiel einstellen. Du kannst ja beides, das ist selten, sagte er. Dann aber verschob Peter Gelb, der MET-Manager, den Faust-Termin auf meine Salzburger Sommerzeit. Der schöne Plan kam ins Wackeln ... Das andere Angebot kam im Auftrag des Ministerpräsidenten Rüttgers von seinem Staatssekretär Grosse-Brockhoff. Im Ruhrgebiet sollte in Folge der »Kulturhauptstadt« Nachhaltiges entwickelt und die kulturelle Zukunft dieser Region im Umbruch gestaltet werden, ein kluges Vorhaben. Als ich noch schwankte, fiel mir eine Notiz im Magazin »Der Spiegel« ins Auge: In Berlin habe man immer noch keinen neuen Intendanten als Nachfolger von Peter Mussbach für die Staatsoper gefunden.

Ich rief schnurstracks den Anwalt Peter Raue an, dieser rief den Staatssekretär für Kultur, André Schmitz, an, und dieser rief mich an. »Eine Großstadt ist auch was Schönes!«

Ja, servus.

Dann doch, Bismarckstraße!
2010–2018

Die Berliner Luft war nicht so toll, wie man singt, mit keinem besonderen Duft, aber die Stadt ist riesig, vielfältig und aufregend. Probleme freilich gab es zuhauf, und sie mussten in Eile gelöst werden. In absehbarer Zeit sollte die Staatsoper Unter den Linden endlich renoviert werden, wir in das vom Berliner Senat großzügig umgebaute Schiller Theater umziehen. Die Oper hatte sich irgendwie aufgelöst, verschiedene Herzöge hatten ihre Besitztümer gepflegt, so musste sie – wie so oft – wieder zusammengefügt werden. Ein besonders hartohriges Problem war die Jugendabteilung, ein besonderer kleiner Staat im Staate. Der Leiter war von seltener Überheblichkeit.

Daniel Barenboim hatte bei einem seiner Konzerte den Komponist Jens Joneleit kennengelernt und ihn spontan aufgefordert, für die Eröffnung des Schiller Theaters eine Oper zu schreiben. Aber mit welchem Libretto? Daniel kannte den beeindruckenden und liebenswerten Christoph Schlingensief, der mit seinen Filmen, Inszenierungen und Aktionen fröhliches Aufsehen erregte und Regie führen sollte.

Ich traf mich mehrere Male mit Christoph, und wir beratschlagten, wie es mit der ungeklärten Librettofrage weitergehen sollte. Nach vielen erfolglosen Versuchen erlöste uns endlich René Pollesch von der Volksbühne. Er schenkte seinem Freund Christoph einen Text, den wir »Metanoia – über das Denken hinaus« nannten. Mit der Musik von Jens Joneleit ging er gut zusammen, obwohl der leider ein schwieriger Geselle war.

Christoph aber ging es mit seiner Lungenkrebs-Erkrankung immer schlechter, kurz vor Probenbeginn starb er. Wir standen ratlos vor dem Krankenhaus und fühlten uns ganz leer, unser brillanter Freund war gegangen. Wir taten uns in großer Trauer zusammen und brachten eine Aufführung in seinem Sinne zustande. Daniel Barenboim war der Anreger und zugewandte Orchesterchef, so wie wir ihn später so oft erlebt hatten. Das war unsere Premiere im Schiller Theater. Sie war etwas wirr, Joneleits Kompositionen waren etwas zu geläufig, das Publikum akklamierte aber heftig, als wolle es den Umzüglern Mut im neuen Haus an der Bismarckstraße machen. Er galt wohl auch dem Andenken an Christoph, dem großen Künstler.

Mit »Metanoia« war also das Schiller Theater eröffnet worden, mit »Lenz« von Wolfgang Rihm, in einer stupenden Aufführung von Andrea Breth, verließen wir nach sieben guten Jahren das lieb gewonnene Schiller Theater und die Werkstatt wieder und zogen zurück nach Berlin-Mitte Unter die Linden. Wir hatten viel zu bieten gehabt in der Bismarckstraße: Es war in der Vielfalt für mich vergleichbar mit der lebendigen Kölner Schauspielzeit. Der Beginn aber war leider etwas mühsam. Die Mühe begann mit einer Bitte des Vorstandes der ehrwürdigen, über 400 Jahre alten Staatskapelle. Sie wollten mich kennenlernen und luden mich ein.

Einige Musiker waren schon gegangen – ich stand auf dem Dirigentenpodest und erzählte über mich und meine Laufbahn. Als ich nach dem Spielplan gefragt wurde, konnte ich keine Antwort geben. Das sei noch zu früh, das Repertoire sei nicht gerade reichhaltig, ich wolle Nono und Rihm aus Salzburg mitbringen … Da unterbrach mich ein Holzbläser, der hinter seinem Pult flegelte, und fragte streng nach meinen musikalischen Erfahrungen – ich zählte meine Operninszenierungen auf, meine Freundschaft mit Nikolaus Harnoncourt, meine Begegnungen mit Luigi Nono, Wolfgang Rihm, mit Riccardo Muti und Marc Minkowski. Er gab sich nicht zufrieden und befragte mich weiter sehr streng, bis ich die Unterhaltung entnervt für beendet erklärte. Wer das denn sei, erkundigte ich mich. Er nannte Namen und Instrument, ein Solist. Die Vorsitzende, die freundliche Susanne Schergaut, lächelte mich an, gut gemacht. Als ich Daniel Barenboim nach dem Solisten fragte, sagte er, ja, aber er ist ein sehr guter Musiker. Die Staatskapelle ist ein fabelhaftes Orchester, das sich besonders seit Daniel Barenboim, der den Stab über sie hält, zu einem international hervorragenden Klangkörper entwickelt hatte. Sie fahren durch die ganze Welt. Mit vielen Musikern begannen während der Jahre gute Freundschaften, mit dem Schlagzeuger Dominic Oelze, einem hervorragenden Marimba- und Xylofonspieler, Thomas Jordan, dem Waldhornkünstler, Konzertmeister Lothar Strauss, dessen Frau, Kirsten Roof, die Chefin für die Kostüme auf der Bühne war – und vielen anderen.

Gleich zu Beginn allerdings war es einmal zu einem großen Krach gekommen, bei dem ich keine grandiose Rolle gespielt habe. Die Kapelle wollte unbedingt eine eigene Webseite haben. Das kostete Geld, und außerdem, Verzeihung, habt ihr ja auf der Staatsopernseite schon ein eigenes Kapitel. Ich blieb also störrisch, und so nahm das Unheil seinen Lauf. Eine Mitarbeiterin der Abteilung für Öffentlichkeitsarbeit informierte mich, dass es trotzdem Anfragen zur Produktion einer eigenen Webseite gab, was das denn so koste? Chiara Roth, eine unserer besten Mitarbeiterinnen, mit der ich schon seit der Triennale eng verbunden und vertraut war, erwischte mich an einem späten Abend auf dem falschen Fuß: Ich stürzte ans Telefon und randalierte, der alte Teufel Jähzorn hatte mich fest in seinen Klauen. Kaum aufgelegt, verzogen sich meine Wutwolken, und ich fasste mir an die Stirn, was war das denn gewesen? Ich versuchte, mich tags drauf in aller Form zu entschuldigen, kein Widerhall … Ich hatte meinen ersten scheppernden Staatsopernzoff. Daniel, den ich zurate zog, rief den Orchestervorstand zusammen, ich, ein begossener Pudel, machte fröhliche Miene – nichts genutzt, nullo. Der Gang nach Canossa war steinig, kalt und nass, als Heinrich der IV. bloßen Fußes zu Papst Gregor dem VII. zog. Gegen meine bußfertigen Bitten um Vergebung muss das aber ein lustiger Spaziergang gewesen sein. Barenboim, Kapellenchef, versöhnte uns dann wieder, mit kluger Assistenz von Dominic Oelze, dem Schlagzeuger. »Oft kann ich das nicht machen«, murmelte Daniel im Hinausgehen. Nach diesem enormen Unwetter stieg eine helle Sonne auf, und wir wurden alle dicke Freunde, auch Vorstand Susanne Schergaut und ich. Bis heute vermisse ich die Kapelle und den fabelhaften Chor.

Ich saß mit meinem Freund Otto, dem Meister-Trainer Rehhagel, seiner lebensklugen Frau Beate und Susanne beim Essen, als ein Taxi vor dem Restaurant »Adnan« in Charlottenburg, wo wir inzwischen wohnten, hielt und Maestro Barenboim und sein alter Freund Stéphane Lissner, der Direktor der Mailänder Scala, hereinstürmten. Sie wedelten mit einer Mail und setzten sich an den Tisch, man stellte sich vor, was war geschehen?

Otto hatte ich vor Jahren bei einer Talkshow von Alfred Biolek in Köln kennengelernt. Er trainierte damals Fortuna Düsseldorf und war schon berühmt, er hatte den Pokal gewonnen! Das war 1980. Inzwischen war er 2004 Europameister mit der griechischen Nationalmannschaft geworden! Einmalig!

Als ich an das Thalia kam, war er schon einige Zeit Trainer in Bremen, bei Werder. Seitdem trafen wir uns öfter zum Essen und spazierten mit unseren Frauen Beate und Susi und redeten über uns und die jeweilige Obrigkeit. Die Ähnlichkeiten zwischen einem Fußballtrainer und einem Regisseur sind stärker als bekannt. So begann eine treffliche Freundschaft, die schon sehr lange anhält.

Daniel hielt mir also eine Mail unter die Nase, die war starker Tobak: Barenboim hatte vor einiger Zeit in London einen berühmten Architekten kennengelernt und mit ihm sogleich eine Verabredung über ein Bühnenbild in Berlin getroffen, die sich dann allerdings bald wegen unvereinbarer Termine in Luft aufgelöst hatte. Als Daniel sich aber später wieder meldete und Norman Foster für einen »Otello« an den Salzburger Festspielen (als Co-Produktion mit der Mailänder Scala) vorschlug, sagte dieser spontan zu.

In Salzburg traf ich ihn, um als Intendant all die notwendigen Details zu besprechen. Das gestaltete sich wie immer mühsam, Sir Norman war ein Weltstar mit gesprächiger Gattin und ich ein angestrengter Mann in Jeans und Hemd. Vom Theater verstehen ja viele oft was, besonders die, die nichts davon verstehen. So hörte ich mir geduldig des Architekten und seiner Gattin Luftschlösser an und nickte zu dem, von dem ich schlagartig wusste, dass daraus nichts werden konnte. Nicht mal die Salzburger Festspiele hätten dafür die Finanzen und die Kapazitäten, erzählte ich kurz darauf meinem Freund Daniel am Telefon.

Danach kam es zu einem Treffen in Berlin in Barenboims Haus in Dahlem. Sir Norman brachte viele Künstler mit, die an dem Projekt beteiligt werden sollten. Maler, Videokünstler, Skulpturen, Lichtsetzer, Choreografen und und und, eine durchaus illustre, große Runde.

Lissner, der Intendant der Scala, Barenboim und ich saßen in der zweiten Reihe und lauschten. Es sollte ja eine Zusammenarbeit mit der Scala werden. Ich hatte Dieter Dorn als Regisseur dazugebeten. Schade, dass Verdis Librettist, Signore Boito, wie so oft, mit dem genialen Stück von Shakespeare ziemlich robust umgegangen ist.

Nun sollte jeder der Anwesenden erzählen, zu welchen Gedanken und Ideen ihn diese Oper wohl angeregt habe. Das Ergebnis war mager, allein Dieter Dorn sprach trefflich von der singulären Situation, dass hier große Politik und privates Schicksal wie in einem Brennglas dramatisch aufeinanderträfen. Pause. Verlegenheit. Ratlosigkeit.

Sie sollten eine Richtung bestimmen, versuchte ich die Runde wieder anzustacheln, wie man dieses Stück erzählen könnte. Blicke, Nicken. Das könnte ein Stück über sehr unangenehmen Rassismus sein oder über die Karriere eines großen Feldherrn, der just durch seinen letzten Sieg und seine Heirat mit Desdemona davorsteht, in die venezianische High Society einzutreten. Oder er ist ein Popstar und hat den Rang eines großen Künstlers, oder es ist eine Staatstragödie mit dem eminenten politischen Aufsteiger oder gar eine Erzählung darüber, wie Harmonie, Liebe und besonders Schönheit von einem bösen Prinzip zerstört wird.

Wie auch immer, witzelte ich, am Ende entscheidet in dieser düsteren Tragödie im heißen Venedig ein kleiner Fetzen Stoff, das berühmte Taschentuch. Rasch hatte sich die Runde wieder aufgelöst, Daniel, Stéphane und ich blieben noch und waren trotzdem noch zukunftsfroh gestimmt.

Und nun diese Mail! Sir Norman sagte die Produktion ab, es sei denn, Herr Flimm würde inszenieren. Ich war verwirrt, der Co-Produzent Lissner drängelte auf eine Entscheidung, meine Verblüffung legte sich langsam, und ich bat um Bedenkzeit.

Wir hatten vor einigen Jahren auf die Bühne der Staatsoper ja schon einmal gemeinsam einen »Otello« landen lassen. Der hatte auf einem amerikanischen Marine-Stützpunkt in der Südsee gespielt. Am Schluss brannte die Bühne wie auf einem Ölfeld. George Tsipyn umrandete die Bühne mit einem großen runden Bau mit Treppen und Absätzen, sodass ich als Regisseur genug Gelegenheit hatte, diese Oper, die von einem großen Chor bestimmt wird, einzurichten. Das war die erste Begegnung mit Daniel Barenboim gewesen, die so harmonisch verlaufen war. Barenboim hatte mich schon damals gefragt, ob ich mich für die Staatsoper interessiere. Ich hatte gerade das Thalia verlassen, konnte mir aber eine neue grosse Aufgabe dieser Art noch nicht vorstellen. Was sollte ich also nun tun? Aber dann kamen erst einmal der Nachtisch und ein Grappa.

Natürlich müsse ich zuerst noch einmal mit dem Sir darüber reden, was der seit unserem letzten Treffen gedacht oder geplant habe, dachte ich. So flogen wir, der Maestro und der Regisseur, zum feinen Schlösschen der Fosters bei Genf.

Wir bewunderten seine exquisite Kunstsammlung. Er sei offen für Ideen, ich solle doch nach London in sein Büro kommen, dann redeten wir. Noch einen Kaffee? Von der bunten Schar aus der internationalen Kunstwelt war mittlerweile keine Rede mehr, er näherte sich der Wirklichkeit unseres Berufes und redete über neueste Schnellboote, Flugzeugträger und Waffen.

Wir waren erleichtert, als wir mit dem Auto des Sirs wieder zum Flughafen gefahren wurden. Das wäre doch jetzt alles in Ordnung mit dem Sir, meinte ich. Daniel lachte: »Das ist der gar nicht.« – »Wie bitte?« – »Das ist der nicht, ich hatte für die Berliner Produktion mit einem anderen Architekten gesprochen. Als ich für den Salzburger ›Otello‹ die Gespräche wiederaufnehmen wollte, bin ich falsch verbunden worden.« – »Und ursprünglich, wer war das?« – »Ein ganz anderer berühmter Architekt, Richard Rogers.« Wir lachten und wir freuten uns, bis das Flugzeug abhob. Viel später rief einmal Richard Rogers an, wie es denn um die Verabredung stünde. Seltsam, dass Sir Norman so getan hatte, als habe es selbstverständlich ein Londoner Vorgespräch mit Daniel gegeben.

Ich reiste also wieder nach London und bekam einen Termin bei Sir Norman am Nachmittag. Man gab mir vierzig Minuten. Ich erzählte von der imperialen Großmacht Venedig, er von den Waffen und den großen Schiffen, ich von raschen Umbauten. Ich schrieb fleißig mit und erzählte ihm vom Bühnenboden, vielleicht sollte man solche stählernen Rollfelder auslegen für Militärzeugs, was ihm gefiel: Wir würden uns bald wiedersehen. Der Flugzeugträger dümpelte schon vor der Giudecca ... könnte man ihn auf der Wasserlinie abschneiden? Konnte man ihn drehen? Seine Geschütze auf den Canale Grande richten? Jago, der 1. Offizier? Oder so ähnlich ...

Inzwischen war allerdings das nächste Otellowetter am Opernhimmel aufgezogen. Die Frage hieß: Wer bitte singt eigentlich den nordafrikanischen Kriegshelden? Und warum nicht Aleksander Antonenko? Er hatte diese schwere Partie kürzlich in Salzburg gesungen, in einer leider vermurksten Aufführung, an deren Vermurkstheit er keinen Anteil gehabt hatte, eher ich, durch falsche Engagements. Er hatte sehr gut gesungen, und viele Otellos gab es sowieso nicht. Lissner gefiel die Idee trotzdem nicht, er suchte so lange herum, bis der freundliche Alexander absagte.

Nun finde mal, Stéphane, dachte ich, es eilt, mein nächster Termin mit Sir Norman in London stand schon fest. Nun, das Taschentuch blieb leider im Wäscheschrank, die Produktion fand nicht statt, kein Tenor … That's opera business at its best. Ja, mach nur einen Plan.

Die Zusammenarbeit mit Sir Norman hatte eigentlich gut begonnen und hätte aufregend zu Ende gehen können. Das war bedauerlich. Anstelle von »Otello« beschlossen die beiden hohen Herren Stéphane und Daniel, schnell einen »Lohengrin« ins Programm zu heben. So kann es manchmal gehen. Und der Herr Mailänder Naseweis hatte mich zu diesem »Lohengrin« als Regisseur nicht einmal angefragt …

Wie heißt es bei Schiller? »Der Mohr kann gehen.«

Die Jahre im Schiller Theater waren, so wie ich mir immer Theater gedacht hatte: vielschichtig. Wir produzierten viel in Charlottenburg, das Schiller Theater schien uns stets ein sehr attraktiver Ort für neue Sichtweisen auf das Operngeschäft zu sein. Wir – das waren Jens Schroth, Detlef Giese und Katharina Winkler, die uns leider unterwegs verlassen hat. Dazu kamen Roman Reeger und Benjamin Wäntig, beide junge, begabte Leute, die sich vorzüglich einfanden. Die »Werkstatt« war der Ort für die »klassische« Moderne und für heutige, neue Kompositionen. Da gab es gelungene Abende, ein anregendes Kaleidoskop der vergangenen Avantgarde und deren Weiterentwicklung, Spurensuche und Erkundung meiner Sichtweisen. Es gab Aufführungen von Kurt Weill, Stockhausen, dem Urvater der Elektroniker und Neutöner, von Lucia Ronchetti, Sani und von Salvatore Sciarrino, er war so etwas wie unser Hauskomponist, von dem wir vier Werke aufführten: »Lohengrin« mit der fabelhaften Ursina Ladri, »Infinito nero«, »Luci mie traditrici« zusammen mit der Oper in Bologna und in einer Co-Produktion mit der Scala »Ti vedo, ti sento, mi perdo«. Wie gerne hätte ich mit diesem Musiker, einem Schüler von Luigi Nono, noch zusammengearbeitet. Wir saßen oft in unserem umbrischen Bauernhaus zusammen – er wohnt im nahen Città di Castello – und fabulierten über Musik und Stoffe für Opern. So entstand ein Teil der letzten Oper »Ti vedo«. Zumeist war der kundige Jens Schroth dabei, der ein Schüler von Lachenmann war und leider zu früh gestorben ist, Daniel Barenboim spielte auf einer Trauerfeier in der Werkstatt ihm zu Ehren und uns zum Trost.

Es gab einen schrägen Abend, »Wissen Sie, wie man Töne reinigt?«, nach einem verrückten, surrealistischen Stück und der Musik von Eric Satie, eine Aufführung mit drei urkomischen Schauspielern, Stefan Kurt, Jan Josef Liefers und Klaus Christian Schreiber. Alle stammten aus der erfolgreichen Truppe vom Thalia. Wir haben das gefühlt 200-mal gespielt, die Regie bei diesem saukomischen DADA-Happening mit lieblicher Spieldosenmusik des Monsieur Satie führte der alberne Herr J.F. Die drei Zwerchfellerschütterer sind ja hochmusikalische Schauspieler. Jeder kann mindestens zwei Instrumente spielen, Stefan noch mehr. Sie hatten sich ausgedacht, eine der lieblichen Melodien, nämlich »Gymnopédie No. 1«, auf Weingläsern zu spielen – bitte schön. Sie füllten diese Tonträger nach der jeweiligen Tonhöhe, tranken ein Schlückchen und es klang! Sie standen an den Seiten des Billardtisches, jeder pingte sein Glas, es war ganz und gar magisch. Ich fragte, ob sie nicht auch während des Spiels um den Tisch herumgehen, die Gläser aber am Platz lassen könnten. Sie konnten es, und ich verstehe bis zum heutigen Tag nicht, wie die drei Genies das gemacht haben, und rückwärts konnten sie es auch!

Während der Schillerzeit haben wir aber nicht nur in der »Werkstatt« zeitgenössische Musik erklingen lassen, auch im großen Haus gab es Neue Musik. Als in Salzburg die Finanzierung der Nono-Oper blockiert worden war, obwohl wir in meinen vier Jahren dort pro Jahr 3,5 Millionen Euro Überschuss gemacht hatten, riet mir Daniel, ich solle doch mit der Staatsoper coproduzieren. Das Gleiche tat ich mit der Uraufführung von »Dionysos« von Wolfgang Rihm im kleinen Festspielhaus, beide in Salzburg beabsichtigten Blockaden der Intriganten gingen so ins Leere.

Als Wolfgang Rihm auf der ersten musikalischen Probe seiner neuen Oper »Dionysos« im Zuschauerraum des kleinen Festspielhauses in Salzburg saß, hatte er seine Partitur auf dem Schoß und verfolgte hochgespannt das erste Erklingen seiner Komposition. In der Pause umarmte er mich. »Ist das nicht schön?«, flüsterte er. Er schreibt Punkte, Linien, Schnörkel aufs Papier und zähmt so seine brodelnde Fantasie, und aus diesen Zeichen werden unversehens Klänge. Es ist ein langer, schwieriger Weg aus dem Kopf zum Papier. Wolfgang hatte einige Tränen im Augenwinkel. Pierre Audi hatte inszeniert, Jonathan Meese ein ungewöhnliches Bühnenbild entworfen. Johannes Martin Kränzle gab einen Nietzsche, faszinierend.

Für eine Aufführung von Katie Mitchell wurden Hallen gesucht und nicht gefunden. Und dann doch, Olaf Freese und Klaus Grasmeder gaben den Tipp: ein Ort von voluminöser Größe, wie aus einem trüben Science-Fiction-Movie, eine alte leere Kraftzentrale von Vattenfall in Mitte. Der Bühnenmeister Frank Meynhardt und seine Mannschaft sei hochgelobt. Die Finanzierung wurde auch hier in Berlin ein großes Problem. Also musste ich bei den zahlungskräftigen »Freunden und Förderern« anklopfen. Der damalige Vorsitzende, ein Deutschbänker, war sehr zögerlich, ein Déjà-vu. Aber Friede Springer, Mitglied im Kuratorium, setzte sich mit lächelndem Votum durch – solches müsse doch der Verein unterstützen! Ronny Unganz, unser Geschäftsführer, kratzte noch in dieser und jener Ecke herum und ließ uns sorgenfrei arbeiten, ein sehr an Inhalten interessierter Rechenkünstler! Er war eine Zeit lang Operndirektor und ist als Sohn einer Tänzerin Unter den Linden aufgewachsen. Stets verhielt er sich loyal und zugeneigt, wusste um die Priorität der künstlerischen Produktionen, er förderte sie und wusste warum.

Wir spielten eine Generalprobe und fünf Vorstellungen von Mitchells Stück, und alle waren ausverkauft, die anschließenden Diskussionen stets überfüllt. Die Staatsoper zeigte sich nicht nur bei dieser Gelegenheit als eine höchst effektive Institution von erheblichem Selbstbewusstsein. Die technische Mannschaft hat ein hohes Identifikationsempfinden mit ihrer Staatsoper, an der Spitze solche Bühnenmeister wie Thorsten Hradecky, Otto Henze und Kollegen. Ohne solche der Bühne zugewandten Mitarbeiter geht es nicht – in Köln war das Peter Paffen, Harry Greese, Peter Thelen und Pinky, in Hamburg Oliver Canis, Uwe Barkhahn, Siegfried Sell, ein altversierter Meister, und Peter Haenle. Als ich einmal in Berlin in einem Interview fahrlässig einige zu nette Worte über Hertha BSC verloren hatte, empfing mich der Chef der Beleuchtungsabteilung beim Pförtner. Mein Freund Olaf Freese war anscheinend schlecht gelaunt, ob ich denn nicht wisse, dass unsere Oper eine Union-Oper sei? Aha. Beim nächsten Spiel vom 1. FC Union fand ich mich ausstaffiert mit Schal, Würstchen und Bier in Köpenick auf der Tribüne in der »Alten Försterei« wieder, begleitet von Thorsten, Olaf und Ronny. Eisern! Union! Ist seitdem auch mein Schlachtruf! Und wir hissten auf der Staatsoper dann und wann die Fahne der siegreichen Köpenicker.

Gemäß der Devise des alten Brecht, dass die Gegenwart durch die Vergangenheit in die Zukunft geht, fanden in der Bismarckstraße im Schiller Theater die alten Stücke der Renaissance und des Barocks mit den neuen Musikstücken zu einem Gedanken zusammen: der Neugier auf das, was war, und auf das, was werden kann. Das war unser Thema, die unablässigen Gedanken über dies Zuvor und das Kommende erfüllten uns mit Sinn und fröhlicher Zuversicht. In meinen sieben Jahren waren siebzig Aufführungen der Moderne gewidmet. Etliche Uraufführungen wurden in Auftrag gegeben – und gespielt: Musik von Sciarrino, Rihm, Joneleit, Askin, Stahnke, Mitterer, Richter, Coleman, Strasnoy, Ronchetti, Tsangaris und Reimann.

Es gab Entdeckungen fast verschollener Barockmusiker, von Traettas »Antigone«, Cavalieris »Rappresentatione di anima et di Corpo« – welche Spannbreite bis zu »Rein Gold« von Elfriede Jelinek, eine fulminante Aufführung von Nicolas Stemann, vierhundert Jahre später. Telemann wurde gesehen und gehört, Steffani erschien mit »Amor vien dal destino«. »King Arthur« von Henry Purcell kam mit dem Regisseur Sven-Eric Bechtolf hereingaloppiert und mein geliebter »Il Trionfo del Tempo e del Disinganno« von Händel, eine meiner besten Aufführungen! Achtmal kam der andere Sachse Richard Wagner. Sein »Ring« im Schillerhaus wurde allerdings keine Zierde. Der Scala-Herr Lissner hatte sich – als Co-Produzent – für den offensichtlich falschen Regisseur entschieden – aber das war vor meiner Zeit.

»For the Disconnected Child« war der Titel einer

denkwürdigen Aufführung, bei der es zum ersten Mal – meines Wissens – eine Zusammenarbeit zwischen solch einem großen Opernhaus mit der Berliner Schaubühne gab. Ein aufregender Abend wurde das, mit Musikern und Sängern der Staatsoper, in trauten Verein mit den Schauspielern. Der hochbegabte Falk Richter inszenierte, Märtig dirigierte, und eine stupende Ursina Lardi spielte.

Er war für uns alle der Stern aller Sterne, er residierte gleich neben den ganz großen, neben Strehler, dessen Assistent er war, neben Ariane Mnouchkine und dem großen Peter Brook: Patrice Chéreau, der für mich einzigartige.

Wir hatten seine Inszenierung des »Totenhauses« von Janáček eingeladen – er probierte auf der großen Probebühne dieses Stück selbst wieder ein, eine Sternstunde.

Auch »Elektra«, seine letzte Inszenierung, probierte er im Schiller Theater mit einer fantastischen Evelyn Herlitzius als Elektra.

Und wir breiteten uns über die ganze Stadt aus – die Bismarckstraße war die Startrampe. Die Staatskapelle musizierte im Konzerthaus und in der Philharmonie, im Bode-Museum, im Schloss von Charlottenburg, »Oper für alle« vor Zehntausenden begeisterten Berlinern auf dem Bebelplatz, im Roten Rathaus, viele Gesangsabende und Kammermusik im »Gläsernen Foyer«, Lesungen, Diskussionen zu unseren Themen. Am Ende der Saison versammelten wir jedes Mal wieder alle neuen Stücke zu einem kleinen Festival: »Infektion!« Zu Ostern gab es – wie stets – die traditionellen Festtage von Daniel Barenboim. Und neben dem bewährten Repertoire eines solchen großen Kulturdampfers bemühten wir uns eben immer wieder um die sogenannte Neue Musik, die es ja ohne die Alte nicht gäbe. Zu Barenboims Verständnis als Musikdirektor gehört stets ganz selbstverständlich sein leidenschaftlicher Einsatz für die Musik zeitgenössischer Komponisten. So wollte Barenboim die in München uraufgeführte Oper »Babylon« von Jörg Widmann und Peter Sloterdijk zur Eröffnung der renovierten Staatsoper zeigen. Ich sollte sie inszenieren, sah mir die Sache in einer Aufzeichnung an und war doch sehr über das Volumen irritiert. Widmann, dieser famose Klarinettist und ehrgeizige Komponist, hatte in den ganz dicken, musikalischen Farbeimer gegriffen, ein geradezu bombastischer Aufwand.

Also fragte ich Widmann, was er von einer schmaleren, kürzeren »Berliner Fassung« hielte. Ich könne allerdings nur dramaturgisch vorgehen, über die musikalischen Folgen müsse er mit Daniel entscheiden. Der Dramaturg Benjamin Wäntig und ich machten uns an die Arbeit. So sahen die Mühen der Spielplangestaltung aus!

In der Zwischenzeit hatte ich z. B. in Vorbereitung der ersten Spielzeit mit Wolfgang Rihm gesprochen. Er schlug eine Vertonung von Botho Strauß' bislang unaufgeführtem Stück »Saul« vor. Ich fuhr also zu Botho Strauß in die Uckermark, und wir waren uns bald einig: Ich fragte Luc Bondy als Regisseur an und Thomas Hengelbrock als Dirigent. Die Bedeutung des Autors Botho Strauß für das zeitgenössische Theater war mir bewusst. In Köln und Hamburg hatten wir regelmäßig seine neuen Stücke gespielt, mit »Besucher« in der Regie von Wilfried Minks und mit Will Quadflieg gastierten wir beim Theatertreffen in Berlin.

Irgendwann stellte sich Daniel Barenboim sogar die Frage, ob »Saul« von Rihm und Strauß nicht eine treffliche Eröffnung der neuen Staatsoper sein könnte. Der war allerdings mit anderen Arbeiten eingedeckt: »Die probieren zu meinem 60. Geburtstag schon Konzerte, die ich noch gar nicht geschrieben habe«, sagte Rihm. Trotzdem überredeten wir ihn, und seufzend willigte er ein. Dann aber wurde Wolfgang Rihm plötzlich sehr krank und sagte uns »Saul« ab. Was nun?

Guter Rat war ausverkauft, »Cosi« von Mozart wurde erwogen, »Krieg und Frieden« von Rachmaninow. Das eine war zu klein, das andere zu groß. Auch »Babylon« war irgendwann nicht mehr auf der Agenda und wurde verschoben, »Prometeo« von Nono war Daniel nicht genehm – ein philosophischer Text ohne Handlung zur Eröffnung? Schönbergs »Moses und Aron« lief schon in der Komischen Oper. Schließlich, nach vielem ausführlichen Suchen und Debatten, schlug Detlef Giese die »Faust-Szenen« von Schumann vor. Faust! Mein Herz schlug höher, hatte ich doch noch in Köln den Faust I als Schauspiel auf die Bühne gebracht, mit Rudolph als Faust und Sprenger als Mephisto. Ich kannte den Goethe'schen Text also genau. Hinzu kam, dass es schon lange eine Verabredung mit Markus Lüpertz gab, die mir passte. Wir konnten endlich beginnen.

Die festliche Eröffnung sollte aber sehr, sehr schwierig werden. Die immer wieder verordneten Verschiebungen der Renovierungen – es wurden schließlich sieben Jahre – waren uns allen gehörig auf die Nerven gegangen. Als schließlich wieder ein verabredeter Termin – es sollte endlich der 3. Oktober 2017 sein – auf einer Bausitzung von einem nassforschen Mitarbeiter des Bundeskanzleramtes ernsthaft bestritten wurde, rissen mir die Nerven und ich fuhr ihn an, ob sich der Herr vielleicht vorstellen könne, wie ich den über 500 Mitarbeitern, die schon seit Jahren die ständigen Verschiebungen mit einer Lammesgeduld aushielten, erneut unter die Augen treten solle. Ich versicherte den Bauspezis, dass ich die alleinige Verantwortung für diesen Termin übernähme.

Das war leider ein vergifteter Sieg, der Weg zur Premiere der »Faust-Szenen« war steinig und sumpfig und führte knapp am Nervenkollaps vorbei.

Markus Lüpertz machte schöne Vorschläge für das Bühnenbild: Prospekte und riesige Skulpturen, ein papiernes Gretchen-Häuschen. Meister Lüpertz ist mit rheinischem Witz gesegnet, der auch schwierige Situationen mit einer gehörigen Portion Menschenverstand bewältigt. An Selbstironie gibt es bei ihm keinen Mangel. So hielten wir gemeinsam die sehr unangenehmen Fährnisse aus. Denn die Oper Unter den Linden war immer noch im statu nascendi, mit Staub, schlechter Luft, Lärm, Lärm, Lärm. Es wurde gebohrt, gehämmert, geschnitzt und geschwätzt. Die Szenen von Schumann haben wir um andere Auftritte mit Schauspielern erweitert, Herr Goethe ergänzte freudig den Abend. Ich gewann Sven-Eric Bechtolf als Mephisto, der nach unserer gemeinsamen Zeit am Thalia eine große und steile Karriere als Schauspieler, Autor und Regisseur in Wien, Zürich und auch Salzburg gemacht hatte. Er ergänzte sich mit Gretchen Meike Droste und mit unserem vorzüglichen Faust André Jung auf eine hervorragende Weise. René Pape, den ich als Rocco im New Yorker »Fidelio« schätzen gelernt hatte, gab als Sven-Erics Counterpart den singenden Herrn der Ratten und der Mäuse und war umwerfend dämonisch und komisch. Das Gretchen sang berührend Elsa Dreisig. Meike Droste spielte als Schauspielerin die Kerker-Szene ungewohnt, mit großer Leidenschaft attackierte sie André Jung – keine Spur vom gefühligen Leid und Singsang der üblichen Gretchen. André stand bleich und verwirrt da, verblüfft, als sehe er dieses unglückliche Mädchen zum ersten Mal. Katharina Kammerloher sang die schrille Marthe Schwerdtlein.

Neben dem Baulärm und der aufgeregten Disziplinlosigkeit einiger Mitarbeiter setzten uns auch die katastrophalen technischen Unfertigkeiten unter einen unerträglichen Zeitdruck. Der Schnürboden, der technische Himmel eines Theaters, gestopft voll mit Computertechnik, funktionierte noch nicht, gab seinen Dienst auf. Wo sind die Zeiten der Seile und Taue hin, die die Bühnentechniker so kräftig ziehen konnten?

So wurde die Premiere zum ersten Ablauf des gesamten Stückes. Alle rissen sich zusammen, und es gab am Ende des unangenehmen Weges Applaus. Viele Zuschauer waren einfach glücklich über das aufwendig renovierte Haus, ich freilich vermisste die klare Architektur des Schiller Theaters ohne die imitierten Barockgirlanden und die Puttenverzierungen der nun renovierten Oper nach SED-Geschmack.

Später überarbeitete ich die Inszenierung noch einmal, stellte um, machte neue Striche, Daniel und die Schauspieler folgten meinen Vorschlägen. Das tat der Aufführung sehr gut – wie Daniel nach der Wiederaufnahme konstatierte.

Als Daniel den einzigartigen Boulez-Saal in das alte Intendanzgebäude an der Staatsoper bauen ließ – Michael Naumann, Gründungsrektor der Barenboim-Said-Akademie, führte die kluge, umsichtige und sparsame Aufsicht –, fragte er den Weltarchitekten Frank Gehry an. Der sagte zu und schuf einen phänomenalen Konzertsaal. Für Daniel eine gute Gelegenheit, ihn auch für ein Bühnenbild zu fragen. Dann fragte er mich, ob ich wohl. Wir wollten gemeinsam den »Orfeo« von Gluck auf die Staatsopernbühne bringen, warum also nicht Gehry, der ein ganz ungewöhnlicher Architekt ist, einer, der das Lineal und so die gerade Linie abgeschafft hat. Der Konzert-Saal war dafür das beste Beispiel, ein wahres Kunststück! Gehry lebt in Los Angeles, also 2014 ab an die Westküste. Ich freute mich sehr, eine Reise nach meinem Geschmack.

Frank Gehry hatte sein Büro in einer Halle neben dem Forschungs- und Entwicklungszentrum von Google. In dieser Halle arbeiteten an die zwanzig Architekten mit ihren Computern an verschiedenen Projekten zugleich. Sein gläsernes Büro war auf einer höher gelegenen Ebene. Frank, ein weiser, alter Herr mit trockenem Humor, führte mich an alle diese Projekte, zahlreiche Modelle hingen an den Wänden, ein verblüffender Einblick in die Werkstatt dieses großen Architekten. Es zeigte sich allerdings leider bald, dass unsere Auffassungen über das Stück und seine Abläufe weit auseinanderlagen. Er zeigte mir Bilder von einem Bühnenbild, das er in der L.A. Oper für einen »Don Giovanni« entworfen hatte. Es war aus hellem Papier, auch die Kostüme. Das war weit weg von dem, was ich mir vorstellte. Wir kamen zu keiner gemeinsamen Lösung – ich brauchte Platz für den großen Chor, die Bilder für Orpheus' Reise in die Unterwelt, seine Rückkunft mit Euridice in das gemeinsame Leben. Abends lud er in ein mexikanisches Restaurant ein, seine beiden Assistenten begleiteten uns, es war köstlich und sehr teuer. Am Nachmittag hatte er mir sein Haus gezeigt. Als es ihm vor vielen Jahren zu klein geworden war, wollte er sich ein neues bauen. Warum aber das alte abreißen? Also baute er das neue um und über das alte, ein kurioses Gebäude! Ein Bild, wie Neues mit Altem zusammenfinden kann, vielen Regisseuren ins Stammbuch gezeichnet: Das Neue mit und über dem Alten errichten!

Wir telefonierten weiter, tauschten uns aus, und ewige Zeit später fuhr ich wieder nach Los Angeles zu Frank und seinen Leuten. In seinem Zimmer wartete ein Modell auf mich, aber dieses Bild kannte ich schon lange und hatte es ebenso lange als Stich an meiner Wand hängen: Palladios berühmtes Holzgebäude, das Teatro Olympico in Vicenza. Oft kopiert, ist es die Erfindung der künstlichen Perspektive. Ein wunderschöner Bau, er hatte mir einmal als Vorbild für meine Aufführung von Monteverdis »L'incoronazione di Poppea« in Salzburg bei den Festspielen gedient.

Ich erzählte Gehry also noch einmal die Geschichte dieser Reise des Orpheus in die Unterwelt und wieder zurück mit seiner geliebten Euridice. Man müsste über wechselnde Schauplätze diskutieren. Ich schlug vor, mit einer leeren Bühne zu beginnen, allein das leere Grab in der Mitte. Im Hintergrund könnte ein Feuer brennen ... An der Wand in seinem großen Büro hing ein vielfarbiges Modell mit übereinanderliegenden Ebenen. Darauf wies ich hin, solche Elemente könnten uns wohl nützen. Dann erfand er eine Mauer gefrorener Blöcke, und als letzten Ort der beiden Liebenden ein abgeranztes Motelzimmer, ein Ort des Wiedersehens, der bald wieder entschwinden würde. Dann sollten sich der ganze Chor, alle Tänzer und Komparsen dort zu einem Kreistanz von Hochzeitspaaren versammeln, danach könnte sich die Bühne wieder leeren, und so entstand das Bild am Grab, wie zu Beginn der traurigen Geschichte.

Frank Gehry, der kluge alte Herr, verstand mich, und so hatten wir eine gute Zeit in Los Angeles. Allein vor der Disney Hall, dem Konzerthaus, zu stehen, nimmt einem schier die Luft weg, so imposant ist das, ebenso wie das Guggenheim-Museum in Bilbao, manchem öffentlichen Bau hätte man solch eine kühne Architektur gewünscht.

Natürlich war die Begegnung mit solchen großen Architekten wie Gehry immer eine wertvolle Erfahrung.

Die Annäherungen der bildenden Künstler an die rasch vorbeirauschenden Momente der Bühne sind allerdings oft mühsam. Als ob sie dem Fluss der Zeit nicht trauten.

Am schönsten war für mich – neben einigen anderen Erfahrungen – die Arbeit mit dem Künstler Markus Lüpertz, dem hochbegabten Maler und Bildhauer, dann aber auch mit Daniel Richter. Beide verbindet ein gekonnter Umgang mit der Theatermaterie. Bei Anselm Kiefer war das schwieriger. Er saß auf einem hohen Ross, obwohl die Arbeit schließlich für Rossinis »Otello« an der Scala in Mailand doch ein sehr anregendes Bild zeigte: einen großen Sandplatz mit in den verschiedensten Farben willkürlich beschmierten Plastikplanen, die er über die Böden in seinem Atelier gezogen hatte. Sie schlossen die Szene auf drei Seiten ab. Ein eindrückliches Zeugnis seiner vielfältigen Einfälle und Ideen. Schlieren, Flecken, Striche ordneten sich wie auf einer imaginären Straßenkarte.

Epilog
Benjamin

Es war ein dreckiges Wetter, die schmalen Wischer kratzten eifrig über die Scheibe, aber alles blieb kleben, wie vergossene Milch, Regen und Graupel. Der alte Wagen rutschte und eierte im heftigen Wind. Schmutzig kalt war es obendrein, und die Heizung roch nach verbranntem Öl. Immer wieder beschlugen die Scheiben, wurden mit nassen Händen freigestrichen, vergebliche Mühe.

Es war eine schreckliche Fahrt vom kleinen pfälzischen Örtchen Ladenburg bei Mannheim bis in die ferne Stadt München zum Residenztheater. Wir mussten es schaffen, wir eilten zu meiner Premiere von Thomas Bernhards Erstling, dem sonderbaren »Ein Fest für Boris«.

Es regnete immer noch, als wir endlich auf dem Hof hinter dem Theater hielten. Ich hastete am mürrischen Pförtner vorbei, stolperte die langen geschäftigen Gänge entlang: Hallo! Hallo! Toi, toi, toi! Wie geht's zu Haus? Hallo!

Am Ende des langen Ganges saß Lola Müthel, die eine Bühne alleine voll spielen konnte wie selten eine. Solch eine schöne Frau, die Tochter des berühmten Regisseurs Lothar Müthel. Sie war eine Primadonna, freilich ohne kapriziöse Allüren, eine Grande Dame mit wohltönendem Organ, wie geschaffen für diese ewig nölende Figur im Rollstuhl. Die Chauffeuse des monströsen Gerätes war die unvergleichliche Gertrud Kückelmann. Beide warfen mir Luftküsschen zu. Aus den Garderoben winkten lachend beinlose Krüppel für Boris' Fest, ihre Rollstühle parkten aufgereiht an den Wänden wie blitzende Theatersoldaten, die auf ihrem Buckel die Krüppel in die Bühne tragen sollten. Der Bühnenbildner, mein Bruder Dieter, kam wie stets vorbeigeeilt, Geschenke unterm Arm. Umarmung. Und zu Hause, der Kleine? Wird schon!

Die sanfte Stimme des Inspizienten Hempelt lud zum Beginn der Vorstellung, die Kückelmann rollte Lola auf die Bühne. Ich spuckte dreimal an den Vorhang und trollte mich zum Inspizienten. »Und Vorhang«, sagte Herr Hempelt leise in sein Pultmikro – und dieser rauschte zur Seite. Vorstellung läuft, raunte er.

Lola begann mit ihrer Suada »Es ist kalt«, und die Sache nahm ihren vorgeschriebenen Lauf! Gute Schauspieler, sehr gut.

Zu seinem Fest im 3. Akt bekam der beinlose, feiste Krüppel Boris von Dieter Kirchlechner neue Offiziersstiefel und eine blecherne Trommel, die er sogleich mit den Stöcken lautstark bearbeitete. Schneller und immer schneller und immer lauter hieb er auf das Fell, bis er tief erschöpft in sich zusammensank, als entwische ihm die Luft in den himmlischen Schnürboden. Die stumme Johanna schrie, er ist fort! Und mit hellem Schrecken rollten alle Krüppel von der Bühne. Johanna, auf ihrem Stuhl gefesselt, hoppelte in das herrschaftliche Zimmer hinter die gläserne Schiebetür und hielt sodann erschöpft inne. Sie starrte auf den Krüppel Boris, der zusammengesunken inmitten der Geschenke und der Trommel mit weit geöffneten Augen auf dem Tisch lag. »Im Finstern, im Finstern, sie fliegt schon lang nicht mehr ...«, hatten die Krüppel zuvor im Chor gesungen, »Sie saß auf einem Ästchen, sie saß auf einem Ästchen ...« – vielleicht, dachte der Regisseur, beim Inspizienten hockend, ist das der schönste Moment. »Sie fliegt schon lange nicht mehr.«

Mir war ganz elend zumute, wenn ich an den Jungen zu Hause dachte. Die Krüppel hatten ganz langsam und leise gesungen und sehr falsch, unvergesslich. Aus, finito, Applaus, Bravos. Ich stolperte von der Bühne und schüttelte mich und schluckte. Der Intendant Kurt Meisel trat hinter mich und hielt mich ganz fest. Es war doch ein Erfolg, flüsterte er. Ich machte mich frei, mit groben Bewegungen: Wir müssen los, auf geht's!

Die Straßen waren wieder trocken, aufgeregt rasten wir zurück ins Pfälzische. Die Heimfahrt mit dem treuen Freund Dietmar Mues an meiner Seite verging schnell. Als wir in Ladenburg eintrafen, war es ja noch Nacht im Februar, die Fenster aber waren hell erleuchtet. Ein banger Empfang. Meine Mutter, die Ärztin, die zuvor aus Köln angereist war, saß mit leerem Blick auf dem Plüschsofa. Die Kinder dabei, es war sehr ruhig in der sonst so aufgeregten Wohnung. Mir wurde schwach und schwindelig. Es war nichts zu machen, flüsterte meine Mutter, er war zu schwach, eine Lungenentzündung.

Ich plumpste auf das Sofa und saß lange ohne Bewegung mit offenem Mund. Dietmar weinte. Wie sagt Marion dem Danton, als vor ihrem Fenster im Hof der

Kopf ihres jungen Liebhabers vorübergetragen wurde: »Das war der Riss in meinem Leben.« Ach, der kleine Benjamin war tot. Doch Inge hatte überlebt. Gott sei Dank.

Ich solle meiner Frau den Tod des Kindes noch ein paar Tage verheimlichen, sie sei noch sehr schwach, man weiß ja nie. Mit einer blauen Mütze auf dem Kopf, einem albernen Kittel und blauen Socken über den Schuhen trat ich nun an ihr Bett. Ich machte ein paar anstrengende Witze. Er hat deine Nase, sagte sie stockend und leise und fröhlich. Das Bild des Kleinen kam mir wieder hinter die Stirn, der winzige Körper, beklebt mit Sonden und Schläuchen, er war doch viel zu klein für solche Prozeduren der Medizin. Er wird ein prächtiger Bursche, sicher ein ganz toller Schauspieler, flüsterte ich und tanzte ihr was vor, wie ich es immer tat, wenn sie sich schwach und krank fühlte. Das Spiel ging einige Tage so fort – bis ich tief erschöpft um Hilfe bat. Meine Mutter sprach mit dem Kollegen, der injizierte ihr eine erhebliche Ladung eines beruhigenden Mittels, und dann sprach ich mit ihr. Sie hat geschrien schier ohne Ende und den Kopf hin und her geworfen. Ich hielt sie fest, sie aber kam nicht zur Ruhe. Irgendwann schlief sie ein, erschöpft wie leer. Er war ihr 7. Kind.

Wir wollten nun rasch weg aus der Pfalz. Ich inszenierte noch eines meiner Lieblingsstücke, »Leonce und Lena«, in einem hermetischen Raum, die Hitzebilder gedreht. Es war ein kaltes schneebedecktes Ländchen, das Reich von König Popo, der Schnee kam in mächtigen Wehen; im Schrank, Königs Behausung, spielte ein kleines Quartett. Es gab kein Entrinnen aus dem ganzen Kasten. Petra Redinger spielte die zarte Lena, Dietmar einen leerlaufenden, aber hochaktiven Prinzen der Langeweile und Peter Brombacher einen durchaus proletarischen deutschen Valerio, dessen utopische Schlussworte »dass es keinen Winter mehr gibt ...« vom stürmischen Schnee verschluckt wurden.

Dann aber packten wir unsere sieben Sachen, zogen nach Hamburg, ans Thalia Theater zu Boy Gobert. Und es begann ein neuer Abschnitt in unserem gemeinsamen Leben, das bald, zu bald, alle Gemeinsamkeit verlor. Das war 1973 im Winter. Alles, was bis dahin war, schien nun wie ausradiert. Das fröhliche Miteinander war vorüber, eine lange Ebene lag vor uns.

Finis

Ich stehe noch eine kleine Weile vor dem Eingang der Staatsoper Unter den Linden herum, es schneit leichte Flocken in Berlin. Mit den großen Säulen erinnert das Portal an das Odéon. Auf irgendetwas wartete ich, wie einmal im Regen in Paris. Aber diesmal kam kein Barrault mehr. Ich drehte mich rasch um und ging. Es war vorbei.

Und Noch Etwas

Den Titel für dieses Buch habe ich mir bei Johann Sebastian Bach ausgeliehen von einer seiner wunderbaren Kantaten: »Jesus bleibet meine Freude«. Ein ganzes langes Leben kann nicht in Gänze zwischen zwei Buchdeckel gepackt werden. Vieles wurde also nicht gesagt, pardon.

Zuallererst muss ich mich bei meiner Susi bedanken, die mich in vielen trüben Stunden immer wieder aufrichtete und betreute, mit Herz und Mund und Tat und Liebe. Auch Helge Malchow sei sehr bedankt für seine immerwährende Geduld, trotz der vielen durch meine Krankheiten bedingten Pausen. Und ein großer Dank an Karin Graf, sie schickte mich mit einer Fülle von Ratschlägen immer wieder freundlich an den Schreibtisch zurück. Und auch an Franziska Hansen, die meine Kritzeleien entschlüsseln konnte und alles aufschrieb, sie war eine unerlässliche Hilfe. Und last but not least seien alle Ärzte und Schwestern in den Krankenhäusern und bei der Dialyse gegrüßt! Und allerherzlichst auch der kleine Vito in Wilmersdorf, dass er bald lesen lerne!

Jürgen Flimm 2020

Der Verlag Kiepenheuer & Witsch hat sich zu einer nachhaltigen Buchproduktion verpflichtet. Gemeinsam mit unseren Partnern und Lieferanten setzen wir uns für eine klimaneutrale Buchproduktion ein, die den Erwerb von Klimazertifikaten zur Kompensation des CO_2-Ausstoßes einschließt. Weitere Informationen finden Sie unter www.klimaneutralerverlag.de

1. Auflage 2024

© 2024, Verlag Kiepenheuer & Witsch, Köln
Alle Rechte vorbehalten.
Covergestaltung: buerogroll.com
Covermotiv und Abbildungen Innenteil:
© Hermann und Clärchen Baus, Köln
Gesetzt aus der Sabon
Satz: Buch-Werkstatt GmbH, Bad Aibling
Druck und Bindung: CPI books GmbH, Leck

ISBN 978-3-462-05480-4